# CAD Software Implementation

Book Start Date:

2022-February-26

The code is tested to compile and build using Visual Studio 2019 Community version.
The entire code is about 55K lines of VC++/MFC/OpenGL.
Licensing is available: The entire C++ code is licensed to you, for your internal use.
The license fee is 5 man-year cost.
Contact: mhondax@gmail.com

To download this CAD program, visit:

www.honda-e.com/CAD-download.htm

Copyright © 2022 Makoto Honda. All Rights Reserved.

Published in 2022 in the United States of America.

No part of this publication may be reproduced, stored in a retrieval system or transmitted in any form or by any means, without the prior written permission from the copyright owner.

ISBN-13: 979-8361193370

2023-May-23

# Contents at a Glance

# Part I  CAD System  12

1. General Description
2. Design Consideration

# Part II  User Guide  26

1. CAD System
2. CFD Grid Generation

# Part III  System Guide  96

1. Software Architecture / DLL
2. Element
3. Scene Rendering
4. Current Plane
5. Coordinate Key-in
6. Event Generation
7. Undo/Redo Consideration
8. Some Useful Code

# Part IV  FM Programming  168

1. GUI Design Formalism
2. Programming Paradigm
3. FM Examples

# Part V  WPF  224

1. General
2. C# Note
3. WPF Note
4. WPF 3D Note
5. Progress Report

Deployment  310

# Part I
## CAD System **12**

1. General Description  14

   1-1. CAD Summary—for Users
   1-2. Software—for Developers
   1-3. Anatomy of CAD System

2. Design Consideration  18

   2-1. Introduction
   2-2. Desktop
   2-3. Mode
   2-4. Current Plane
   2-5. User Actions
   2-6. Viewport
   2-7. Viewing Scheme
   2-8. Geometry Creation
   2-9. Geometry Manipulation
   2-10. Text Support
   2-11. Lighting
   2-12. Customization
   2-13. GUI Design Formalism
   2-14. Menu Tree

# Part II
## User Guide **26**

### CAD System  28

1. Desktop / Menu Tree
2. Mouse Usage
3. Function Mode (FM)
4. Viewing
5. Coordinate Key-in
6. Current Plane
7. Lighting
8. Element Creation
9. Element Grouping
10. Element Color
11. Element Layer
12. Elem Positional Transformation
13. Elem Shape Modification
14. Element Attributes-clr/layer/grp
15. Element Delete/Display
16. File Manipulation
17. Undo/Redo
18. Customization

### CFD Grid Generation  66

1. General
2. Grid Generation
3. Domain Slicing
4. Element Insertion
5. CFD Test Command

# Part III
# System Guide **96**

1. **Software Architecture / DLL  98**

2. **Element    104**

   2-1. Class Hierarchy (chart)   104
   2-2  How an elem is defined    108
      Ex.1 How a line is defined
      Ex.2 How a point is defined
      Ex.3 How a cube is defined
   2-3  How an Elem Is Drawn    110
   2-4  How FM Creates a Line Element

3. **Scene Rendering    113**
   OpenGL display list

4. **Current Plane    117**

5. **Coordinate Key-in   122**

6. **Event Generation   128**

7. **Undo/Redo Implementation   138**

8. **Some Useful Code   142**

# Part IV
# FM Programming **168**

1. **GUI Design Formalism   170**

   1-1 Dialog State Transition
   1-2 FM Class-based Approach
   1-3 User Actions

2. **Programming Paradigm   192**

   2-1 How To Add New FM
   2-2 Typical FM Structure
   2-3 FM Overridable
   2-4 Event Handlers
   2-5 Attention Variables
   2-6 Temporary Storage Btwn Attns
   2-7 FM Utilities
   2-8 Submenus
   2-9 System Feedback Message
   2-10 Temporary Line / Rubberband
   2-11 Group Operation
   2-12 Event Control Issues
   2-13 UNDO / REDO
   2-14. Help

3. **FM Examples  - 211**

   Ex 1  FM Program Example
   Ex 2  FM Create Point
   Ex 3  FM Create Line 3D
   Ex 4- FM Create 2D Shape/Modify
   Ex 5 -Old-How to create 2D line

# Part V
# WPF **224**

1. General   224
2. C# Note    238
3. WPF Note    280
4. WPF 3D Note   284
5. Progress Report  290

# G-System . CAD
**Computer-Aided Design Software**

## C++ / MFC / OpenGL
Visual Studio 2008 Professional / Windows 7
Visual Studio 2013 x64 / Windows 10
Visual Studio 2015 x64 / Windows 10
Visual Studio Community 2019 x64 / Windows 10

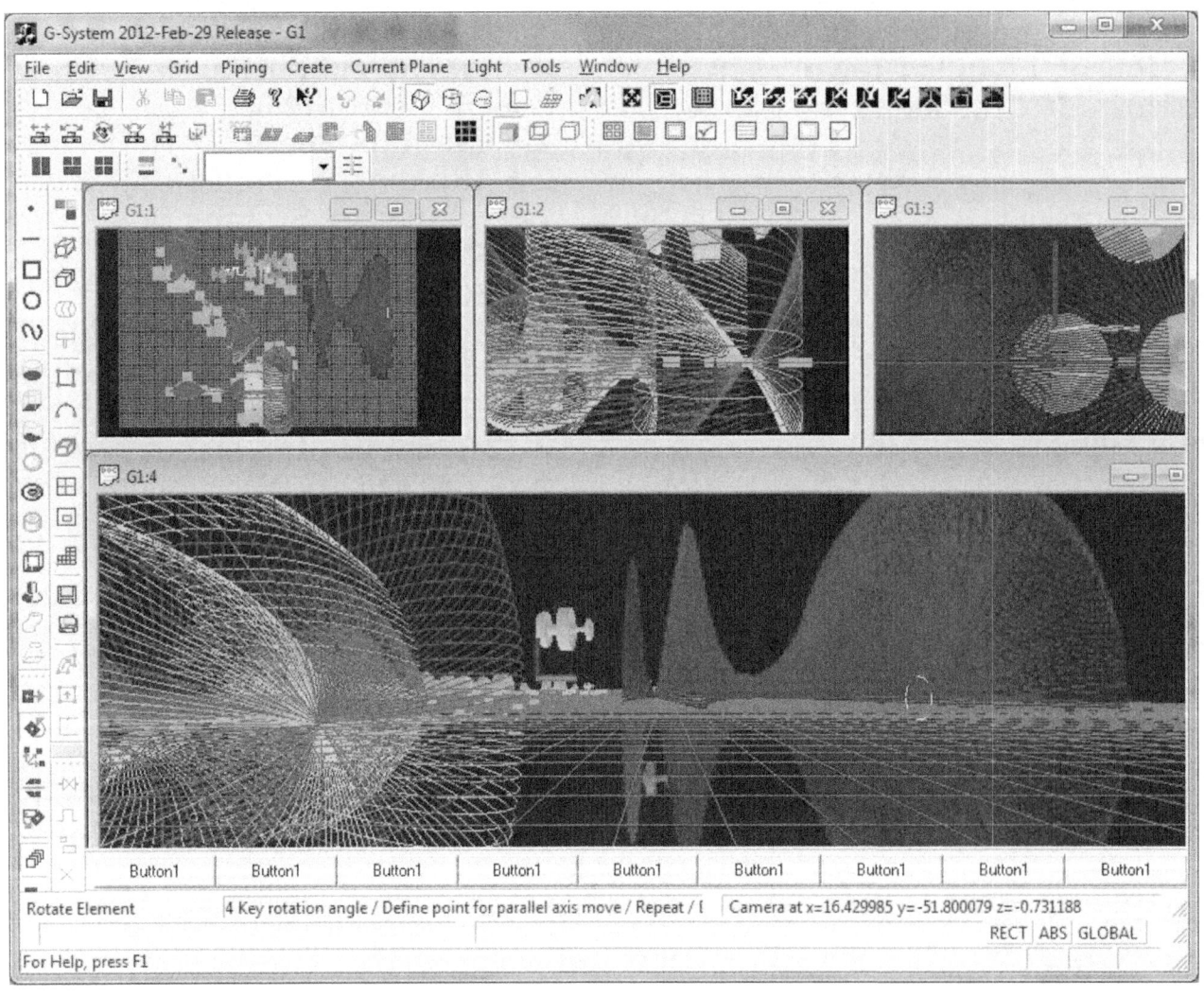

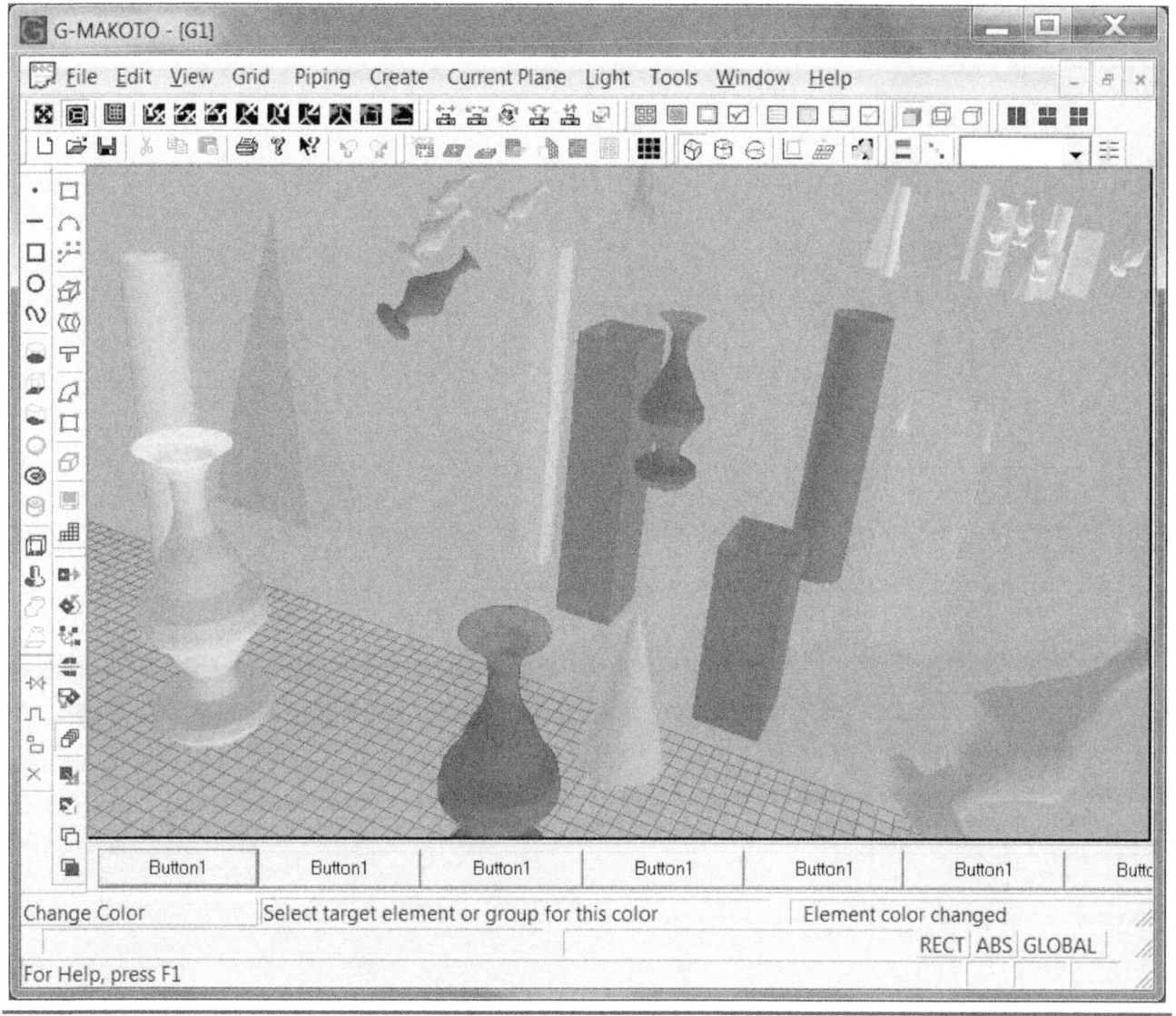

This is a computer-aided design software (CAD system) for Microsoft Windows.

The program is written in VC++ language using MFC (Microsoft Foundation Class) library
and OpenGL (for graphical rendering).

CAD SYSTEM

## General Description

---

CFD (Computational Fluid Dynamics) Grid/Mesh Generation - Hexahedral Decomposition

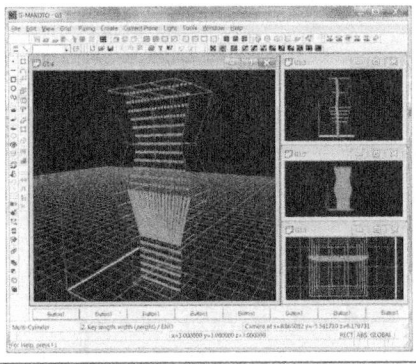

## On the Day of 2011-March-10

# I started my conversion to C#/WPF.

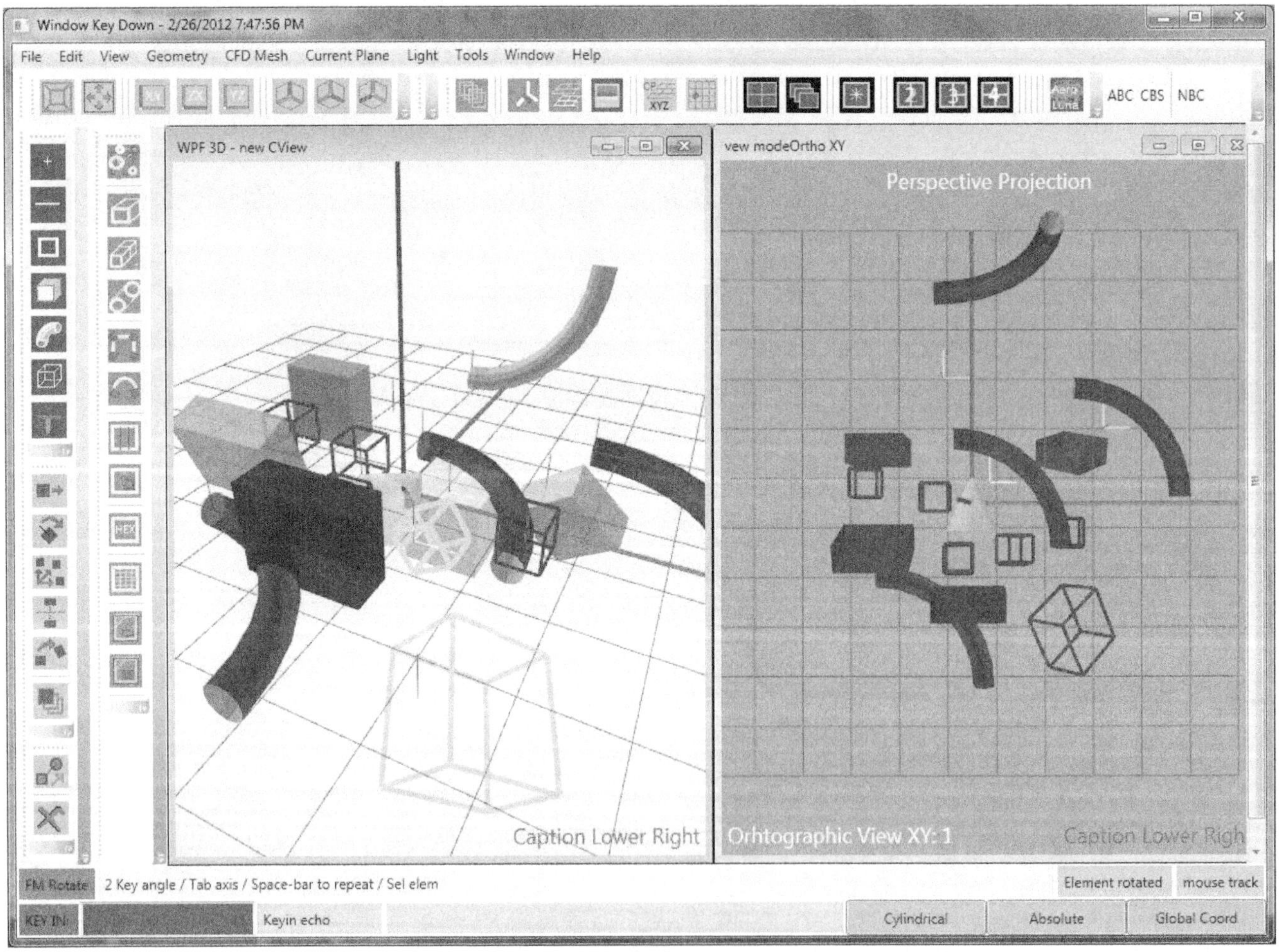

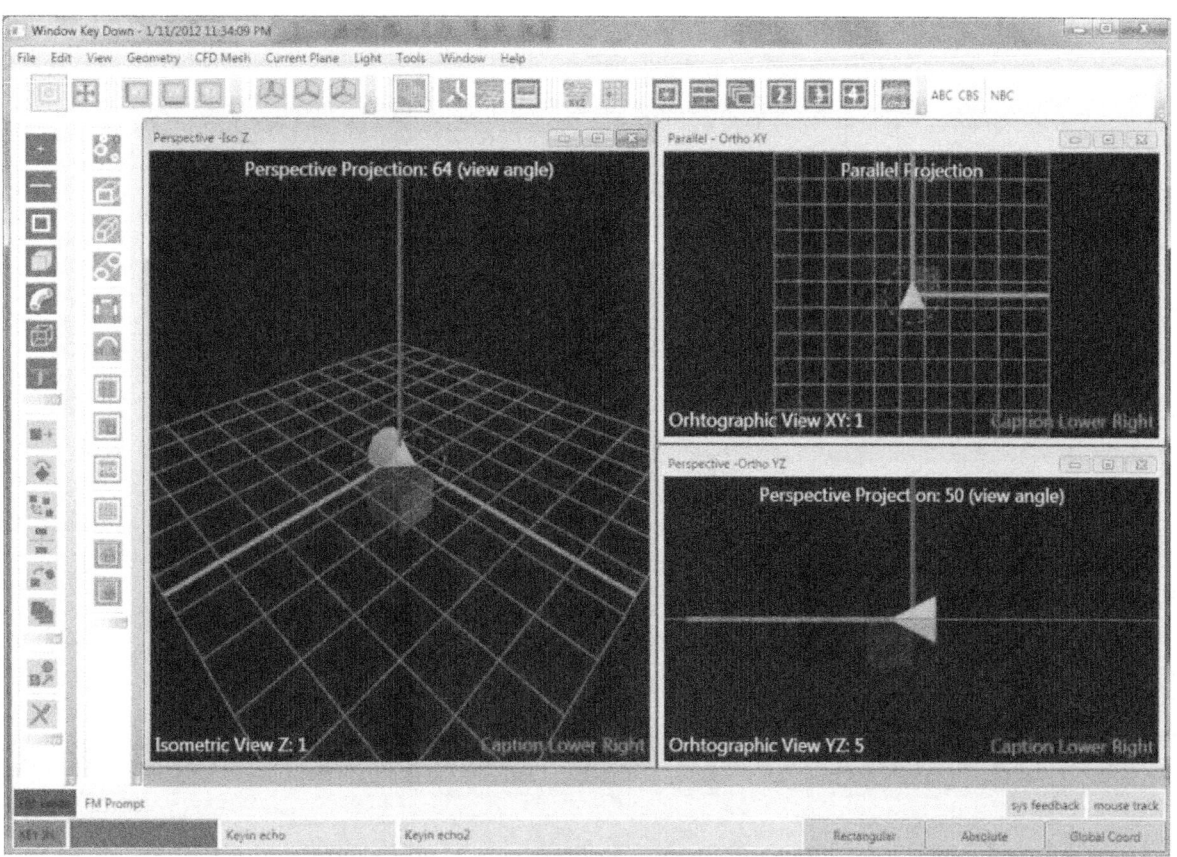
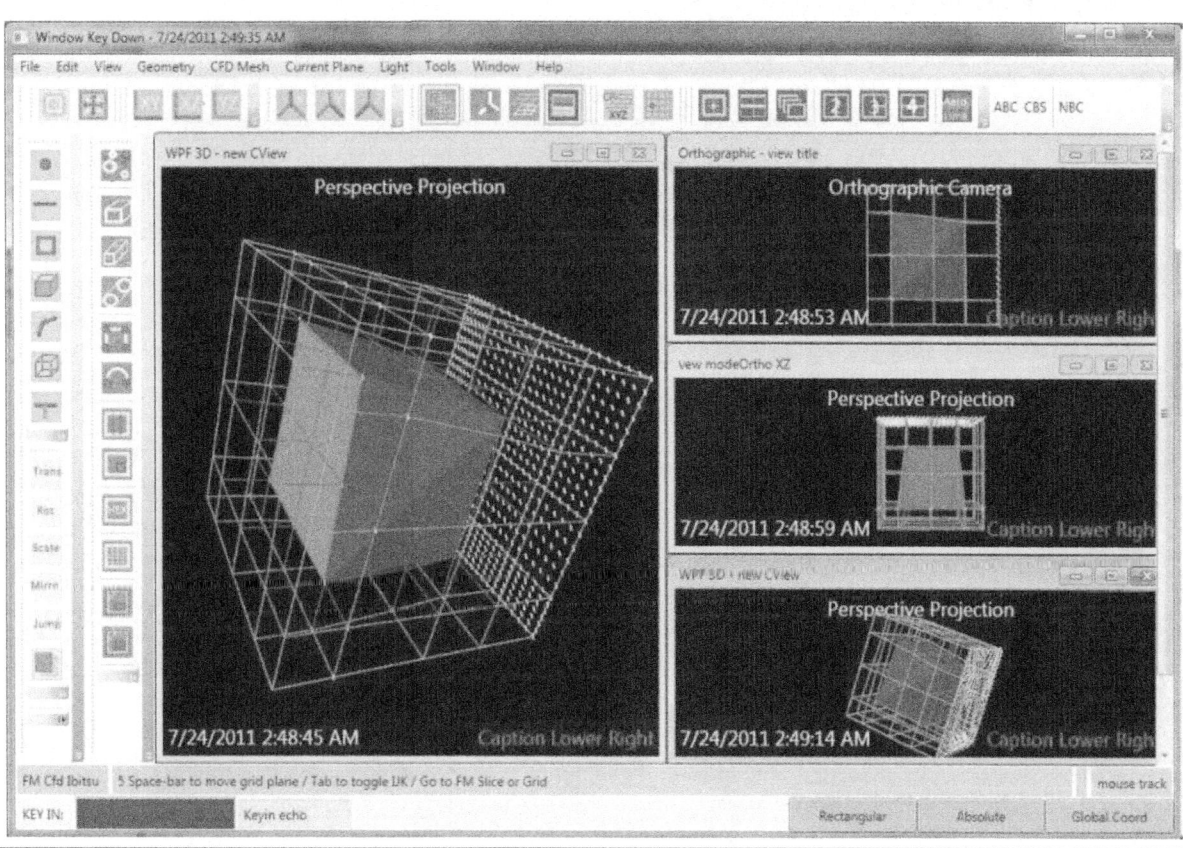

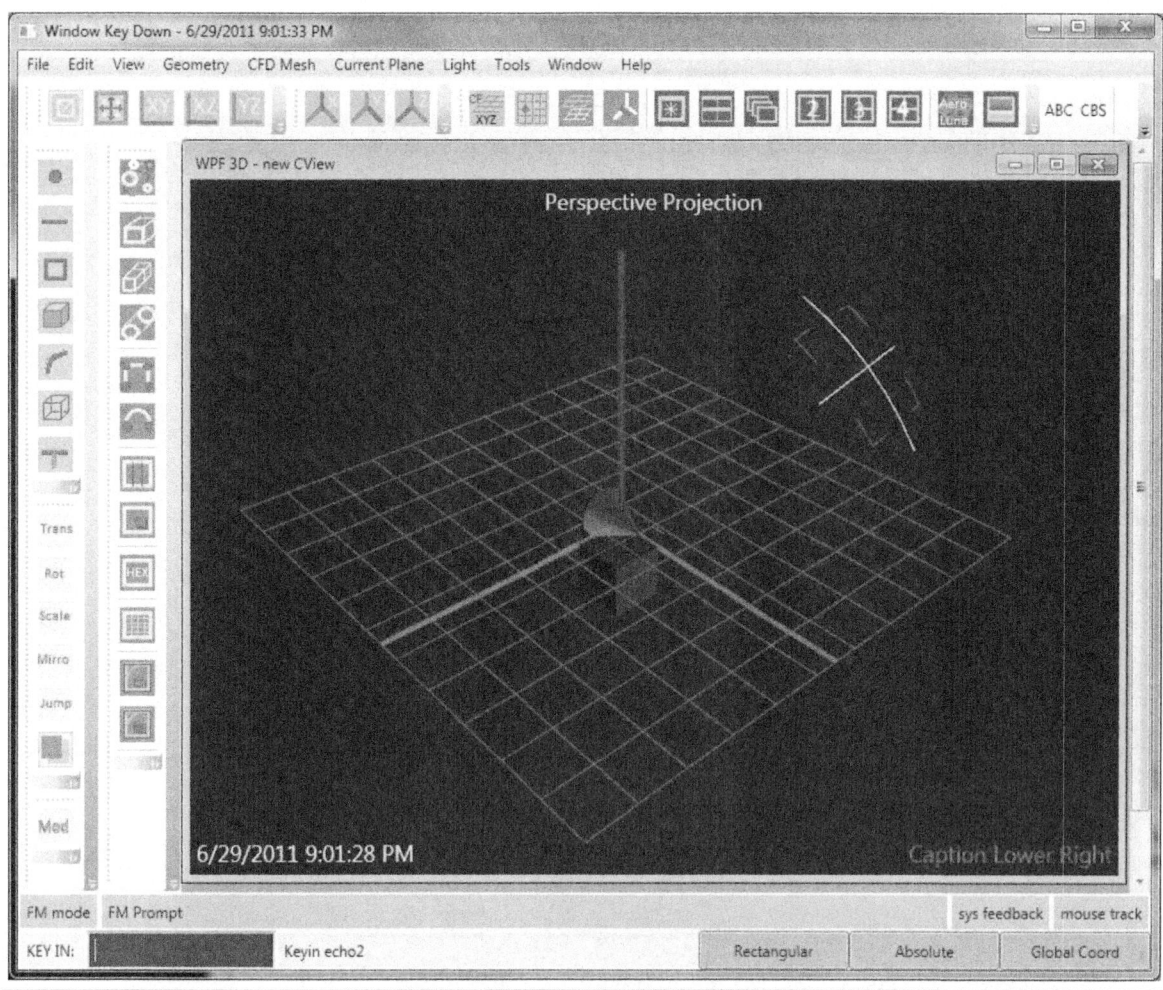

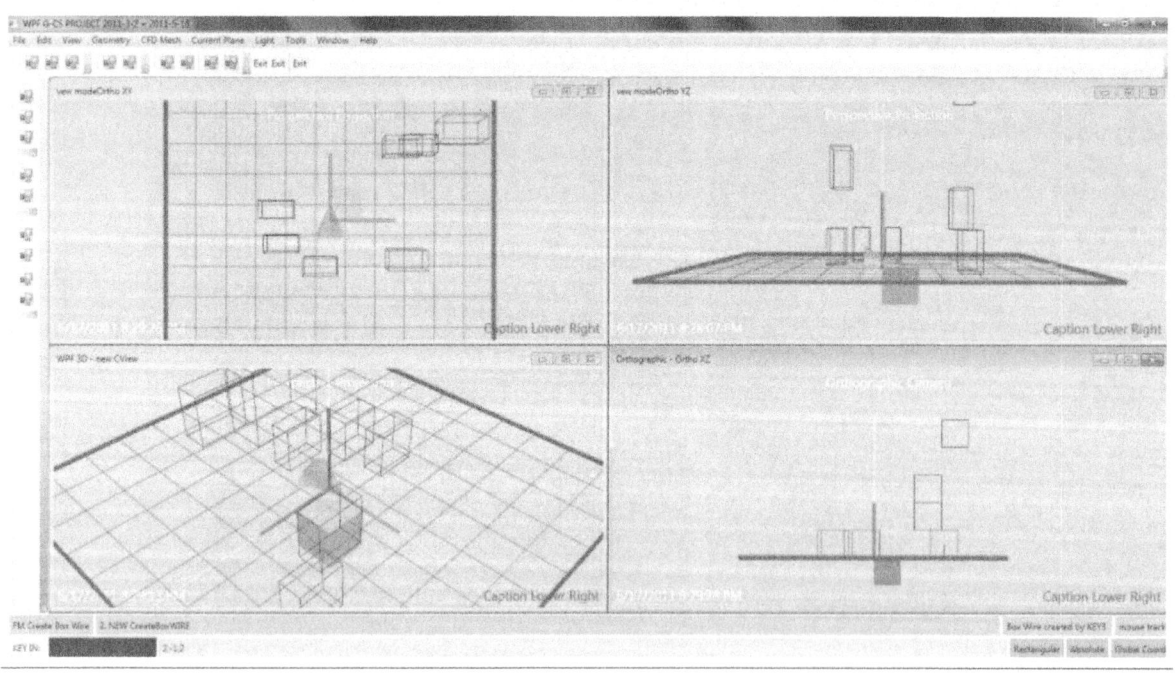

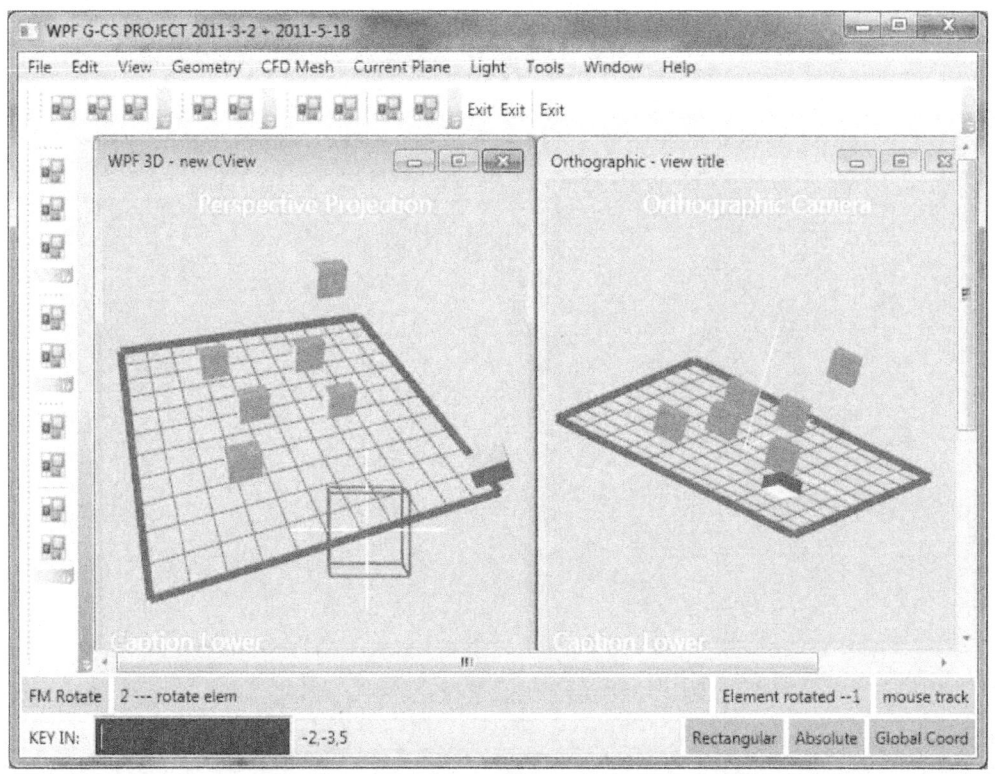

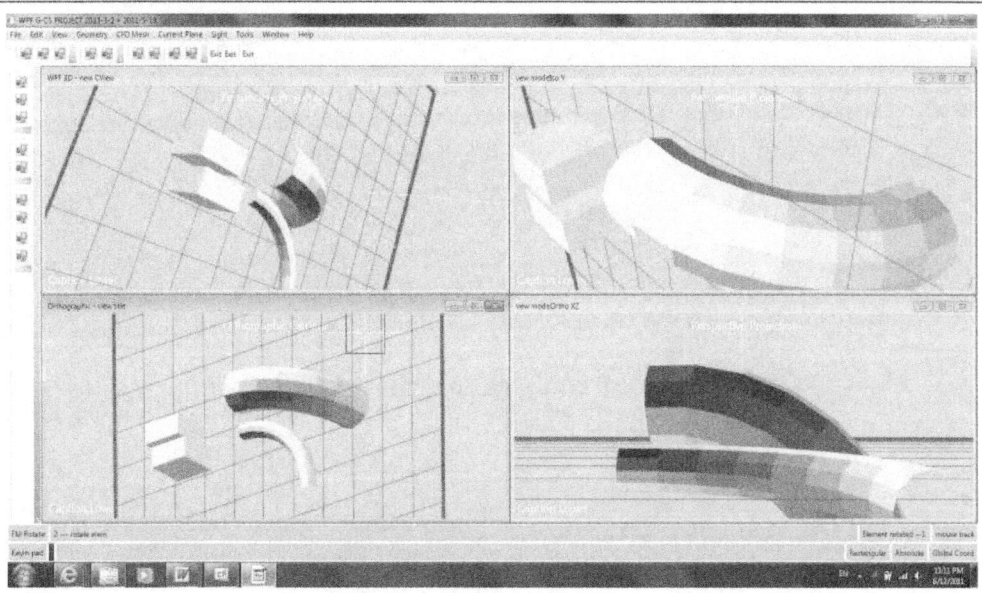

Rendering - Data str side / Render side

Multi vpt support for render

Draw / RenderOneElemOneVpt

Dictionary (C#) - Map (std)

WPF3D Lighting note

# Part I

# CAD System

# 1. General Description

This software package is written in C++ language using MFC (Microsoft Foundation Class) library. The program is based on MFC's Document/View architecture and utilizes the MDI (Multiple Document Interface).
This program is intended to serve as a basic framework for any graphic systems. The software architecture is carefully designed and structured to allow the addition of any domain-specific commands to this CAD package with a relative ease. A consistent programming paradigm for handling the GUI (graphical user-interface) state transition is provided.

In this document, all geometric objects (such as points, lines, squares, circles, boxes, cylinders, and so on) are referred to as "elements." The base element class from which new elements can be derived supports all basic behaviors for positional transformations implemented in this CAD system (such as Translation, Rotation, etc.).

The OpenGL-based rendering scheme is provided for the geometric elements within the framework of the Document/View architecture.

The main purpose of any graphics system is to create some geometry. This program at the moment has only a small set of functions in terms of geometry creation (See Elements in User Guide). I added some CFD gridding capability recently (see CFD Grids).

## 1-1. Summary of CAD Capability - for Users

Desk top - clear and intuitive desktop layout.

Multiple-viewport support - user can open as many viewport windows as he wishes.

Viewing functionality - user friendly mouse-based viewing manipulation.

Current plane - the system provides an intuitive construction plane.

FM command scheme - intuitive command based GUI dialog.

Visual cue - various visual cues are provided for friendly user interface.

Element positional manipulation - many intuitive visual manipulations supported.

## 1-2. Summary of Software Structure/Design - for Developers

C++ implementation with Microsoft MFC-based Document/View-architecture.

MDI (multiple document interface)-enabled view construction.

OpenGL-based graphical rendering.

No reliance on any other libraries.

DLL (dynamic link library) hierarchy.

Complete viewing functionality supported.

Current plane implementation.

Consistent FM command scheme.

Dialog state based programming paradigm for GUI construction.

Visual cue rendering support.

Element class hierarchy.

FM commands for element creation.

FM commands for element positional transformation (pan/zoom/rot).

Complete element positional transformations supported.

Some simple element creation commands implemented.

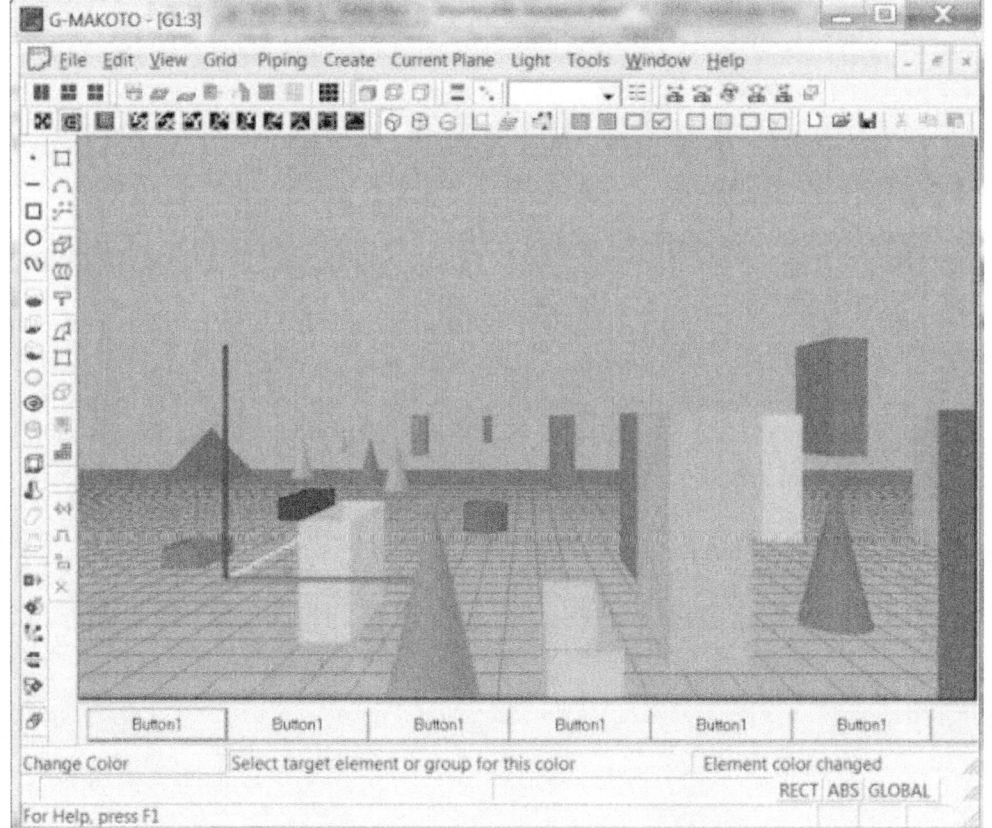

Programmers Guide for FM Command Programming.

# 1-3. Anatomy of CAD System

## 1. GENERAL
Native Windows Application
MFC based Document/View Architecture
MDI (Multi-Document Interface)

Standard MFC Features
    Menus
    Toolbars
    Multiple Viewports
    Dialog Boxes
    Status bars
    Flybys
    And all the Windows gizmos

Standardized Resource Control
    String Tables

Multi-Language Support

Windows Link / Copy

## 2. DESKTOP
General Desktop
    Multiple viewport display
    Key in
    Message Prompt
    Select
    Indicate

Complete Viewing Support
    Including all-time mouse-based viewing support

## 3. ELEMENT
All geometric entities are called "elements" in this document...
Element base class (C++)
Complete Transformation Support — /Trans/Rotate/Scale/Mirror/

Element Rendering schemes (virtual function override)

Element Direct Manipulations Paradigm
    Extrude
    Move
    Rotate
Direct Elem Create / Modify
    Revolve
    Extrude

Ditto / Copy / Move

## 4. CURRENT PLANE
Current Plane Concept and Implementation
    Full Implementation
    Manipulations
    Properties

FM Current Plane Usage Guide line
    Ex. Mirror

Grid Snap

## 5. COORDINATE KEY-IN
Coordinate Key-in Scheme
- Global / Current Plane
- ABS / REL
- Rect / Cyl / Sph

## 6. FM PROGRAMMING PARADIGM

**Support Functions**
Visual Cues — Temp lines / Rubber banding
Dynamic Highlight
Grouping
Math Utility Library
- 2D / 3D Point classes
- Matrix Class
- Line Class
- Plane Class

FM submenu Scheme

## 7. EVENT HANDLING

## 8. UNDO / REDO

## 9. HELP

# 2. Design Consideration

INTRODUCTION
DESKTOP ——- SCREEN LAYOUT
CONSTRUCTION PLANE
ANATOMY OF CAD SYSTEM
MODES
USER ACTIONS
VIEWPORT
VIEWING PARADIGM
MAPPING OF VIEWING
GEOMETRIC ENTITY CREATION
GEOMETRIC ENTITY MANIPULATION
TEXT SUPPORT
LIGHTING
MATERIAL
CUSTOMIZATION
DESIGN DOCUMENT FORMALISM
MENU TREES

## 2-1. Introduction

This is a design document of the general CAD system.

## 2-2. Desktop

**Screen Components**
The following components comprise the basic desktop layout of the main screen.
1. Main title bar
2. Menu bar
3. Tool bar (user-dockable)
4. GUI prompt message
5. Key-in pad / feedback pad
6. Status area (system feedback)
7. Graphical viewport area

**Status Area**
The status area is further divided into the following fields.
1. Current mode indicator - shows which mode the user is in.
2. Informative message - displays a confirmation/error message at the end of each user action.
3. Coordinate value feedback area - echoes what values have been accepted by the system.
4. Mouse motion tracking area - continuously shows the mouse location.
5. Coordinate modes - rectangular/cylindrical/spherical, absolute/relative, global/current plane.

**Graphical Display Area**
This is the geometry display area. All geometric entities are displayed in a viewport. The system supports multiple viewports. Each viewport represents a "camera" to view the scene containing the geometry. Each viewport has its own properties, such as perspecive/parallel projection, viewing angle, zooming, etc.

1-1 ANATOMY OF CAD SYSTEM — copied DELETED

General

Example

**Menu**
The great strength of menus is their completeness. (Allan Cooper, About Face) Everything the system provides can be found somewhere on the menus. Good user interfaces will conscientiously provide multiple idioms for a given command. (AC) Icons in the toolbar are for frequent users. Menus are becoming a teaching tool for first-time and infrequent users. (AC) As the modern GUI evolved, the menus became pedagogic in nature.

## 2-3. Mode

Mode Mechanism
Mode Mapping

## 2-4. Current Plane

**Concept**
In a 3D graphics system, various entities will be created in the 3D space. To enter a 3D coordinate, the user can key in x, y, z values. In many interactive situations, however, it is convenient to be able to enter a 3D coordinate in a more direct fashion - using a mouse. The cursor moves over the screen by tracking the mouse movement. Since the screen surface is a 2D space in nature, there must exist some logic to convert this 2D location onto a corresponding 3D location. It is the main purpose of the "construction plane" to provide this logical connection. Any 3D graphical system must have a similar concept in place.

**2D-3D Conversion**
Assume the user clicks the mouse at some location on the viewport. Since the mouse points somewhere on the 2D surface of the viewport, this has to be converted to a 3D coordinate. The way to achieve this is to assume an infinite plane in the 3D space. First, create an infinite line at the mouse click location, which is perpendicular to the viewport (screen) surface. Let this infinite line pierce the infinite plane. The resultant pierced point is the 3D coordinate corresponding to the 2D mouse location on the viewport. The plane used for this purpose is called a "construction plane." This logic fails only if the construction plane is perpendicular to the viewport being clicked.

**Indicate**
The act of mouse-clicking the viewport for the purpose of obtaining a 3D coordinate is called an "indicate."

**Construction Plane Properties**
The construction plane ahs the following properties/attributes.
1. The origin
2. XYZ axes at the origin (the XY defines the plane)
3. The visual extent of the plane (even if the plane is infinite for piercing purposes)
4. Grid size (for visual & grid snap if activated)
5. Grid color

**Construction Plane Manipulation**
The user should be able to manipulate the construction plane as needed on the fly.
1. Rotation about XYZ axes or about any arbitrary axis.
2. Vertical shift or repositioning of the origin point.
3. Arbitrary positioning of the plane.

**Construction Plane Management**
The user can create and save a construction plane in a list for future use.

**Consideration**

There are a few variations of the way the construction palne concept is implemented in relation to multiple viewports. One idea is to have just one global construction plane at any given time and all viewports share this plane. Another idea is to have each viewport possess its own construction plane.

**Key-in**
The construction plane can be used for a coordinate key-in as well. That is, the x, y, z values entered can be interpreted to be a coordinate in reference to the construction plane in effect - instead of in reference to the default global coordinate system.

## 2-5. User Action —— *already copied*

In any interactive system, in the course of dialog discourse, there are a set number of actions the user can take at a given moment in the dialog, in order to provide input to the system. The system reacts to the user action, performs some tasks, and once again awaits for the next user action. The following is the list of typical actions.
1. Mouse input
2. Keyboard input
3. Touch screen input

**Mouse Buttons**
Assuming a three-button mouse, the following actions are possible.
1. L-click / double-click
2. R-click / double-click
3. M-click / double-click
4. Mouse drag (without holding any button)
5. L-hold&drag (hold the button and drag)
6. R-hold&drag (hold the button and drag)
7. M-hold&drag (hold the button and drag)
8. L-click-while-R-hold
9. L-click-while-M-hold
10. R-click-while-L-hold
11. R-click-while-M-hold
12. M-click-while-L-hold
13. M-click-while-R-hold
14. L-hold&drag-while-R-hold
15. L-hold&drag-while-M-hold
16. R-hold&drag-while-L-hold
17. R-hold&drag-while-M-hold
18. M-hold&drag-while-L-hold
19. M-hold&drag-while-R-hold
14. L-hold&drag-while-R-hold
15. L-release (button just released)
16. R-release (button just released)
17. M-release (button just released)

The "click" means a single act of pushing a button down and then releasing (up) it again, without moving the mouse location too much. The system can discern the mouse motion between "mouse-down" point and "mouse-up" point in terms of pixel distance. The double-clicking is an act of clicking the same button twice in a rapid succession.

We can also consider a click or hold&drag of any mouse button while any keyboard key is being held.

**Numerical Key-ins**
1. Key 1 - Key-in of one value
2. Key 2 - Key-in of two values, separated by a comma
3. Key 3 - Key-in of three values, separated by two commas

**Alphabetic Key-ins**

Key-in of names...

**Special Keys**
Delete key
Esc key
Arrow keys
Page up/down
Space bar
End key
Home key

**Select / Indicate Consideration**
The "select" is an act of picking an existing geometry by a mouse button click. The "indicate", on the other hand, specifies a 3D coordinate by the same click action while pointing the mouse somewhere in the viewport void of any geometry. These are two conceptually distinct operations. Nonetheless, these operations are somewhat related, or similar. Indeed, we can think of an "indicate" as a selection of the construction plane. Usually, this dual assignment of the same mouse button for select and indicate presents no problem - unless some geometry is in front of the construction plane when the user wishes to "indicate". A solution is to allow a "forced" indicate by, say, holding the Shift key.

**Coordinate Key-in**
When the user enters three values from the keyboard for a 3D coordinate specification, the system interprets the values based on the mode settings in effect at the time.

Coordinate System
1. Rectangular Coordinate System (x, y, z)
2. Cylindrical Coordinate System (radius, angle, height)
3. Spherical Coordinate System (radius, angle1, angle2)

Coordinate Mode
1. Absolute Coordinate
2. Relative Coordinate

Reference Coordinate System
1. Global Coordinate System (default)
2. Construction Plane Coordinate System

# 2-6. Viewport

**Anatomy of Viewport**
A viewport is a window through which we see the 3D world.

Multiple Viewport
Axis
Grid (construction plane)
View setting (view matrix / camera)
Cursor tracking (construction plane / tracking plane)
Plane object creation
Display Mode
Viewport Data Structure

**Multiple Viewports**
The geometry created can be viewed through multiple viewports...

**Axes**
Show/Hide
Axis Location - 3D global origin / screen center / screen corner

**Grid**
A 3D grid plane (construction plane) drawn in the viewport provides a very useful frame of reference for the eye.

Properties
Visible / Invisible
Snap - the cursor snaps to a grid point during an "indicate'
Grid size specification
Grid extent specification


View Setting
Cursor Tracking
Plane Object
Display Mode
Camera
Vlewport Data Structure

## 2-7. Viewing Scheme

**General**
The viewing facility of a CAD system is of prime importance because of the frequency of use - and therefore the impact on usability - as well as strong implications toward overall system design decisions. This section describes all desired features pertaining to viewing 3D objects through viewports. These typically comprise panning, zooming and rotation, and some view management.

Mathematically, various viewing operations utilize the same algorithms as geometric manipulations. For instance, if a view is rotated, an object will rotate. This is, however, distinct from an object rotation in the 3D space, and viewport manipulations will never alter the object state or its persistent data.

**Functionality**
Panning
1. Panning - In a perspective projection, this moves the camera without changing the camera orientation.
2. Point-panning - Brings the point aimed by the mouse to the center of the viewport.
Zooming
1. Zoom in/out - Zooms in and out.  In a perspective projection, move the camera along the line of sight (not by changing the lens angle).
2. Box-zoom - Specify the box.
3. Fit-all - Fits all geometry in the viewport. Acts on the current viewport.
Rotation
1. Free-ratate - Allows free 3D rotations about the current rotation origin. The user can define a new 3D rotation origin, which is brought to the viewport center.
2. XYZ-rotate - Rotates about x, y, z axis.
3. Define-axis - Rotates about an arbitrary axis define by the user.

**Camera**
The user can set the lens angle (focal length) of the camera.

**Projection**
Each viewport can be set to either a "parallel" or "perspective" projection.

**Preset Views**
Orthographic Views
XY (top) YX (bottom)
XZ (front) ZX (back)
YZ (left) ZY (right)
Isometric Views

+X+Y+Z  -X+Y+Z  +X-Y+Z  -X-Y+Z
+X+Y-Z  -X+Y-Z  +X-Y-Z  -X-Y-Z

**View Definition**
Set View - Allows the definition of a "head-on: view. The user can provide 3 points, a point and a line, a line for normal, ...
Use Construction Plane -
Use Plane Object -
View Swap - Allows swapping of views between two existing viewports....

**View Management**
Apply View - Retrieves a saved view and assigns it to the current viewport.
Delete View - Delete saved views from the view list.
Rename View - Rename views in the view list.
Save View - Save the current view in the view list.

**Selective Viewing**
A mechanism is provided to selectively view a subset of existing objects. Use a viewing prism to allow for a space-bound constraint.

# MAPPING OF VIEWING

View......

# 2-8. Geometry Creation

**Primitive 2D**
Point
Line (multi-segmented / may not be on a plane)
Box (rectangular) - 2 points / 3 points
Circle - center+radius / 2 points / 3 points
Arc - 3 points / center+start pt+end pt / center+start pt+angle / radius+start pt+end pt
Ellipse
Elliptical Arc
Spline
Flat surface

**Primitive 3D**
Cube
Pyramid
Prism
Cylinder
Cone
Frustum
Torus
Sphere
Cap
Dish
Toroid
Transition (circle to rectangle)

**Surface**
Ruled
Revolved
Sweep
Extrude
Free Form
SKin

Loft

**Plane Objects...**
Construction Plane
Cut Plane
Mirror Plane
Alignment Plane

**Element Attributes**
Display Style
Color
Material
Texture
Transform
Complexity
Level of Detail

## 2-9. Geometry Manipulation

**Positional Transformations**
Translate
Rotate
Scale
Mirror
Place - arbitrary placement onto a new location w/new orientation
Offset

**Geometric Modification** - Parametric / Deformation
Parametric Modification

**Attribute Modification**
Color
Line Property
Layer

**Visibility Control**
Show / Hide

**Deletion**
Delete

## 2-10. Text Support

Text / Annotation

## 2-11. Lighting

**Scene Manipulation**
Light Type
Position
Color
Cast Shadow

## 2-12. Customization
Customization

## 2-13. GUI Design Formalism

## 2-14. Menu Tree

File >
    New / Open… / Close / Save / Save As…
    ----------
    Document Name…

Edit >
    Undo / Redo
    Cut / Copy /Paste
    Copy Window / Paste Window
    Change Colors / Change Layers
    Delete / Hide /Show All
    Translate / Rotate / Scale / Mirror / Jump (Free) / Accumulate / Rotate
    Group / Layer
    Copy Mode (on/off)
    Modify
    Line Type / Width
    Display Type
    Set Default Color….

View >
    Toolbar / Status Bar
    Perspective Projection (on/off)
    Shaded / Wireframe / HLR
    Shade Mode à Smooth / Flat / Hull
    Clipping Planes à Near Plane / Far Plane
    Preset Views à Ortho XY / Ortho XZ / Ortho YZ /    Iso X / Iso Y / Iso Z
    Pan à   Same Camera Orientation / Turn Camera Head
    Rotate Axially à About XYZ / Toggle XYZ
    Rotate Viewport à Freely / Toggle Vert-Horiz-Perp
    Rotate Arbitrary Axis
    Zoom à By Lens Angle / By Camera Move / By Zoom Box
    Fit All
    View Setting à Snap to Current Plane / True View
    Named View
    Properties….

Create >
    Point / Line /Polygon / Spline
    More 2D Objects à Rectangle / Circle / Ellipse / Cap / Dish / Elbow
    More 3D Objects à Cyliner (Cone) / Box (Pyramid) / Cap 3D / Dish 3D / Elbow 3D
    Extrude / Revolve /Transverse /Transit

Current Plane >
    Preset Planes à    XY Plane / XZ Plane / YZ Plane / Toggle XYZ
    Manipulate à Move Origin / Set Normal / On Element / True View
        Rotate X / Rotate Y / Rotate Z / Rotate Toggle
    Named Current Plane / Properties… / Grid Snap (on/off)

Light >
    New Light / Move Light /Location / Named Light / Properties…

Tools >
    Coordiante Key-in Mode à Rectangular / Cylindrical / Spherical
        Relative Mode (on/off)
        Current Plane (on/off)
    Customize…

Window > New Single Viewport / New Multiple Viewport /    2,3,4-Viewport Layout
    New Reporter / New Monitor / Tile / Cascade / Arrange Icons
    Named Viewport… / Viewport Properties…

Help >

# Part II

# User Guide

1. CAD System
2. CFD Grid Generation

# User Guide

---

# CAD System

1. Desktop / Menu Tree
2. Mouse Usage
3. Function Mode (FM)
4. Viewing
5. Coordinate Key-in
6. Current Plane
7. Lighting
8. Element Creation
9. Element Grouping
10. Element Color
11. Element Layer
12. Elem Positional Transformation
13. Elem Shape Modification
14. Element Attributes           - color/layer/group/display
15. Element Delete/Display
16. File Manipulation
17. Undo/Redo
18. Customization

# 1. Desktop / Menu Tree

1. Menu bar — see Menu Tree

2. Tool bars

3. Geometry viewports

4. FM command submenus

5. FM command status bar

   FM command mode indicator
   Prompt message
   System feedback message (informative/error message)
   Mouse coordinate tracking pad

6. Key-in status bar

   Key-in pad
   Key-in feedback
   Coordinate system mode indicator (Rectangular/Cylindrical/Spherical)
   Coordinate relative mode (Absolute/Relative)
   Current plane coordinate system selector (Global/Current Plane)

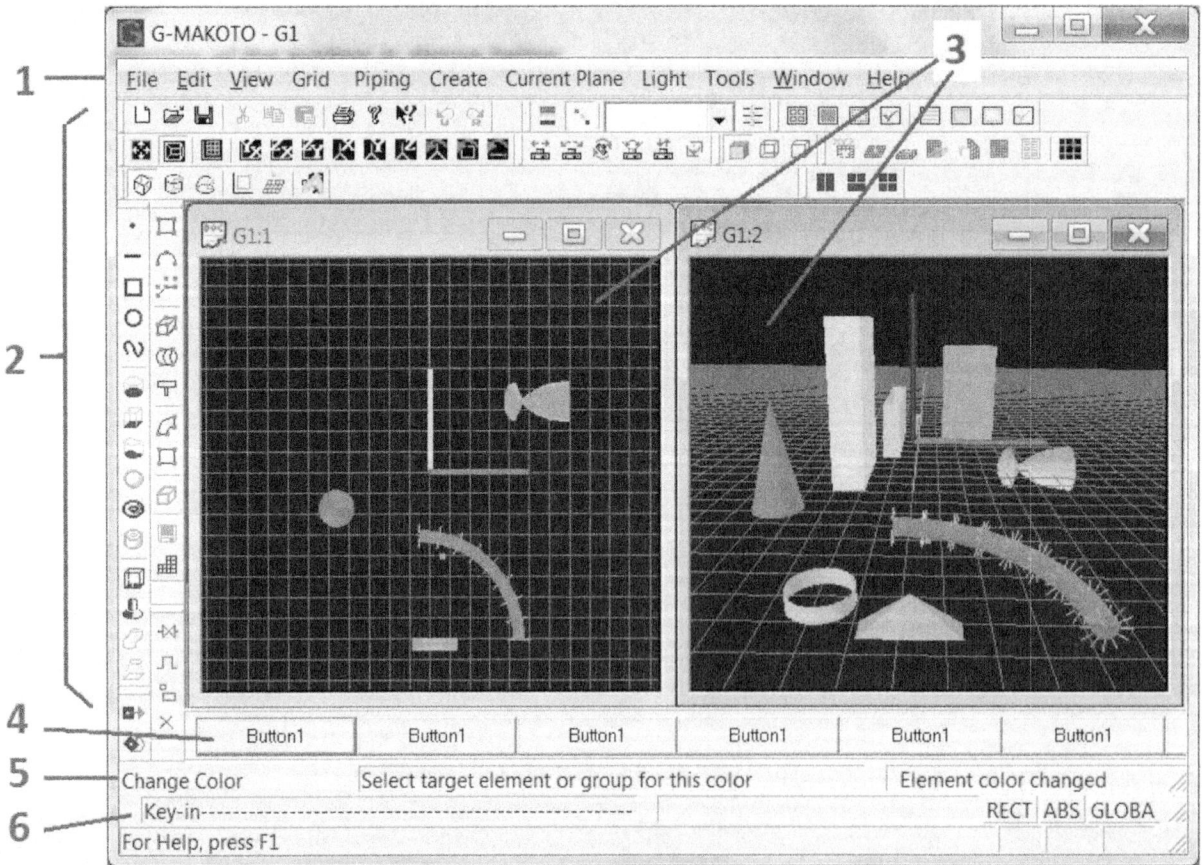

# Menu Structure

## File
New
Open
Close

-----

Save
Save As...

-----

Document Name...

-----

Exit

## Edit
Undo/Redo

-----

Cut
Copy
Paste

-----

FM Delete
FM Hide
Show All

-----

FM Translate
FM Rotate
FM Scale
FM Mirror
FM Jump

-----

Copy Mode

-----

FM Modify

-----

Color
Line Width
Material
Layer

-----

FM Group

-----

FM Change Color
FM Change Layer

-----

FM Copy Window
FM Paste Window

## View
Perspective Projection

-----

Display
    Shaded
    Wireframe
Clipping Planes
    Near Plane
    Far Plane

-----

Preset Views
    Ortho XY
    Ortho XZ
    Ortho YZ
    Iso X
    Iso Y
    Iso Z
View Setting
    Snap to Current Plane
    Define by 3 Points
Pan Mode
    Same Camera Orientation
    Turn Camera Head
Rotate
    Rotate XYZ Axis
    Rotate Screen
    Rotate Arbitrary Axis
Lens Angle
Zoom
    By Lens Angle
    By Camera Move
    Zoom Box
Fit All

-----

Toolbar

-----

Properties...

## Geometry
FM Point
FM Line
FM Rectangle
FM Circle
FM Box / Pyramid
FM Cylinder / Cone
FM Elbow

-----

FM Revolve
FM Extrude
FM Sweep / Transverse
FM Transit

-----

FM Text

## CFD
FM Domain
FM Multi-Box Domain
FM Multi-Cylinder Domain

-----

FM Line Edge
FM Arc Edge

-----

Structure Domain

-----

FM Slice
FM Insert

-----

FM Grid Generation

-----

Output Domain File
Output Grid File

## Current Plane
Preset Planes
    XY Plane
    XZ Plane
    YZ Plane
Plane Setting
    Move Origin
    Set Normal
    On Element
    Define by 3 Points
    Rotate

-----

Grid Snap

-----

Properties...

## Light
New Light
Move Light
Delete Light
Named Light

-----

Properties...
Coordinate Key-in Mode
    Rectangular
    Cylindrical
    Spherical

-----

Global
Current Plane

-----

Absolute
Relative

-----

FM Analysis

-----

Setting
Customize...
Options...

## Window
New Viewport

-----

Tile
Cascade

-----

2-Viewport Layout
3-Viewport Layout
4-Viewport Layout

-----

Window Theme
    Aero
    Luna
    Generic

Help
User Guide
Documentation

-----

About G-System

-----

Tutorial Examples...

# 2. Mouse Usage

## General

The system requires a two-button mouse. A simple rule to remember:

> The *RIGHT* button is for viewing; the *LEFT* button is for selecting geometry.

### Selection
The left-button is used to select an existing element or to indicate a location.

### Viewing
The right-button is for viewing. Since the right-button is reserved for view-specific operations throughout the session, three basic viewing operations (panning/zooming/rotation) are always available. The right-button is also used for the definition of zoom box and group box (described later).

Panning: by dragging the right-button

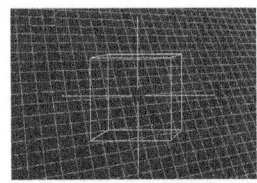 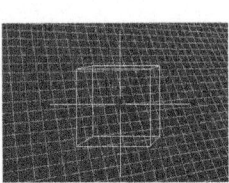 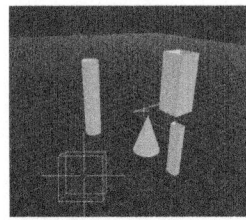 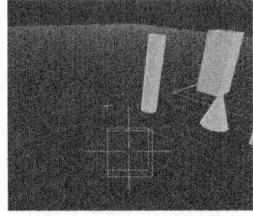

Zooming: hold the right-button, then click the left-button once, and then drag the mouse (left or right) while continually holding the right-button.

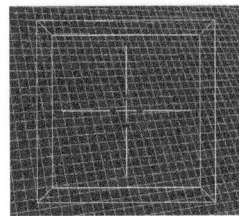 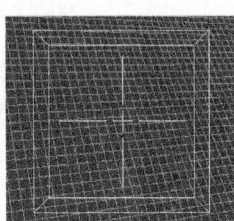 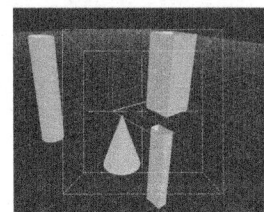 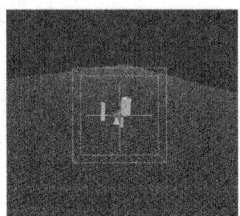

View rotation: hold the right-button, and then hold the left-button also while dragging the mouse to rotate the view.

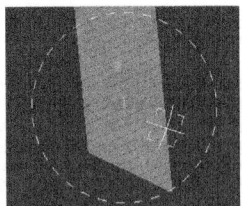 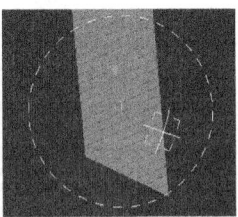 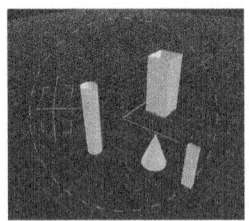 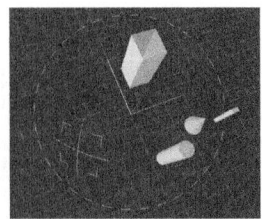

# 3. Function Mode (FM)

General

The system provides various functions through menu items and/or icons on the toolbars. Some icons provide an immediate, one-click action, while others put the user in a certain command mode, called *Function Mode* (FM). The system is always in one FM mode. (When the system starts, it automatically enters into FM "Create Point".) The current FM is always displayed in the leftmost pane of the FM status bar at the bottom of the desktop (See the desktop description).

Function Mode: Permanent vs. Temporary

There are two categories of FM commands: *Permanent* FM and *Temporary* FM. All major functions fall under the category of the permanent FM while some auxiliary functions such as viewing operations are placed under the temporary FM. This is how these two FM modes operates: The user can jump to a temporary FM – while working on a permanent FM – in order to change the view or manipulate the current plane, for instance, and then can come back to the same permanent FM at the point where he left off to resume the task.

There are a few ways to come back to the original, permanent FM from a temporary FM:

1) Hit ESC key - to resume

2) Unclick the current temporary FM icon

3) Hit the permanent FM icon (This brings the user to the very beginning of this FM)

While in a permanent FM, the user can go to any temporary FM as he wishes. The moment the last

temporary FM is exited by 1) or 2) above, the user is returned to the original, permanent FM.

Prompt Message

To help the user navigate the user-interface, a prompt message is provided at every dialog state. The prompt message is displayed next to the right of the FM command indicator on the FM command status bar. The prompt message tells the user what kind of actions are possible at a given dialog state.

Possible User Actions (Events)

The following is the list of all actions supported by this CAD system that the user can possibly take. Not all actions are meaningful at all dialog states and therefore only a subset of all possible actions are offered by each FM at a given time. The user is guided by the prompt message as to which actions are allowed in a given circumstance.

Possible Actions: SEL / IND / KEY / TOGGLE / REPEAT / ESC / DEL / END

1) Select – Click an existing geometry with the left-mouse-button to issue a SELECT event.

2) Indicate – Use the left-mouse-button to indicate a location on the current plane to issue an INDICATE event.

3) Key-in – Use the keyboard to type in. For a coordinate, key in x, y, z values separated by commas. (Rect/Cyl/Sph, ABS/REL, CP/Global)

4) Toggle – Hit the Space Bar to issue a TOGGLE event.

5) Repeat – Hit the Tab key to issue a REPEAT event.

6) Escape – Hit the Esc key to issue an ESCAPE event.

7) Delete – Hit the Delete key to issue a DELETE event.

8) End – Hit the End key to issue an END event.

A selection of submenu items is also considered to be an action, but just like any dialog box that may pop up, any button is assumed to be clickable.

Note that for Select and Indicate, the same left-button is used. Usually this does not present any problem. If an object is in the way and an Indicate results in an unintended Select, the user can force the Indicate by holding the SHIFT key when clicking the left-button.

System Feedback Message

To provide a confirmation to the user at the end of each action, a system feedback message is displayed in the rightmost pane in the FM command status bar at the bottom of the desktop.

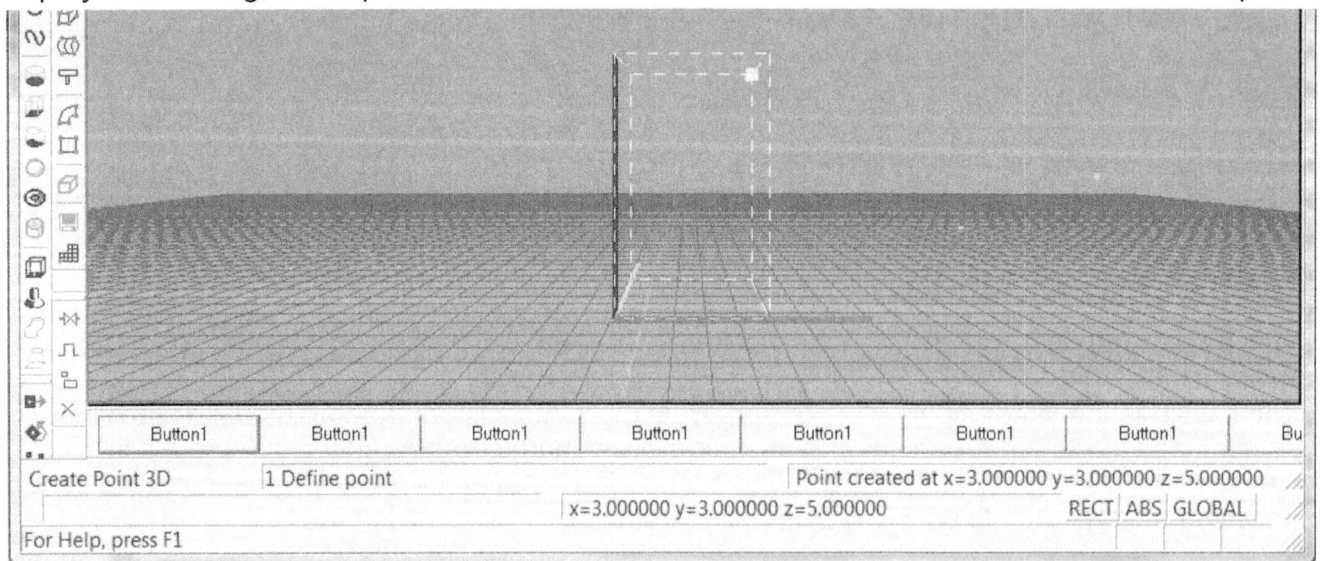

# 4. Viewing

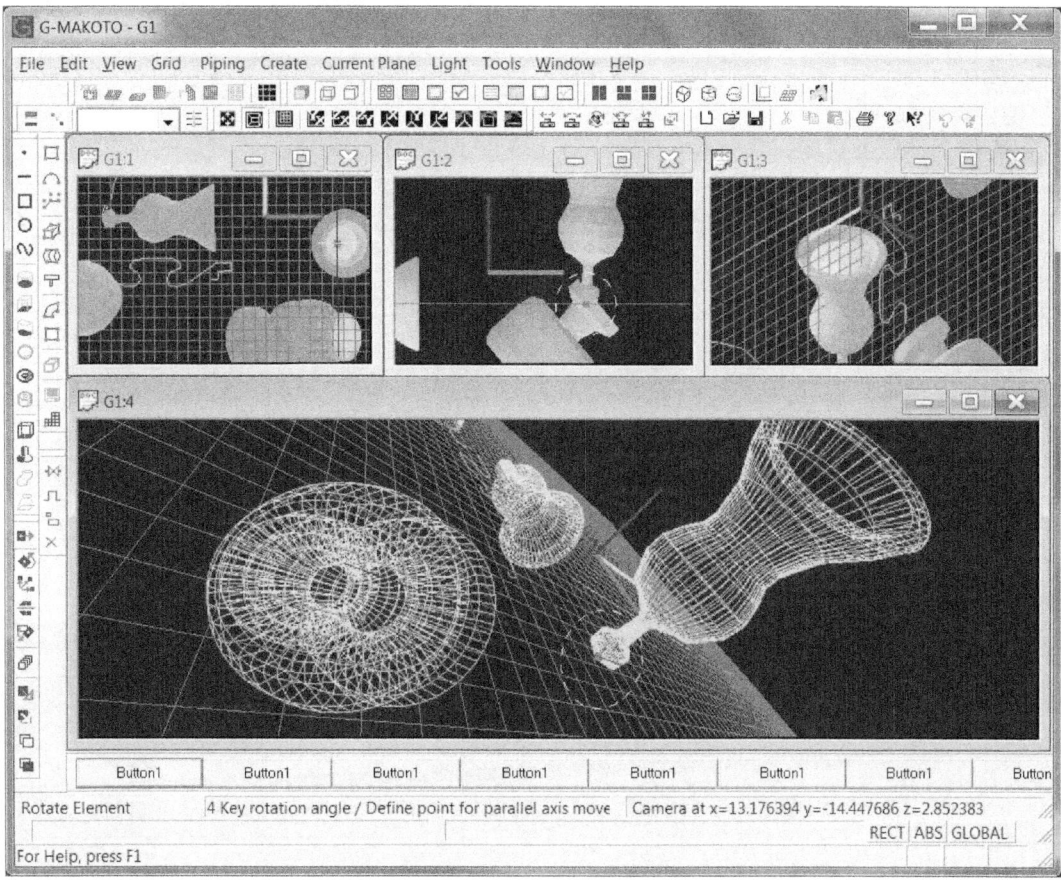

General

This CAD system supports multiple viewports. The user can see the geometry (elements) in multiple viewport windows, each corresponding to a different camera.

Menu: Windows > 2-Vpts / 3-Vpts / 4-Vpts

Clicking the icon repeatedly toggles all possible layouts.

Viewing Operation

This amounts to moving the camera to see the scene. All viewing operations act on the current viewport, if multiple viewports are shown. (Click any viewport to make it *current*.) In this CAD system, the right-mouse-button is reserved for viewing operations (customizable…)

All the FM commands related to viewing are a temporary FM….

Menu: **View >**

**Perspective Projection (on/off)**
**Preset Views**
    **Orthogonal XY (Toggle x 8)**
    **Orthogonal XZ (Toggle x 8)**
    **Orthogonal YZ (Toggle x 8)**
    **Isometric X (Toggle x 4)**
    **Isometric Y (Toggle x 4)**
    **Isometric Z (Toggle x 4)**
**Pan**
    **Move Camera (Same Camera Orientation)**
    **Turn Camera Head**
**Zoom**
    **Lens Angle Change**
    **Move Camera (Toward or Away From Subject)**
    **Zoom Box**
    **Fit All**
**Rotate**
    **Free Rotate (Track Ball)**
    **Rotate About Axis (Toggle X, Y, Z)**
    **Rotate Screen (Toggle Horizontal, Vertical, Perpendicular)**
    **Rotate About Arbitrary Axis**
**Display Mode**
    **Shaded**
        **Wireframe**
        **HLR**
    **Shade Mode**
        **Flat**
        **Smooth**
        **Cull**
    **Clipping Plane**

Description

 Perspective

Click to set the Perspective projection. Unclick to return to the Parallel projection.

 Pan – Moves Camera

This FM allows …. Keep the orientation of the camera unchanged. Move the whole camera. If PARALLEL, the same as Pan – Turn Camera Head.

 Pan – Turns Camera Head

This FM allows …. The position of the camera remains the same (Camera does not move). Just turn the head of the camera to see a different direction. If PARALLEL, the same as Pan – Move Camera.

Rotate – Free

This FM allows …. This FM allows free rotation of the subject on the screen. Hold down R-button and move. Select an element to become the center of rotation.

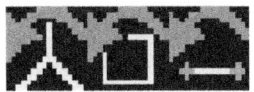

Rotate – About Global Axes

This FM allows the view rotation about any of the three global axes. Use TOGGLE to choose one axis (X, Y, or Z). Hold down R-button and move to rotate the view. Defining a point parallel-moves the current rotation axis to that point.

Rotate – Viewport-wise

This FM allows view rotation, with respect to the screen, horizontally, vertically, or perpendicularly. Use TOGGLE to select one of the three. Hold down R-button and move to rotate the view. Defining a point parallel-moves the current rotation axis to that point.

Rotate – About Arbitrary Axis

This FM allows view rotation about an arbitrary axis to be defined by the user. Define the first point of the axis, and then define the second point. This specifies the rotation axis. Hold down R-button and move to rotate the view. Defining a point parallel-moves the current rotation axis to that point. Hit ESCAPE to define the first point again.

Zoom – Change Lens Angle

This FM allows zooming of the view by changing the angle of the lens, just like a zoom-lens in a real-life photography, without changing the camera position. Hold R-button and move the mouse horizontally to zoom in or out. The actual view angle is displayed on the viewport. R-click allows the camera to aim in that direction. Selecting an element (L-click) aims the camera to that element and at the same time sets the viewing center point to that element. R-button hold-and-drag while holding SHIFT key down achieves a zooming effect which maintains a constant size of the element located at the viewing center. If PARALLEL, the same as Zoom – Move Camera.

Zoom – Move Camera

This FM allows …. Lens angle remains the same. The whole camera is moved toward or away from the subject, Thus, the image gets bigger or smaller, respectively. If PARALLEL, the same as Zoom – Change Lens Angel.

Zoom – Zoom Box

This FM allows …. The user specifies the box to zoom in. Internally uses Zoom – Change Lens Angle.

Zoom – Fit All

Click this icon to show all elements (not hidden ones) in the viewport.

Ortho XY / Ortho XZ / Ortho YZ

 Clicking this icon toggles through all eight (8) possible view settings which produce an XY orthographic projection. (The same for XZ and YZ also.)

Iso X / Iso Y / Iso Z

 Clicking this icon toggles through four (4) of isometric projections with vertical X axis. (The same for vertical Y and Z also.)

Set As Current Plane

 Click this icon to set the view as the same as the current plane.

True View ----- NOT WORKING

This FM allows an arbitrary view setting. The user is prompted to define three (3) non-colinear points. The first point becomes the ...

View Property:

This opens the View Property dialog box..

Element Display Modes:

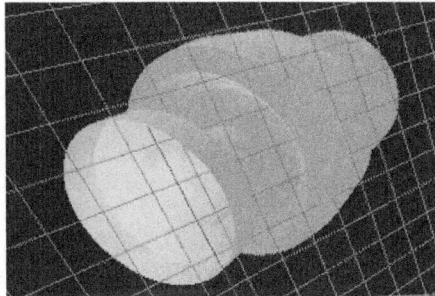

Shaded – sets the element display to Shaded mode.
Wireframe – sets the element display to wireframe mode.
HRL – sets the element display to Hidden-Line Removal (HLR) mode. Not supported.

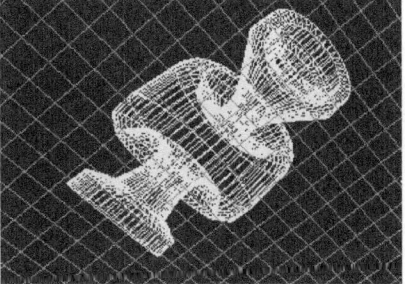

# 5. Coordinate Key-in

General

The system supports diverse and flexible methods for coordinate key-ins. The user can choose from rectangular / cylindrical / spherical coordinate systems, absolute / relative coordinates, and global / current plane systems. The currently selected modes are shown in the rightmost panes of the key-in status bar.

Whenever the user keys in values, the values entered are echoed in the key-in feedback pane next to the right of the key-in pad in the key-in status bar at the bottom of the desktop. This allows the user to confirm what the user has just typed in. For instance, the 3 values are interpreted as Radius, Angle1 and Angle2 in the spherical coordinate system.

For a coordinate key-in, a visual cue is displayed on the screen for all three coordinate system types. If the Relative mode is on (as opposed to Absolute mode), the screen shows a white dot indicating the current reference point a new relative key-in is to be measured from. Normally, the coordinate key-in is done with respect to the global coordinate system. In this CAD system, it is possible to use the current plane as the coordinate system into which to enter the coordinate values. If Current Plane is selected as the key-in mode, the current plane assumes an orange color to denote that fact.

Visual cue.  ON/OFF

Menu Structure

Tools

Coordinate Key-in Mode

    Rectangular Coordinate system
    Cylindrical Coordinate system
    Spherical Coordinate system

  Current Plane Coordinate
  Relative/Absolute Mode

Description

## Coordinate System Selector Radio Buttons:

 Rectangular Coordinate System

This icon sets the key-in coordinate mode to be such that the three values the user keys in (separated by commas) will be interpreted as X, Y, and Z values of the rectangular coordinate system.

 Cylindrical Coordinate System

This icon sets the key-in coordinate mode to be such that the three values the user keys in (separated by commas) will be interpreted as Radius, Angle, and Height values of the cylindrical coordinate system.

 Spherical Coordinate System

This icon sets the key-in coordinate mode to be such that the three values the user keys in (separated by commas) will be interpreted as Radius, Angle1, and Angle2 values of the spherical coordinate system.

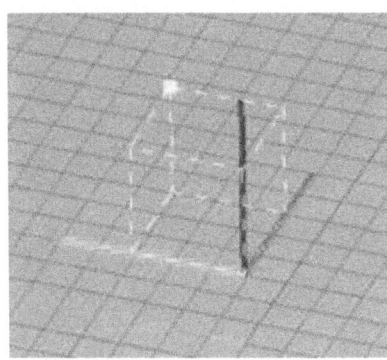
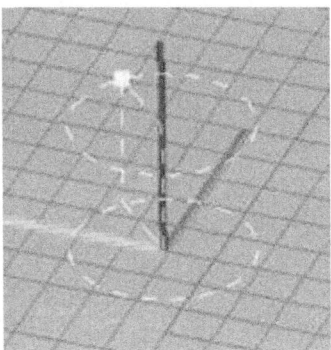
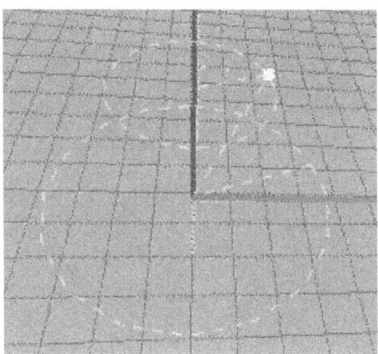

## Coordinate System Mode:

 Current Plane Coordinate

By default, when the user keys in a coordinate, the user is using the **global** coordinate system. Clicking this icon sets the **current plane** to be the default coordinate system for subsequent key-ins. Unclick this icon to return to the **global** coordinate system key-in mode. When the current plane is being selected, the current plane display assumes an orange color.

**Absolute/Relative Mode:**

 Relative Mode (on/off)

By default, a coordinate is specified in the **absolute** mode. Clicking this icon sets the key-in mode to be "**relative**". This means all the subsequent coordinate key-ins will be measured relative to a previously established "reference point". A point marker appears on the screen to indicate the location of the reference point. Unclick this icon to return to the **absolute** key-in mode.

# 6. Current Plane

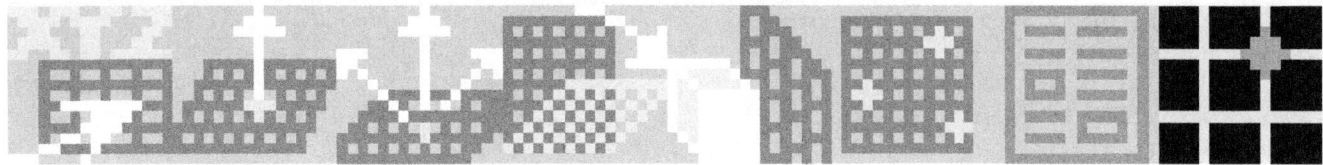

General

The concept of the current plane is very important in a 3D CAD system. The current plane provides "a frame of reference" in the user's mind. The current plane is also a logical mechanism to map the cursor position (on the 2D screen or viewport surface) into the 3D coordinate in the 3D space. That is, the current plane provide a bridge between a 2D cursor and the corresponding point in 3D space. When the user clicks the viewport with the intent of specifying a 3D location (this user action is referred to as Indicate), the user is really clicking a point on the current plane. The actual 3D coordinate perceived by the system, of course, depends on where the current plane is located and how it is oriented at the time of the click.

The current plane is sometimes referred to as a "construction plane" for a good reason. In this CAD system also, the current plane is often used during the construction as well as manipulation of the geometric elements. For instance, most of the 2D elements (flat elements) are created on the current plane. The mirror operation (see transformation) uses the current plane as the mirror plane.

The Grid Snap mode allows the snapping of grid intersections of the current plane, allowing a quick construction of the geometry.

Recognizing the importance of the current plane, this CAD system provides various functions to allow for the easy and intuitive manipulations of the current plane: In addition to some preset orientations, the origin as well as orientation can be manipulated. The current plane property dialog box allows various attribute settings including grid intervals and display characteristics.

Menu: **Current Plane >**

**Preset Planes**
    **XY Plane / XZ Plane / YZ Plane / Toggle XYZ**
**Manipulate**
    **Move Origin**
    **Set Normal**
    **On Element**
    **True View**
    **Rotate X,Y,Z / Rotate Toggle**
**Named Current Plane...**

**Properties..**
**Grid Snap**

Description

Preset Current Plane (XY / YZ / XZ)

Clicking this icon sets the current plane to one of the three preset orientations: XY plane, YZ plane, and XZ plane. Click this icon repeatedly to toggle through the three orientations.

Move Origin

This FM allows the current plane origin to be moved to a user-defined location. Define a point to become a new origin.

Set Normal

This FM allows the current plane normal (thus its orientation) to be specified. Define a point for the normal vector direction. A relative key-in allows the specification of the normal vector.

Rotate XYZ

This FM allows current plane rotation about its X, Y, or Z axis. Hit TOGGLE to alternate the rotation axes. Hold down L-button and move to rotate. An angle key-in is also allowed. CR (angle=0) is interpreted as 90 degrees. Defining a point moves the rotation axis to that point. After a key-in, REPEAT repeats the same rotation angle.

True View

The mode allows an arbitrary current plane specification. The user is prompted to define three (3) points. The first one becomes the origin, the second one defines the X axis, and the third to decide the Y axis.

Snap On Element

This FM allows the current plane to be set as the same as the local coordinate of an element selected. The user is prompted to select an element to snap on.

Property

Current plane property dialog box…

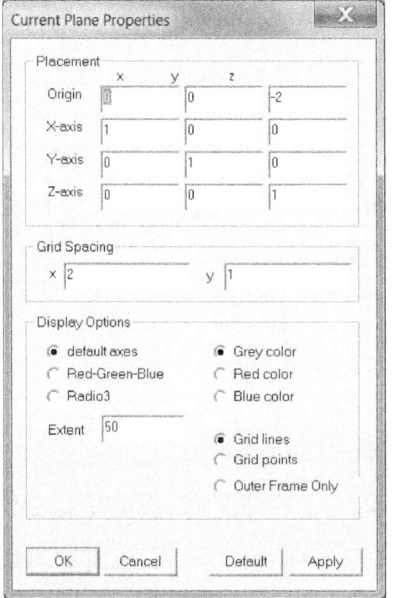
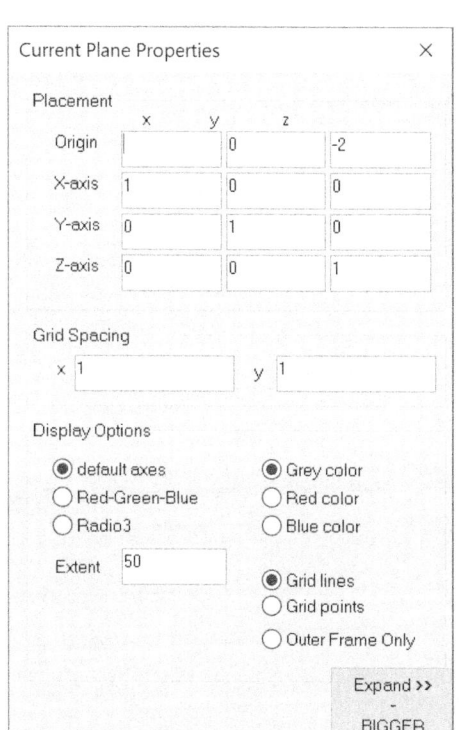

Grid Snap

This icon turns on the "grid snap" mode in which a specification of the coordinate by the mouse cursor is snapped to the nearest grid point of the current plane. Unclick the icon to turn off this mode.

# 7. Lighting

**Lighting - not fully implemented**

## General

This allows various maneuvers of the lighting of the scene, such as adding a new light, moving the location of the light and so on.

## Menu Structure

Light
    New Light
    Move Light
    Location
        Named Light...
        Properties...

## Description

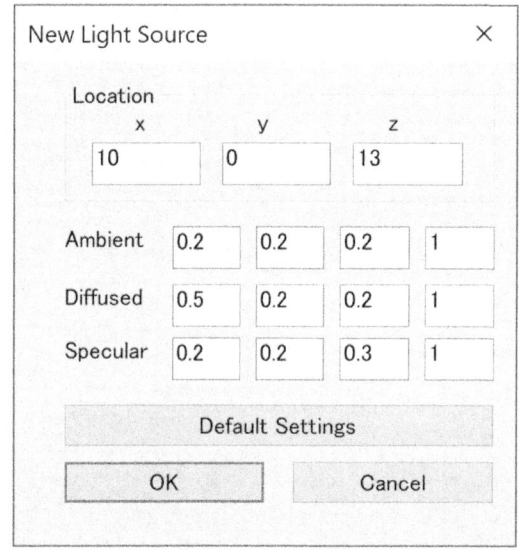

# 8. Element Creation

**10. Element Creation**

General

The main purpose of any CAD system is to create desired elements. Here are some function modes (FM) that allow geometry creation. Some elements are 2D (flat) and some are 3D, but all geometries are placed in 3D space.

Menu Structure

Create
    Point
    Line
    Rectangle
    Circle
    Spline (NURBS)
    Cylinder (3d)
    Box (3d)
    Elbow (3d)
    Revolve (3d)

Description

When this CAD system is started, the initial default function mode is FM Point. The user is prompted to define a point. In general, there are three ways to define a point coordinate in this system. 1) Click an existing element to get a coordinate, 2) Click the current plane to define a point on the plane, and 3) Key in the coordinate x,y,z.

FM Point

This FM command allows the creation of points in 3D space. In this command, the user is prompted to define a coordinate to place a point. The user can "indicates" a location on the current plane, or keys in a 3D coordinate.

FM Line

This FM command allows the creation of a multi-lines in 3D space. The user is prompted to define two coordinate locations to create a line segment. The user can continually define a new coordinate to create multi-segment line. Hit "End" to finish the line creation and start a new one.

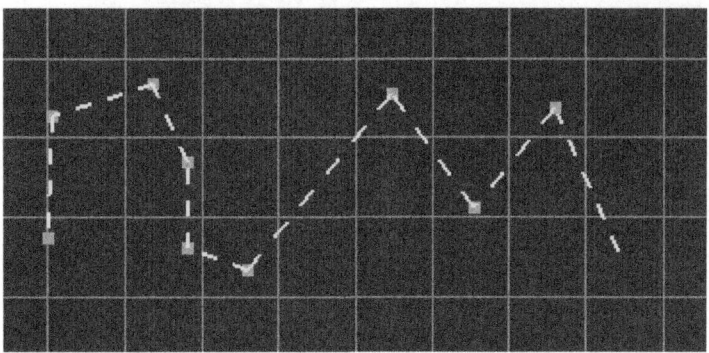

▫ FM Rectangular

This FM command allows the creation of a rectangle on the current plane. Define one corner, and then define the opposite corner.

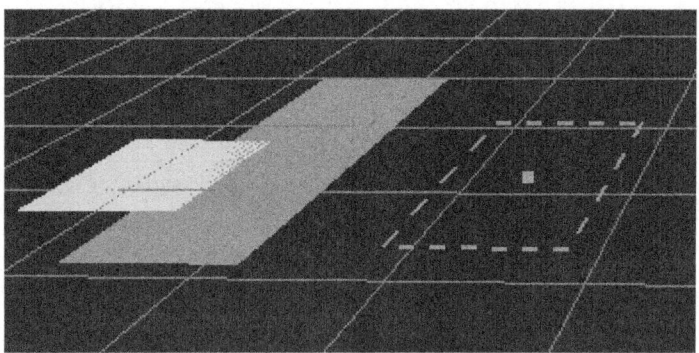

○ FM Circle

This FM command allows the creation of a circle on the current plane. Define the circle center first, and then define the radius by dragging the mouse and click.
Submenu: Center-Radius / Side-to-Side / Three Points

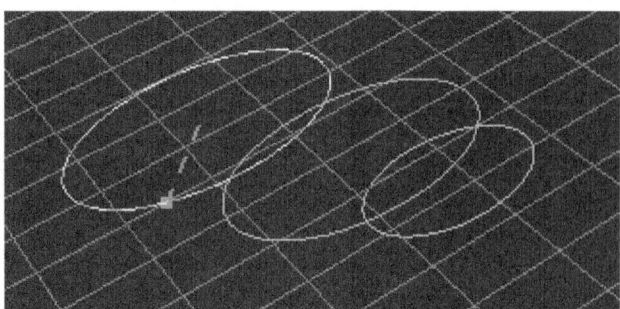

## FM Spline (NURBS)

This FM command allows the creation of a spline (NURBS). The user is prompted to define control points for the NURBS curve. Hit "End" to finish the creation.
Select an existing control point to modify the location (click a new location) or delete (hit Delete).

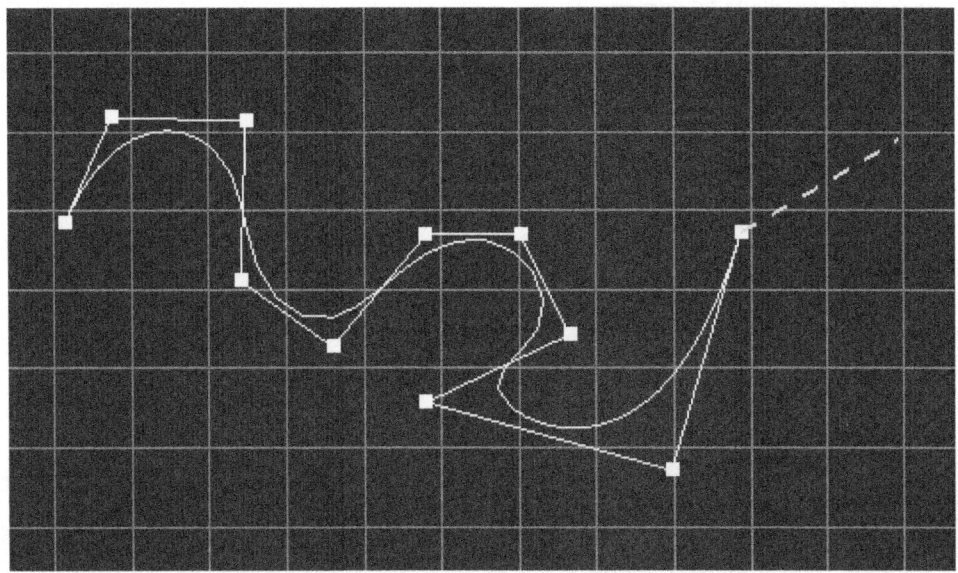

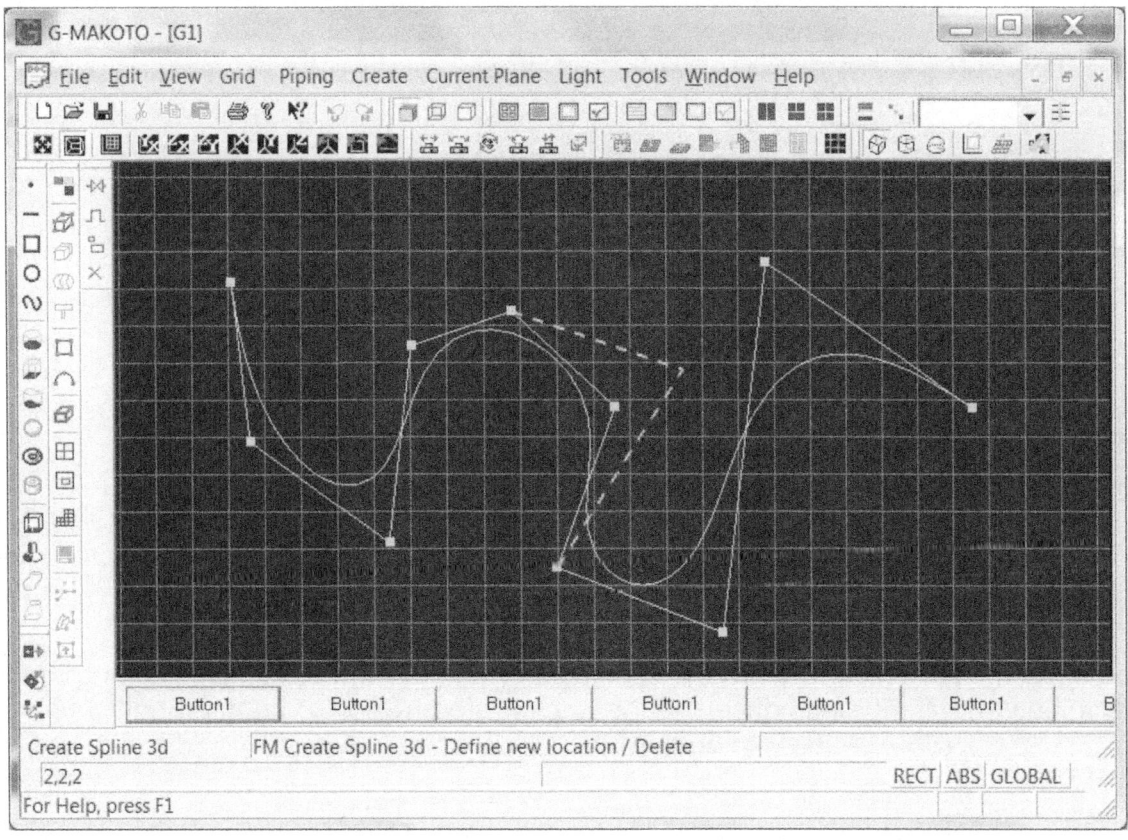

 FM Cylinder

This FM command allows the creation of a cylinder on the current plane. Define a circle on the current plane (as in FM Circle) and then drag the mouse to define the height and click. Hold Shift key during the last click to make a cone.

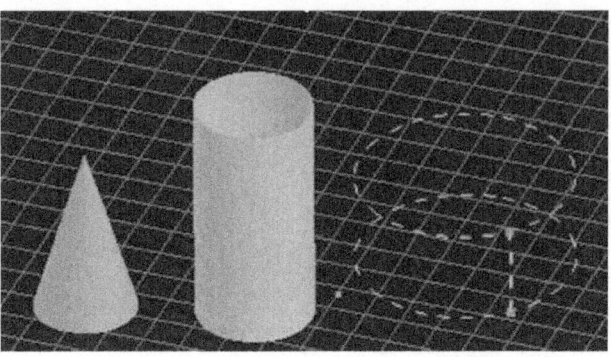

 FM Box 3D

This FM command allows the creation of a 3D box on the current plane. Define 2 corners and then drag the mouse to define the height and click. Hold Shift key during the last click to make a tapered box.

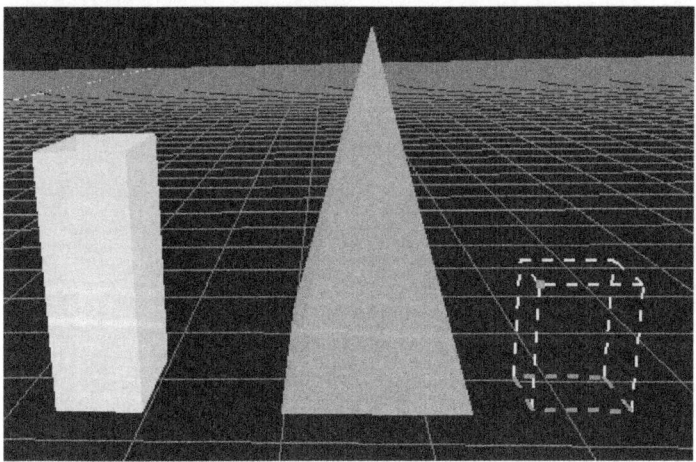

FM Elbow 3D

This FM command allows the creation of a 3D elbow on the current plane. By defining the location, an elbow with the default dimension will be created. (See Geometry Modification for change.)

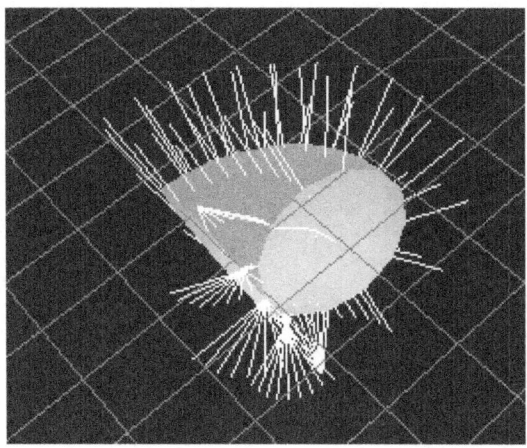

 FM Revolve

This FM command creates a geometry by revolving a profile element created by FM Line. The user is prompted to select a 2D profile element. Then, define the rotation axis by defining 2 points. Then, indicate on the current plane to revolve 360 degrees.

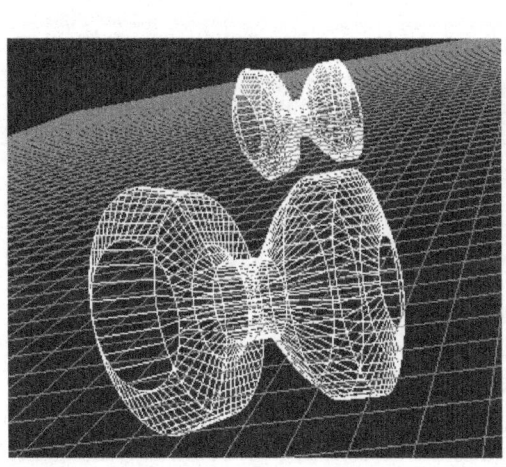
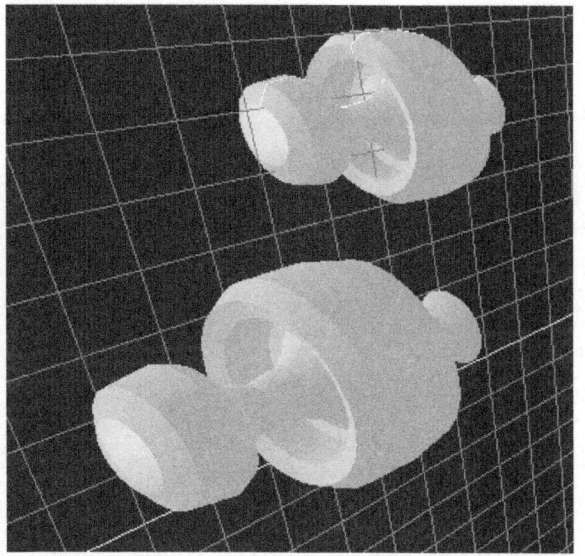

# 9. Element Grouping

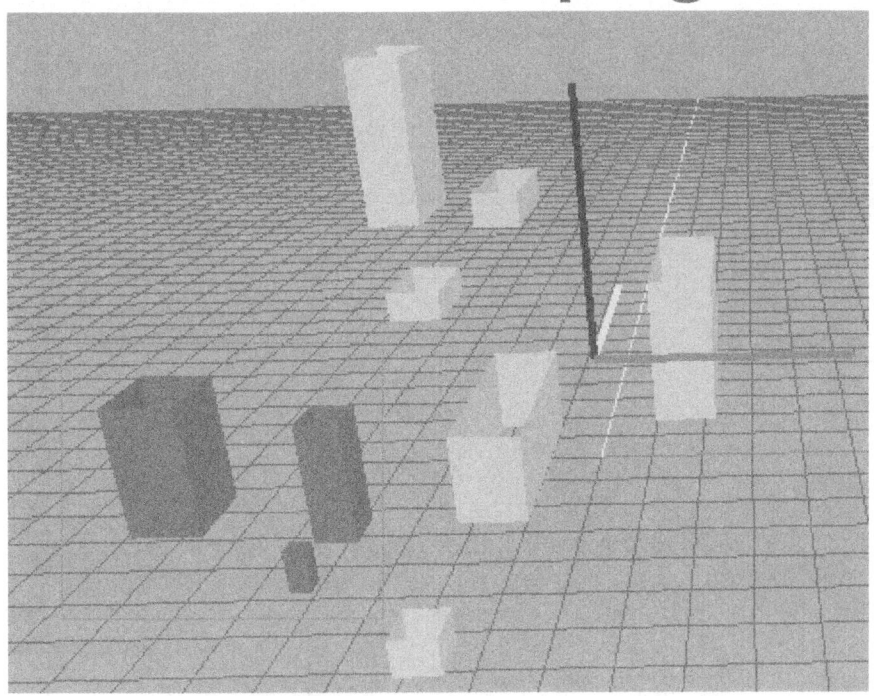

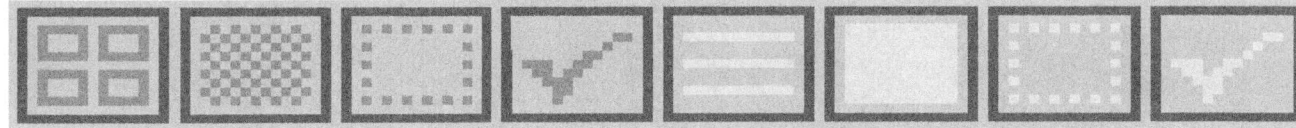

### 9. Group Elements

General

In some FM commands, the user can use a "grouping" facility to bundle multiple elements to be used as a target of some specific operation, such as deletion, transformation, and so on. This grouping is itself a temporary FM, to be activated during some permanent FM operation. When grouping is allowed, Group icon is enabled. Once in this mode, various grouping manipulations are available. Hitting Group OK icon signals the target selection confirmation, and the user is returned to the original permanent FM.

Menu Structure

Edit
        Group Mode
        Group All
        Group Clear
        Group OK

## Description

 Group Mode

This icon is enabled if grouping is allowed. Clicking this icon sets a temporary function mode for grouping elements. Select an element to be grouped. A grouped element will be highlighted. Clicking an already-selected element will remove it from the group. To facilitate grouping, the user can use a "trap box" by R-clicking one corner of the trap box and then R-clicking the other diagonal corner of the box. All the elements within the trap box will be highlighted to show they are grouped. The user can use this box trapping as many times as needed. An individual selection of an element alters the grouping status: That is, an element already in the group will be removed from the group, an element not in the group will be placed in the group. TOGGLE alters the grouping status of all elements all at once.

Key in a layer number to include all elements with that layer value. To remove all elements of the same layer value, just key in the negative value.

 Group All

Click this icon to put all existing elements in the group.

Group Clear

Click this icon to clear the group – remove all elements out of the group.

Group OK

Grouping is in lieu of selecting and identifying target elements. When grouping is satisfactorily accomplished, the user hits this button to invoke the intended action at hand, such as deletion of the elements, for instance. This Group OK icon is enabled only if the FM in effect accepts grouped elements as a target.

# 10. Element Color
**Computer-Aided Design Software**
(CAD System)

9. Element Color

<u>General</u>

The element color can be set to any color you like.

<u>Menu Structure</u>

Edit
    Set Default Color…
    Change Color

<u>Description</u>

 Default color

This sets the default color for future elements. That is, all new elements receive this color. Just select a color from the color palette panel.

 Change Color

This command allows the color of an existing element to be changed. Select a new color from the color palette panel, then select a target element continuously. All selected elements will receive the new color. Grouping is supported for target selection.

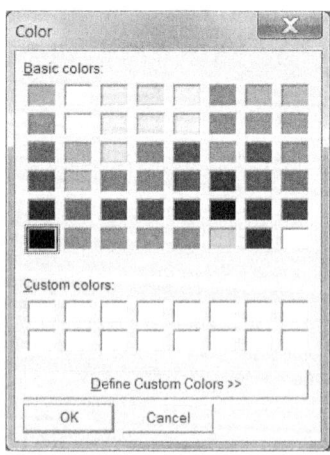 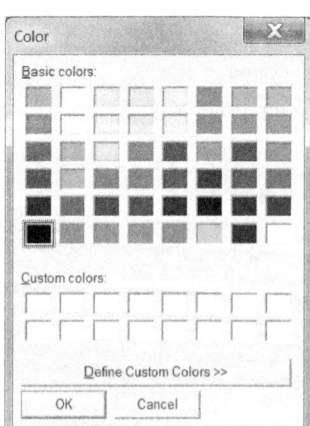

# 11. Element Layer
Computer-Aided Design Software
(CAD System)

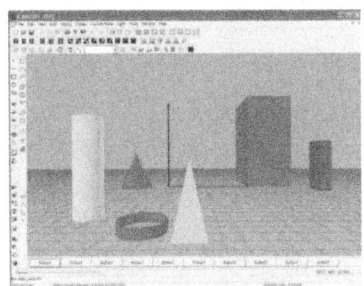

## General

Each element has an attribute called "layer". The layer attribute can have an integer value of 1-10. The layer drop-down box in the toolbar shows the current layer number. New elements will receive this current layer value. The layer value of an existing element can be changed by using Change Layer mode.

## Menu Structure

Edit
    Change Layer
    Layer
        Layer Mode
        All Layers
        Clear Layer
        Layer OK

## Description

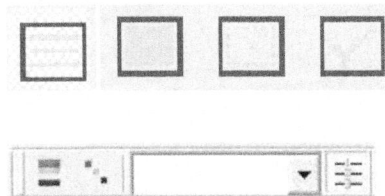

## Default Layer

This sets the default layer number of the future elements.

## Change Layer

This allows the layer change of an existing element. Grouping is supported.

# 12. Element Positional Transformation

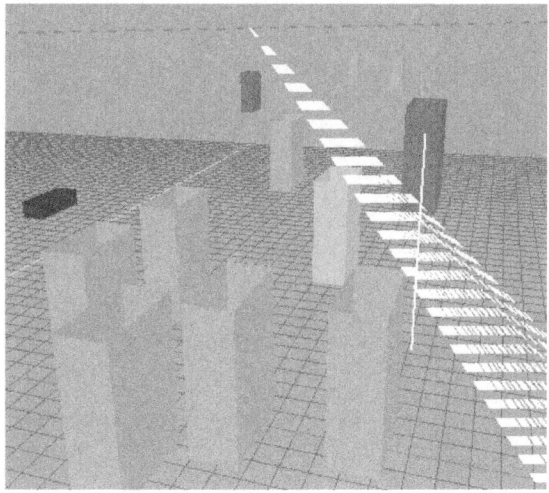

General

This section describes various positional transformations that can be applied to target elements.

Translate – translates the target element(s) to a new location.
Rotate – rotates the target element(s) about a specified rotation axis. (can keep the same orientation)
Scale – explodes the target element(s) in the xyz directions with respect to the current plane origin.
Mirror – mirrors the target element(s) using the current plane as the mirror plane.
Jump – allows the definition of an arbitrary transformation for the target elemet(s).
Matrix Accumulation – allows the transformation definition using any of the above.

All transformations support the following operational modes:

Move – moves the target element(s) to a new location.
Copy – makes a duplicate copy of the original at a new location.
Ditto – makes a "ditto" copy of the original at a new location.

All transformations can be applied to a single element or a group of elements.

Orientation Mode – Allows the option of retaining the same orientation after transformation

Menu Structure

Edit

Translate
Rotate
Scale
Mirror
Jump
Move/Copy/Ditto
Keep Orientation

## 11. Element Positional Transformation

## General

This section describes various positional transformations that can be applied to target elements.

    Translate – translates the target element(s) to a new location.
    Rotate – rotates the target element(s) about a specified rotation axis. (can keep the same orientation)
    Scale – explodes the target element(s) in the xyz directions with respect to the current plane origin.
    Mirror – mirrors the target element(s) using the current plane as the mirror plane.
    Jump – allows the definition of an arbitrary transformation for the target elemet(s).
    Matrix Accumulation – allows the transformation definition using any of the above.

All transformations support the following operational modes:

    Move – moves the target element(s) to a new location.
    Copy – makes a duplicate copy of the original at a new location.
    Ditto – makes a "ditto" copy of the original at a new location.

All transformations can be applied to a single element or a group of elements.

Orientation Mode – Allows the option of retaining the same orientation after transformation

## Menu Structure

Edit

    Translate
    Rotate
    Scale
    Mirror
    Jump
    Move/Copy/Ditto
    Keep Orientation

Description

 Translate

 This FM allows translation of a target element or group of elements. If a single element is selected, the user is prompted to define a destination point to translate the element. If a group of elements are selected, the user specifies a start point and then a destination point. The user then is prompted to key in the distance to move the target. Hitting CR (zero key-in) moves the target to the destination point. A new distance can be keyed in anytime. REPEAT allows the translation of the same distance to be repeated.

If the user selects a single element and drags it while holding the L-button, the element can be moved directly (real-time): The submenu offers the tracking plane choices for this drag-move. Holding Shift-key during the move allows the move perpendicular to the tracking plane.

 Rotate

This FM allows rotation of a target element or group of elements. If a single element is selected, the element's Z-axis becomes a default rotation axis. TOGGLE allows the rotation axis to alternate among X, Y, Z-axes. If a group of elements are selected, the user specifies a rotation axis by defining two points. (HINT: The second point can be delta x,y,z if REL Key-in is used) For both cases, the user then is prompted to key in the angle of rotation. (CR results in 90 degree) REPEAT allows the rotation to be repeated using the same angle. Defining a new point parallel-moves the current rotation axis to that point. Submenu DEF AXIS allows a brand new specification of the rotation axis.

If the user selects a single element and drags it while holding the L-button, the element can be rotated directly (real-time): The submenu offers the axis choices for this drag-rotate. TOGGLE offers choices of rotation axes during drag-rotate as well.

**1. Select target element / Group target elements**
SEL (hold) – Select target element (go to 2).
GROUP – Group target elements (go to 8).
TOGGLE – Alternate x,y,z axes for rotation (go to 1).

**2. Hold-drag to rotate / Select target element 1. Select target element / Group target elements**
SEL (hold) – Select target element (go to 2).
GROUP – Group target elements (go to 8).
TOGGLE – Alternate x,y,z axes for rotation (go to 1).

**2. Hold-drag to rotate / Select target element**
  LBU – Release hold (go to 4).

MMV(hold) – Drag to rotate (go to 3).

3. **Drag target element / Cancel**
   MMV(hold) – Drag to rotate (go to 3).
   TOGGLE – Alternate x,y,z axes for rotation (go to 3).
   CANCEL – Undo the rotate (go to 1).

4. **Drag-rotate same target element / Key rotation angle / Repeat / Define rotation point**
   SEL (hold) – Drag to rotate the same element (go to 5).
   KY1 – Key rotation angle (go to 4).
   DEFPT – Define point to parallel-move rotation axis (go to 4).
   REPEAT – Repeat same angle rotation (go to 4).
   TOGGLE – Alternate x,y,z axes for rotation (go to 4).

5. **Hold-drag to rotate / Select target element**
   LBU – Release hold (go to 4).
   MMV(hold) – Drag to rotate (go to 5).

6. **Define point 1 for new rotation axis / Toggle xyz**
   DEFPT – Define point for rotation axis point 1 (go to 7).

7. **Define point 2 for new rotation axis**
   DEFPT – Define point for rotation axis point 2 (à4).

8. **Define point 1 for new rotation axis / Toggle xyz**
   DEFPT – Define point for rotation axis point 1 (à9).

9. **Define point 2 for new rotation axis**
   DEFPT – Define point for rotation axis point 2 (à10).

10. **Key rotation angle / Repeat rotation / Define rotation pivot**
    KY1 – Key rotation angle (go to 10).
    DEFPT – Define point to parallel-move rotation axis (go to 10).
    REPEAT – Repeat same angle rotation (go to 10).
    TOGGLE – Alternate x,y,z axes for rotation (go to 10).

 Scale

 Mirror

This FM allows mirroring of a target element (or a group of elements) using the current plane as the mirror plane. Select an element and then REPEAT to cause the mirror.

1. **Select target element / Group target elements**
SEL – Select target element (go to 2).
GROUP – Group target elements (go to 2).
TOGGLE – Alternate x,y,z axes for rotation (go to 1).
2. **Repeat to mirror / Select new target element / Group new target elements**
SEL – Select target element (go to 2).
GROUP – Group target elements (go to 2).
REPEAT – Alternate x,y,z axes for rotation (go to 1).

 Jump

This FM allows "relocation" of a target element or group of elements. If a single element is selected, the user is prompted to define a new pivot point location next. Then, the user defines element's Z-axis, followed by Y-axis. REPEAT allows the repetition of the total transformation. If a group of elements are selected, the only difference is that the user is first prompted to define the start point, and then a new pivot point, and so on, just like a single element case.

1. **Select target element / Group target elements**
    SEL (hold) – Select target element (go to 2).
    GROUP – Group target elements (go to 6).

2. **Define new pivot point**
    DEFPT – Define new pivot point (go to 3).

3. **Define Z-axis**
    DEFPT – Define point for Z-axis (go to 4).

4. **Define Y-axis**
    DEFPT – Define point for Y-axis (go to 5).

5. **Define new pivot point / Repeat**
    DEFPT – Define new pivot point (go to 3).
    REPEAT – Repeat the total transformation (go to 5).

6. **Define start point**
    DEFPT – Define start point for grouped elements (go to 7).

7. **Define new pivot point**
DEFPT – Define new pivot point for grouped elements (go to 8).

8. **Define Z-axis**
DEFPT – Define point for Z-axis for grouped elements (go to 9).

9. **Define Y-axis**
DEFPT – Define point for Y-axis for grouped elements (go to 10).

10. **Define new pivot point / Repeat**
DEFPT – Define new pivot point (go to 8).
REPEAT – Repeat the total transformation for grouped elements (go to 10).

Matrix Accumulation

# 13. Element Shape Modification

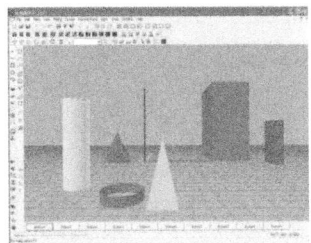

**12. Element Geometric Modification**

General

This allows the parametric change of an existing element. The element-specific dialog box shows which parameters of the element are modifiable. Just set new values and click Apply to effect the change.

Menu Structure

Edit

Modify

Description

 Modify

This command allows the parametric modification of a target element. The dialog box contents are element-specific.

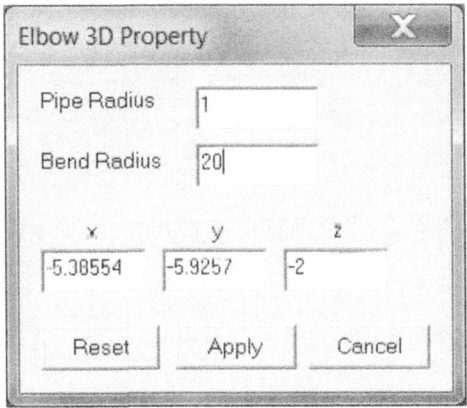
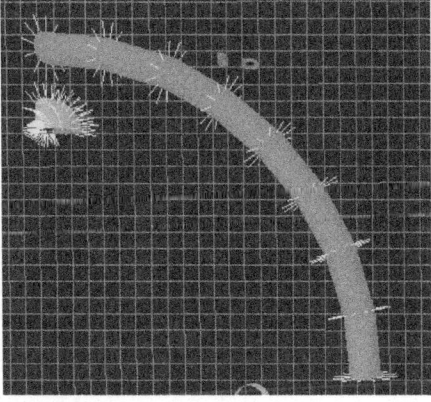

# 14. Element Attributes

**Element Attribute Modification (non-geometric)**

General

Color

Layer

Group membership

Description

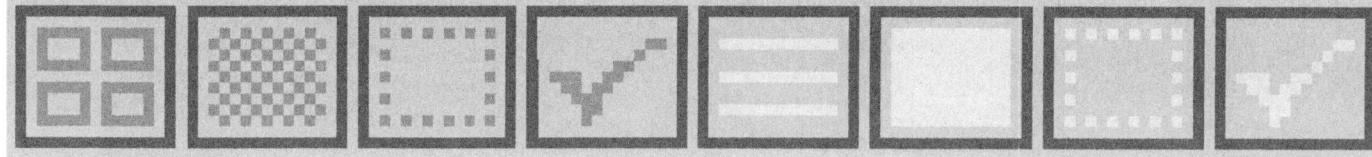

# 15. Element Delete / Display Control

**Element Deletion / Show Control**

General

The user can use Delete command to delete existing elements permanently. Just for display purposes, the user can use Show/Hide command to temporarily hide elements and show them again as needed.

Menu Structure

Edit

Delete
Hide
Show All

Description

 Delete –
This command deletes a single element or a group of elements permanently.

 Hide –
This command temporarily hides a single element or a group of elements. This is useful when the scene is cluttered with many elements. Hidden elements are not selectable. TOGGLE reverses the show/hide status of the element(s) just hidden.

 Show All –
Clicking this restores the visibility of all "hidden" elements

# 16. File Manipulation

General

Menu Structure

File
>Open
>Save
>Save As

Description

**Element Manipulation Between Files**

General
This section describes element manipulations contained in multiple files. The system allows the elements contained in a separate file to be copied into the current file. Or, the user can create a "link" to a separate file (instead of making a copy). The inter-file link conceptually corresponds to a "ditto" in an intra-file copying....

- Link elements between files
- Copy elements between files

Menu Structure
File
>Document Name…

Edit
>Copy Window
>Paste Window

# 17. Undo / Redo

**Undo/Redo Operations**

General
Multi-level undo/redo operations are supported. Maximum levels are user-definable
….?? Multiple granularity is embedded… Ifsome function mode supports UNDO/REDO, the ICONs are enabled on the top bar…..

Menu Structure
Edit
    Undo
    Redo

Description
Undo
Undo the previous operation. Repeated clicks will allow multi-level undo operations.

Redo
Redo the previous undo operation. Repeated clicks will allow multi-level redo operations.

# 18. Customization

General
Background color

Menu Structure
Tools

    Customize…

Description

**Help / Tutorial**

# User Guide

---

# CFD Grid Generation

1. General
2. Grid Generation
3. Domain Slicing
4. Element Insertion
5. CFD Test Command

# CFD Grid Generation

1. General
2. Grid Generation
3. Domain Slicing
4. Element Insertion

- Test Commands

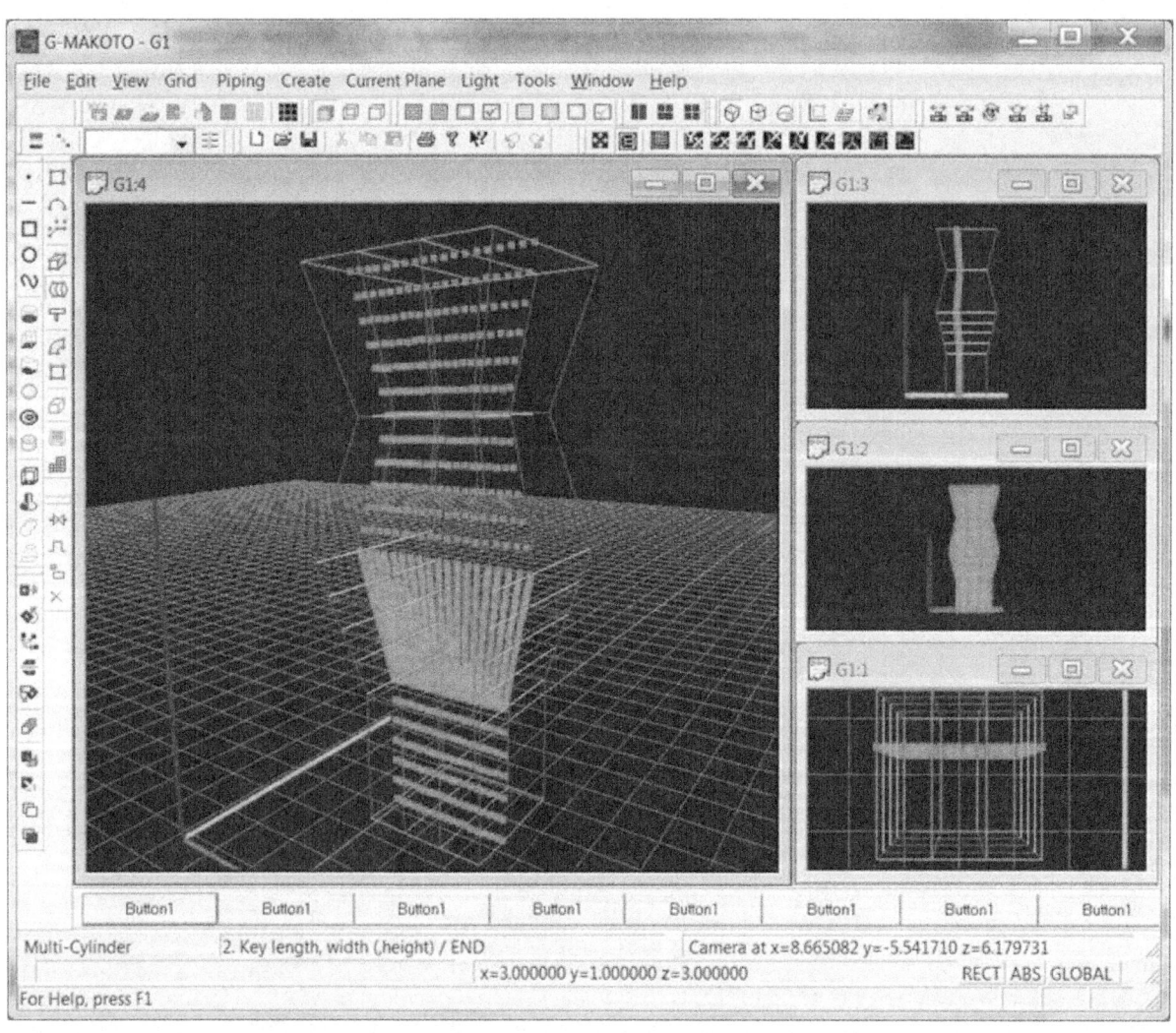

# 1. General

This allows the hexahedral decomposition of the domain for CFD analyses. This is an on-going project...

1. Create a domain **composed** of multiple regions.
2. Each region can be sliced along the I, J, or K direction. Specify the number of cuts.
3. During the slicing operations, the structural integrity of the domain is maintained.
4. Insert a new region within an existing region, or over multiple regions, while maintaining the domain integrity.
5. Grid generation is performed. Specify the number of grids per region.

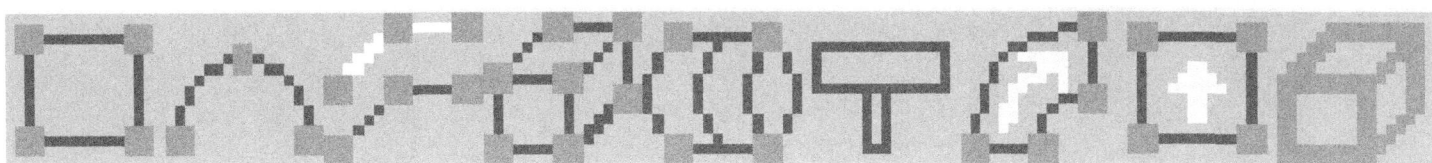

## DOMAIN - REGIONS - GRIDS

This is just a proof of concept test...... no data structures are defined………………..

All the grid display is done by using temporary points for now…..

# 2. Grid Generation

As an example, five (5) grid points are generated per region below...

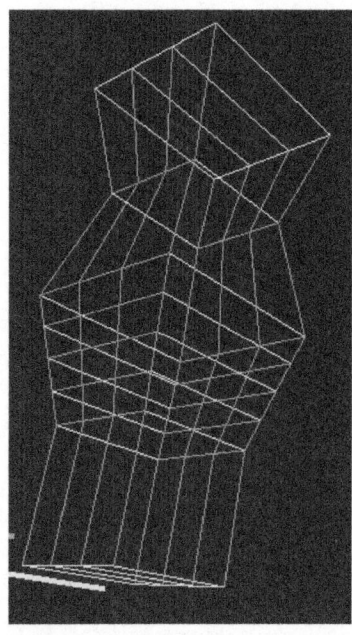

Viewing the grid distribution on the I-J plane...

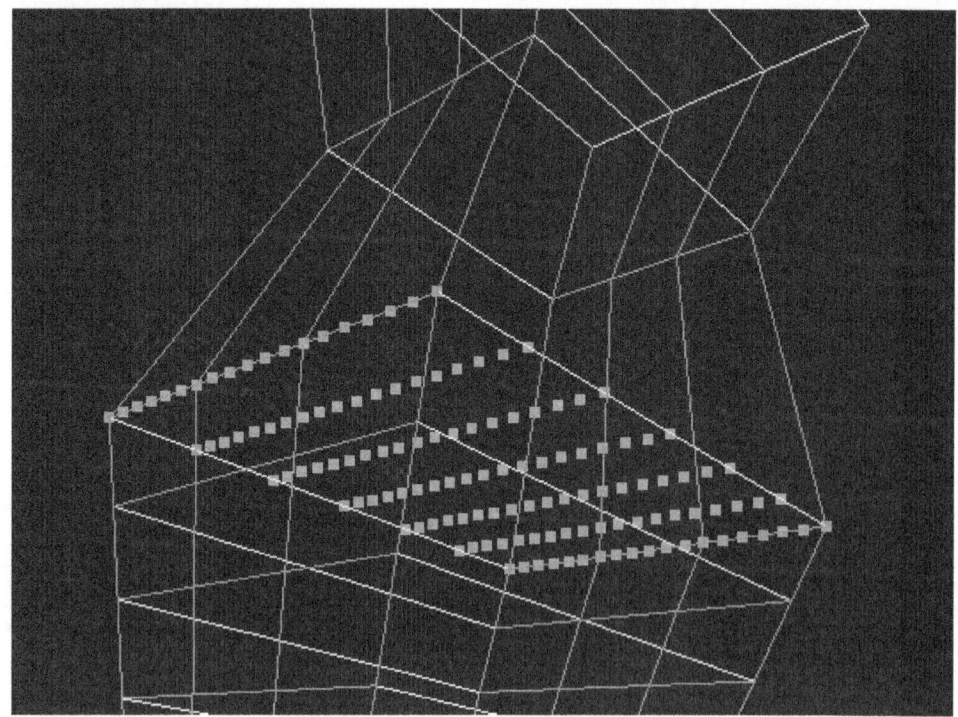

Viewing the grid distribution on the J-K plane...

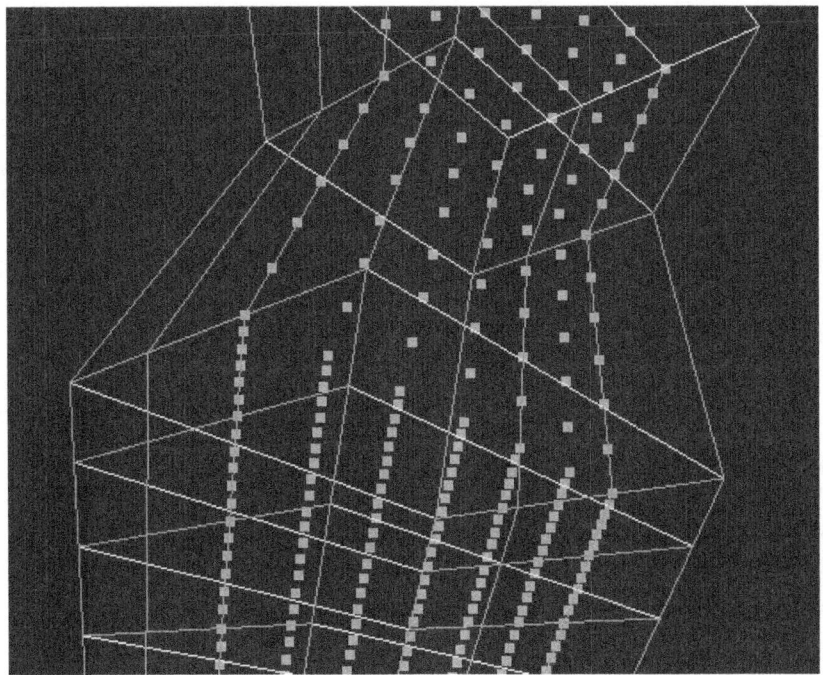

Viewing the grid distribution on the I-K plane...

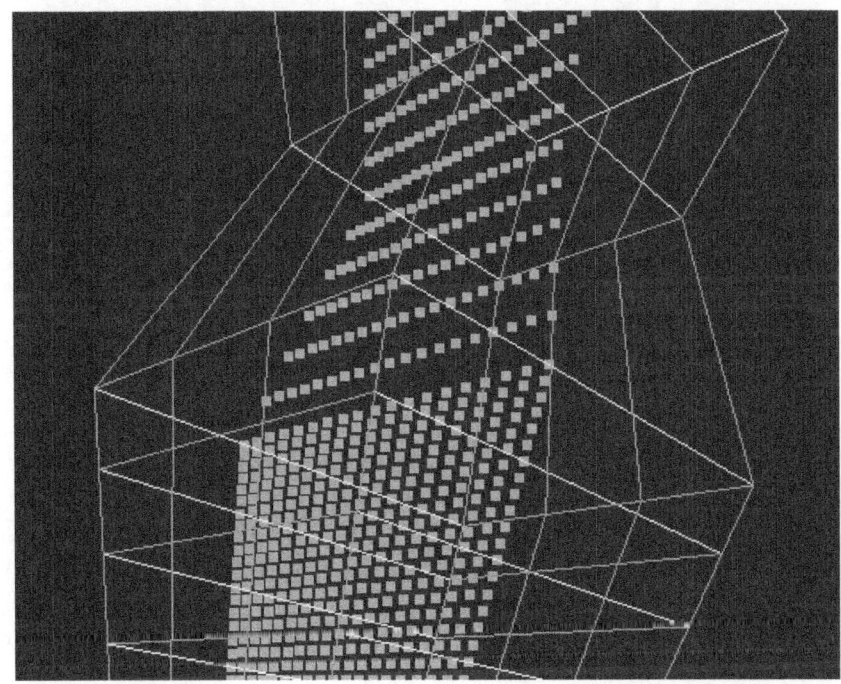

# 3. Domain Slicing

Create a domain made of multiple boxes.....

Slice edges along the I direction (red axis). Two cuts are made....

Slice edges along the K direction (blue axis). Three cuts are made in the second region....

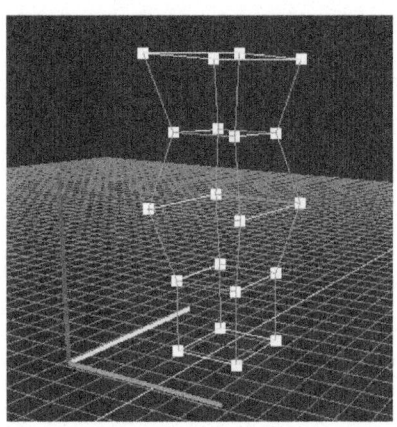
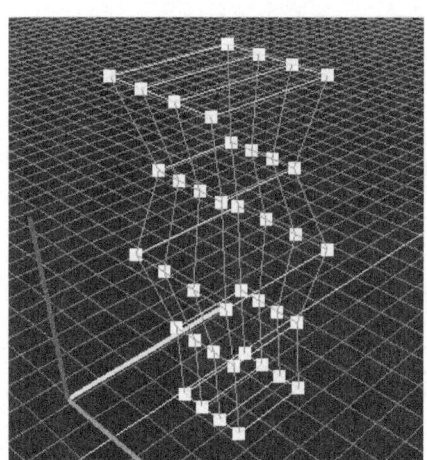
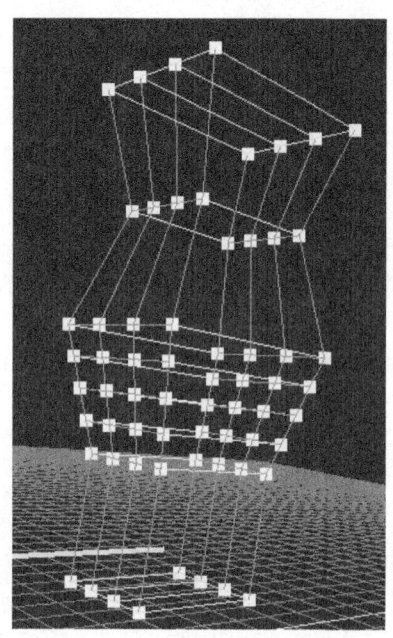

Now, restore the domain integrity.

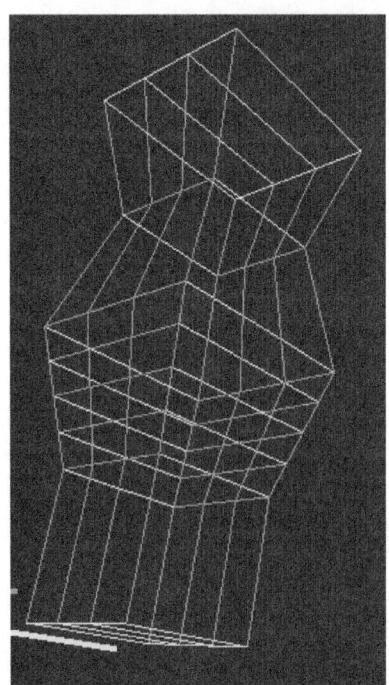

Another try... A multi-box domain created.

Now the domain is structured....

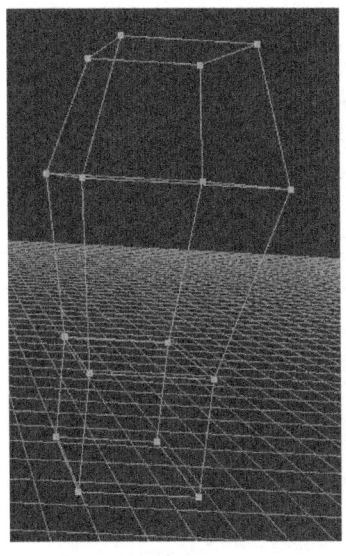
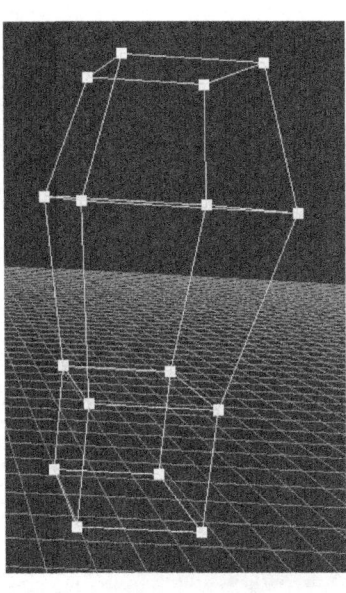

Apply two I-slices (cutting all I edges)

Then, apply one J-slice (cutting all J edges)

Finally, apply three K-slices (cutting all K edges) in the middle region

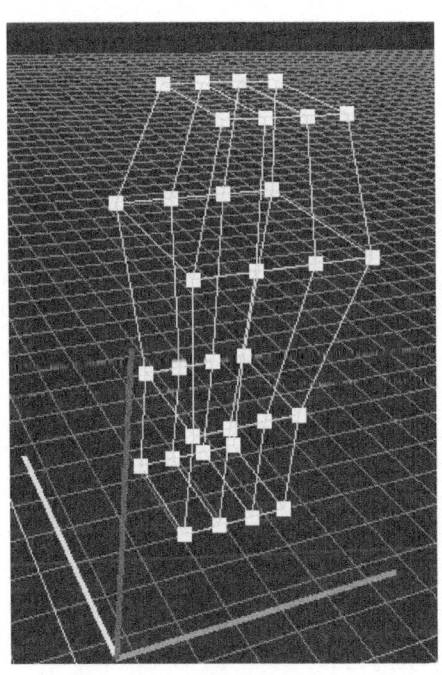
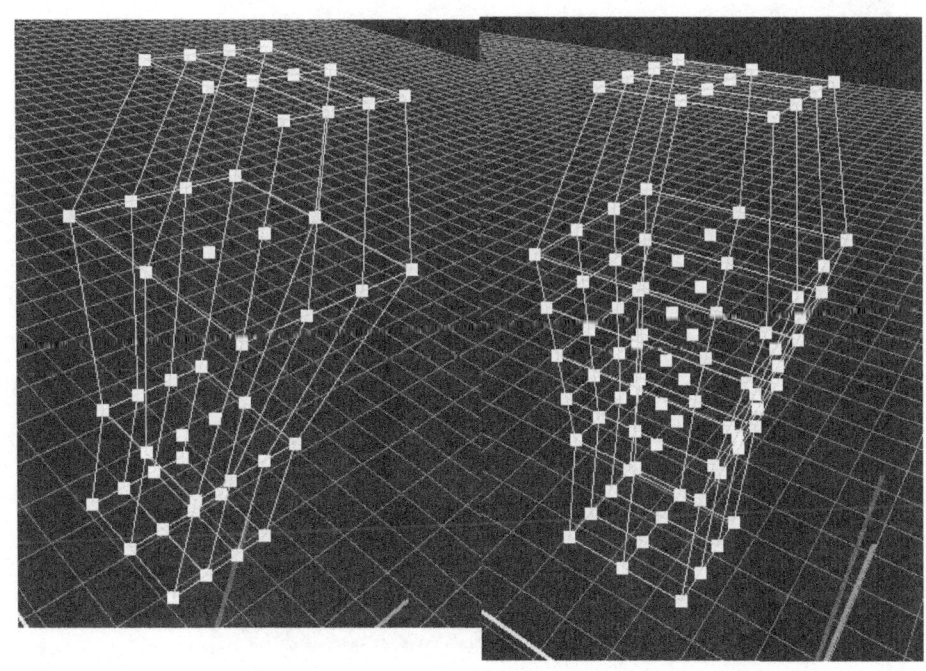

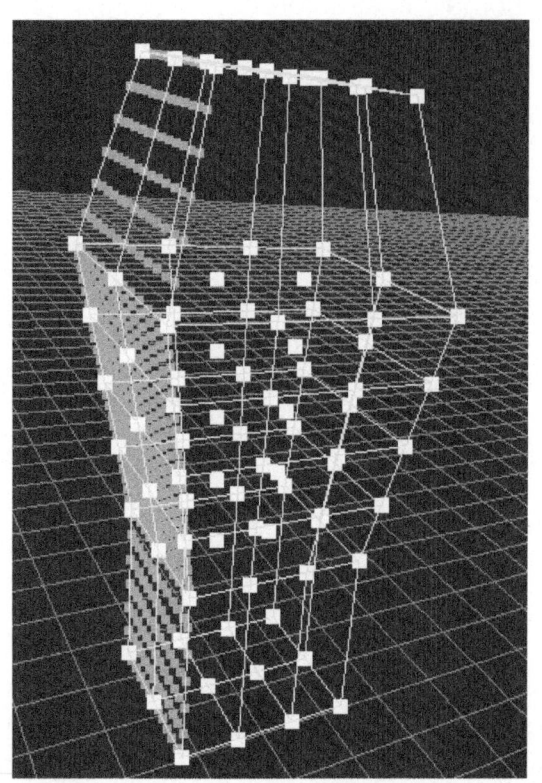
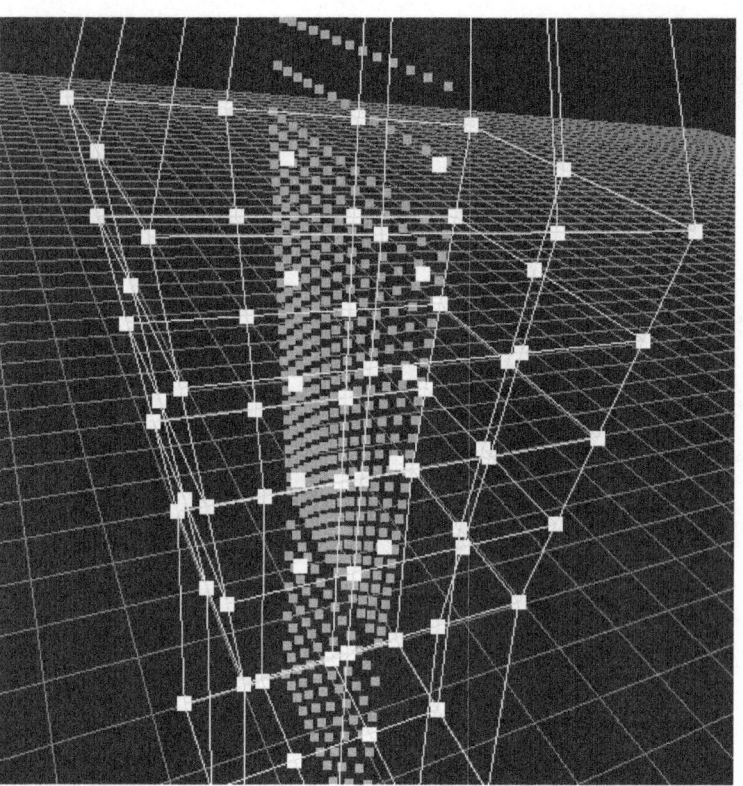

Now, we generate grids (ex. 5 grids per edge here)

Viewing the grid points.....

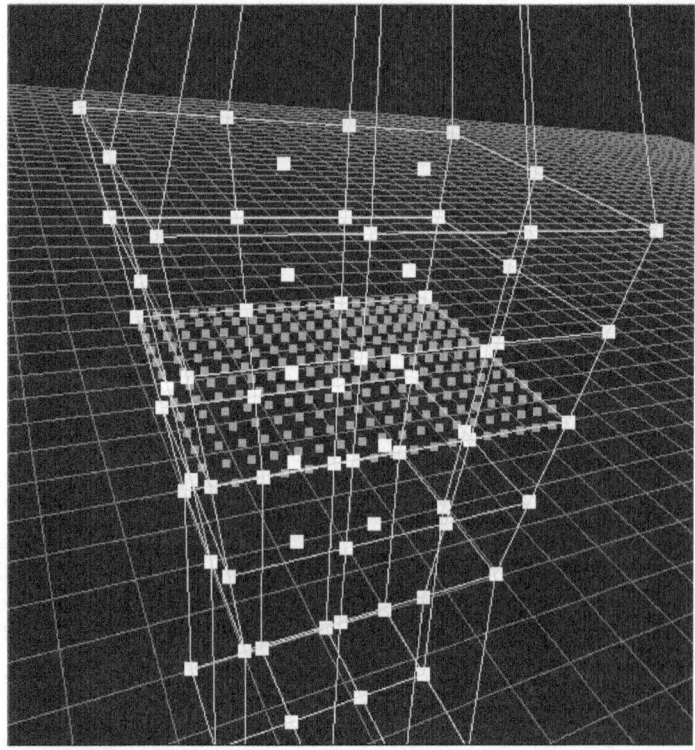

# 4. Element Insertion

## 4-1. Inserting an Element
<HEXAHEDRAL DECOMPOSITION>

Insert an element..... I am working on this algorithm now

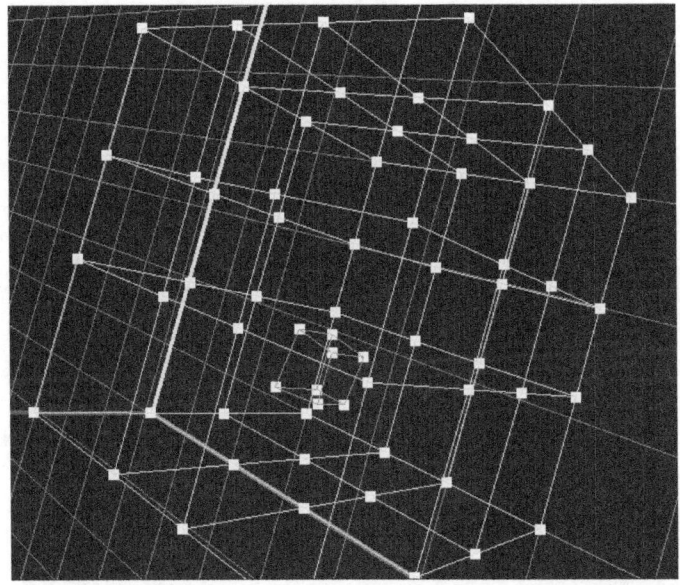

A domain is divided (decomposed) into sub-domains.

An element (hexahedral object) can be inserted into an existing domain, and the system will apply necessary decomposition to further subdivide the existing sub-domains. We will consider the case where the newly inserted element fits in a single sub-domain region (cell) first. Below is a 2D illustration of the process. *This element insertion is based on a proprietary algorithm.

(1) The domain initially has be decomposed to multiple cells (regions). We are inserting an element, as below.

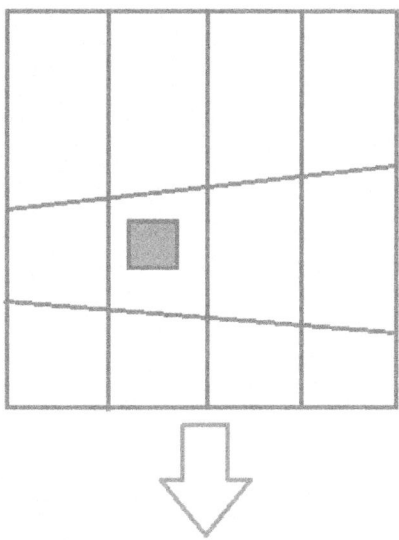

(2) The automatic element insertion feature decomposes the existing domain into sub-domains, in response to the newly inserted element. After the decomposition, the hexahedral integrity of the domain is restored.

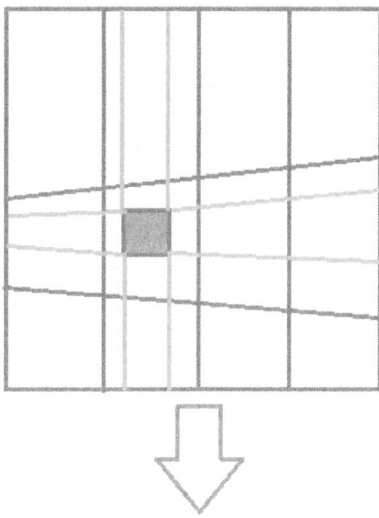

(3) Another element is inserted in the lower-right cell region of the domain.

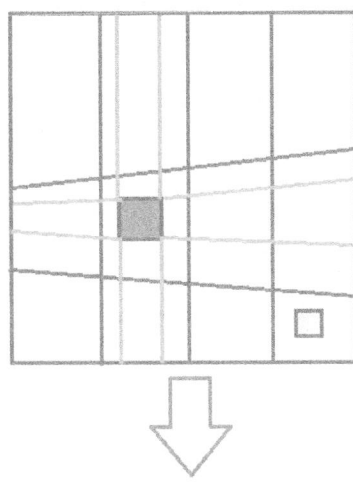

(4) Again, the automatic decomposition of the affected cells takes place, integrating the newly inserted element into the valid hexahedral structure.

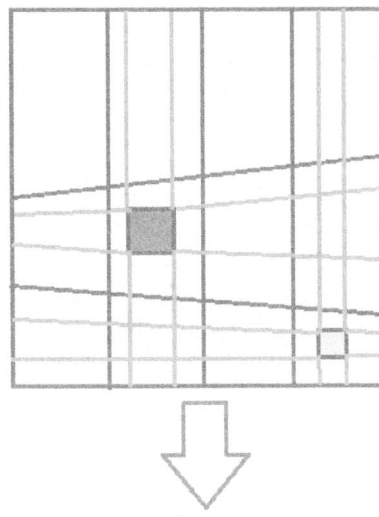

(5) Now, the user can apply Mesh Generation to the entire domain....

---

## Testing Insertion feature below....

(1) A box (intentionally warped) is placed in the domain. There is only one region in this case.

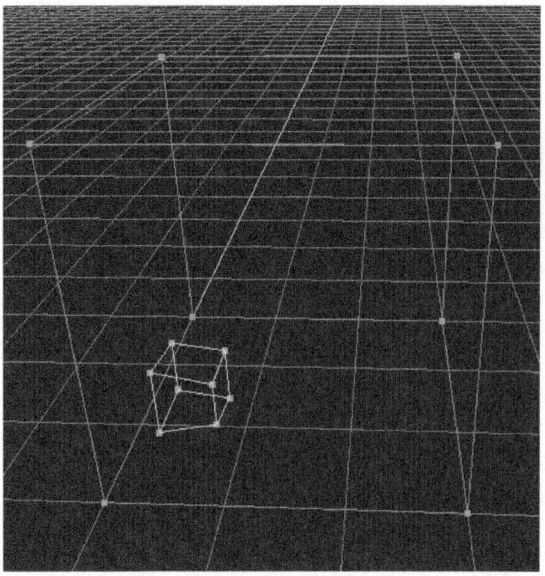

(2) Automatic decomposition follows....

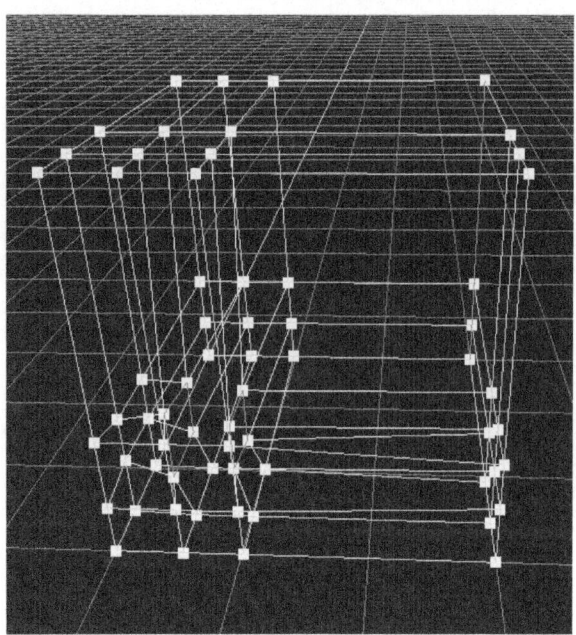

(3) Decomposition accuracy is incrementally improved.... until final convergence is obtained.

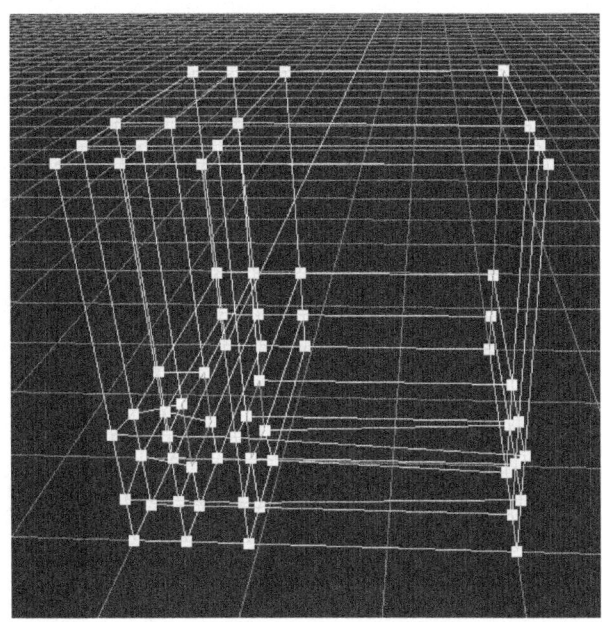

(4) After restoring the domain integrity, grid generation takes place...

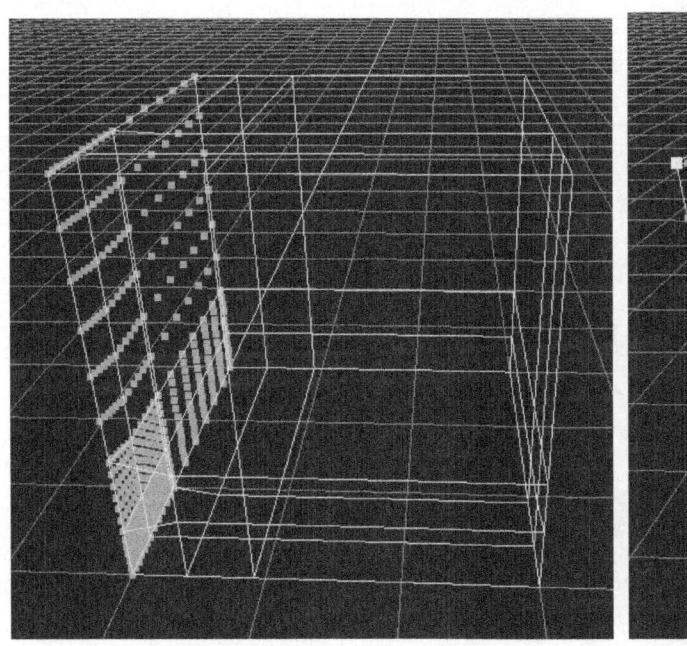
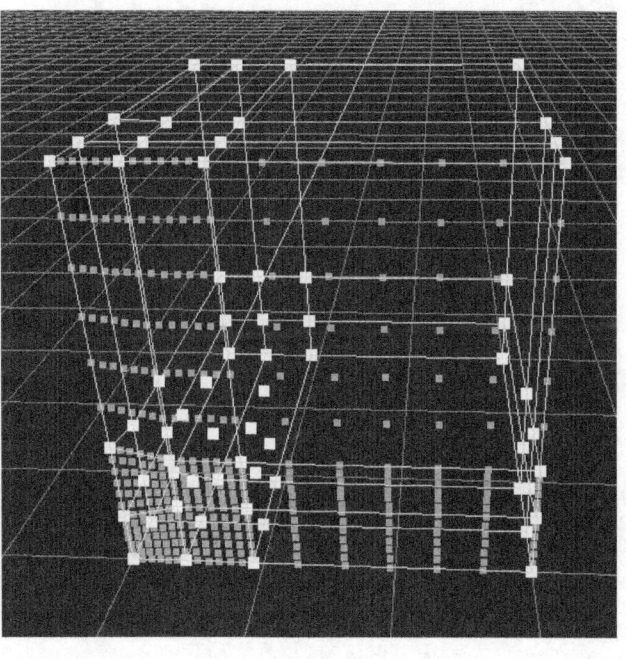

<HEXAHEDRAL DECOMPOSITION>

## 4-2. Inserting an element in the lower left region of the domain....

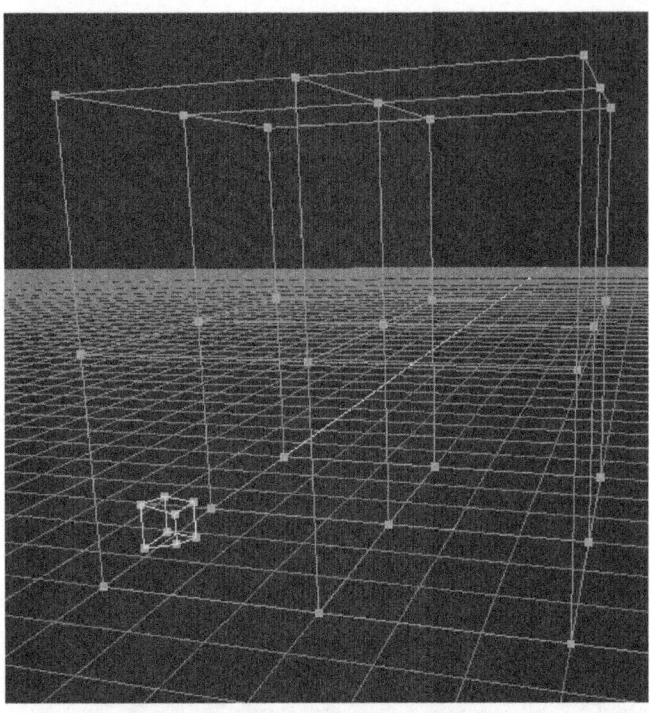

Automatic decomposition has been applied....

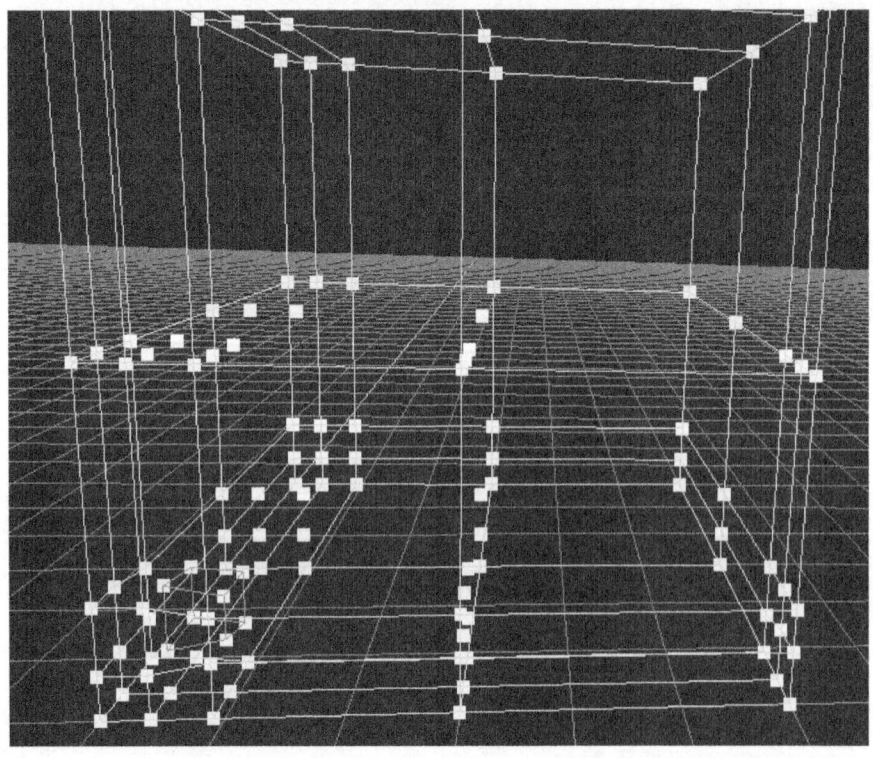

Grids have been generated based on the newly decomposed regions...

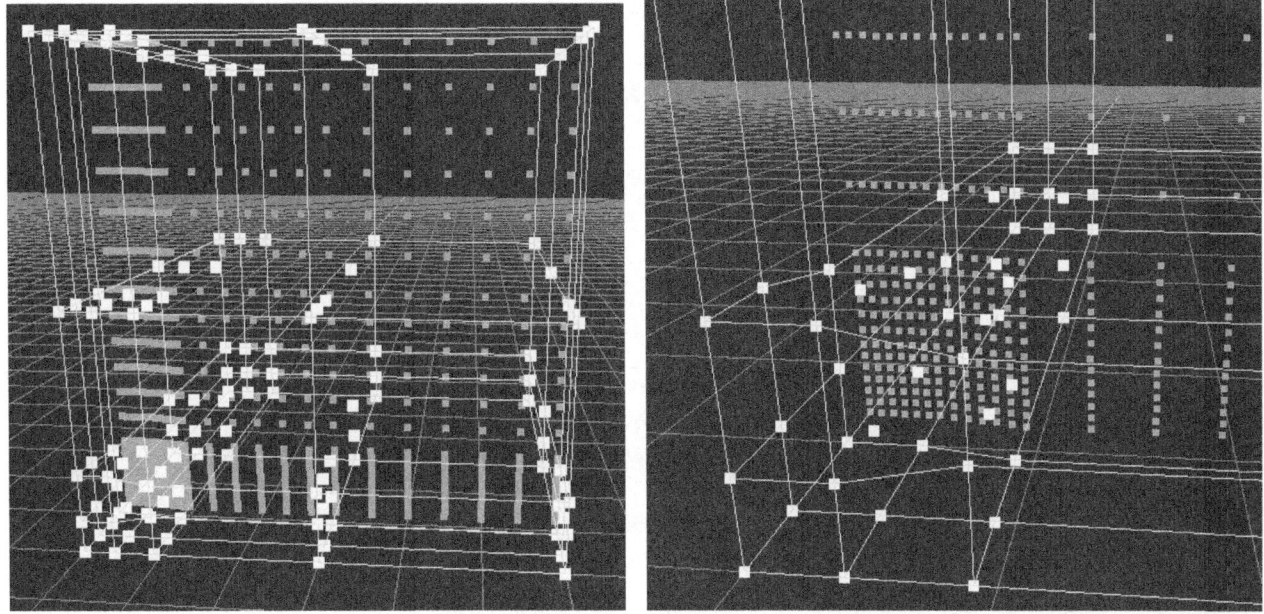

Next, we deal with the case where the inserted element covers multiple regions.....

<HEXAHEDRAL DECOMPOSITION>

## 4-3. Inserting an element that stretches over multiple regions....

An element (hexahedral object) is inserted into an existing domain, and the system will apply necessary decomposition to further subdivide the existing domain. We are inserting an element which lies over multiple sub-domain cells (regions) below.

* This element insertion is based on a proprietary algorithm.

(1) The domain is initially subdivided into many sub-domains. We are inserting an element into this domain. Here, the element spans over multiple sub-domain cells.

(1)

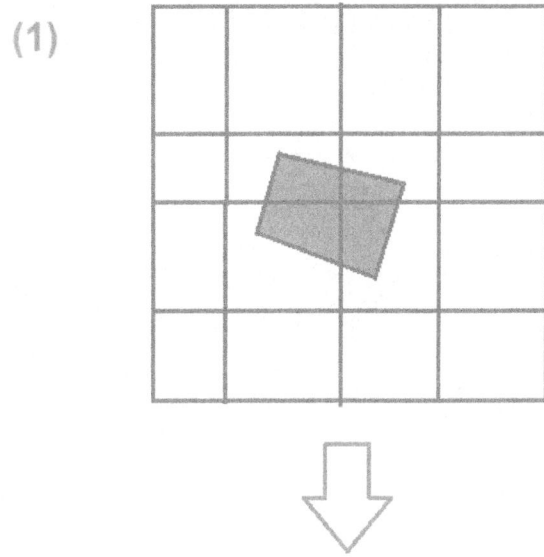

(2) The system automatically decomposes the domain - in response to the newly inserted element. After the insertion, the integrity of the hexahedral decomposition is maintained. A newly introduced element can span over multiple cells, as in this illustration. Note, however, that the placement of the element must not be such that it violates the hexahedral restoration.

(2)

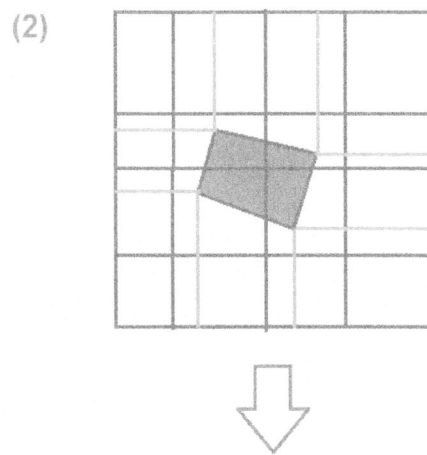

(3) After successful decomposition above, we are inserting another element into the domain, as below.

(3)

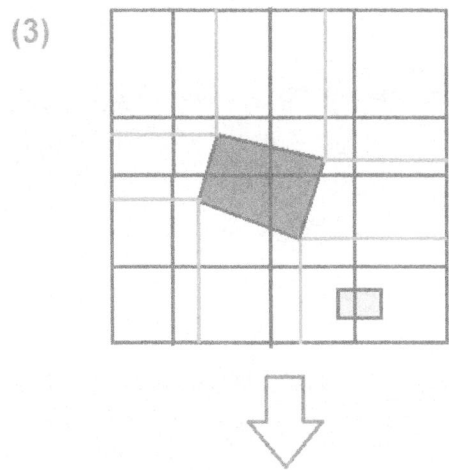

(4) The automatic decomposition takes place in response to the second element, once again restoring the hexahedral domain integrity.

(4)

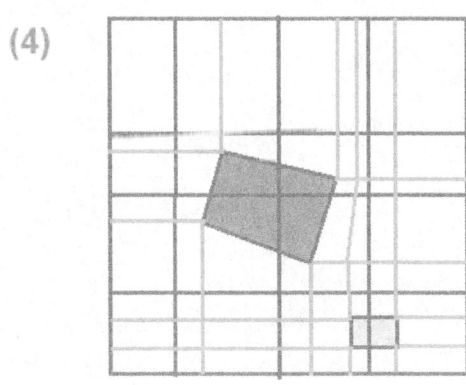

Testing Insertion feature....

(1) A box element (intentionally warped) is placed in the domain.

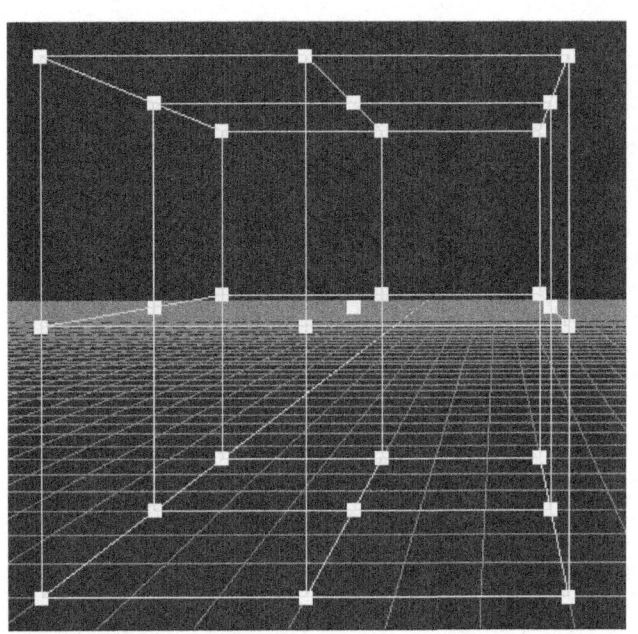
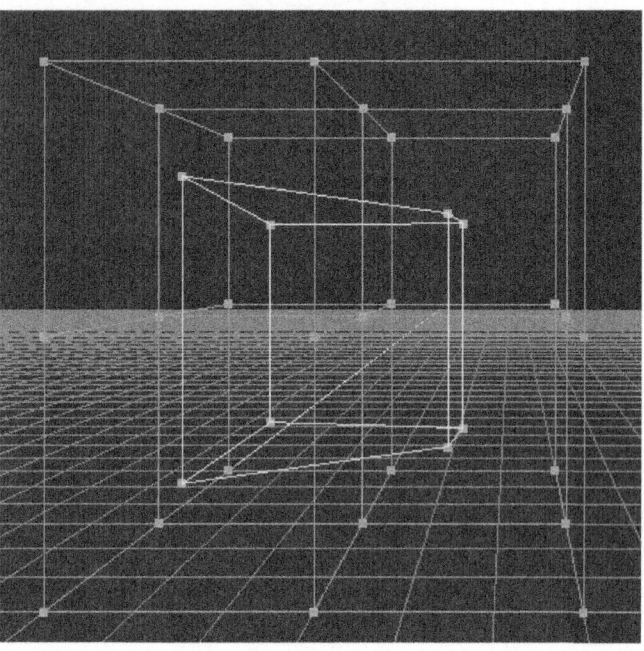

(2) Automatic decomposition follows....

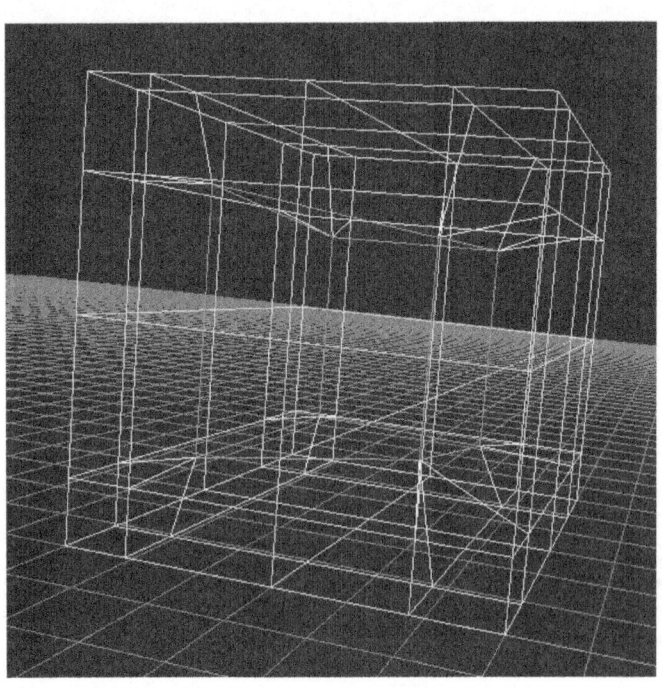
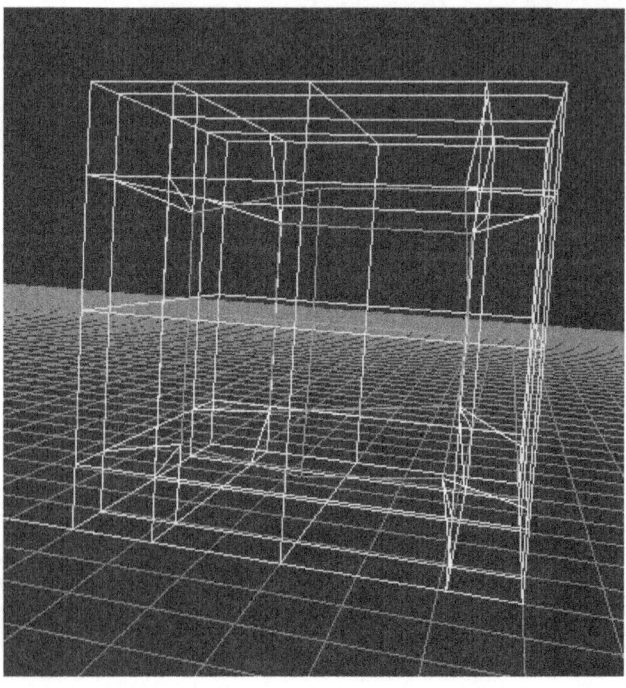

(3) Decomposition accuracy is incrementally improved.... until the final decomposi-

tion is obtained.

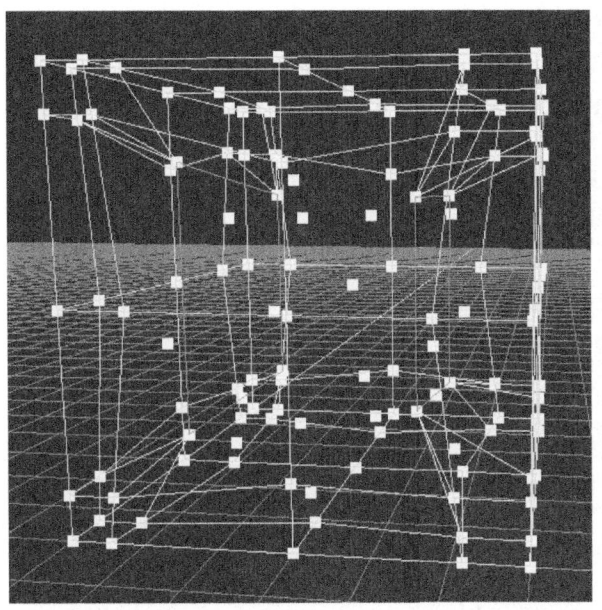
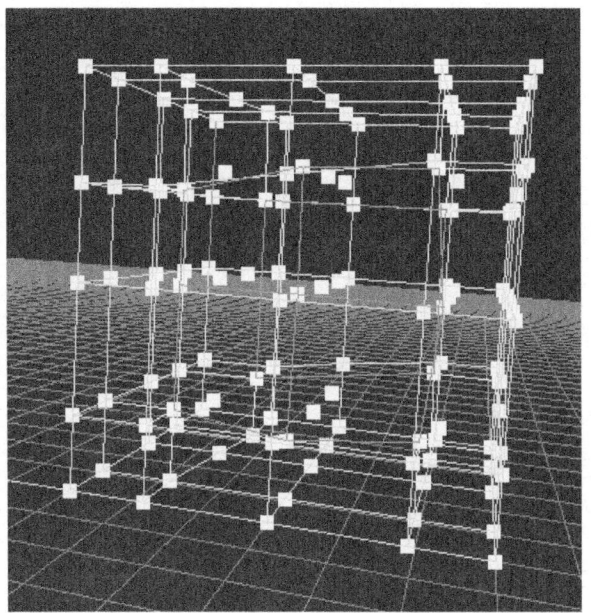
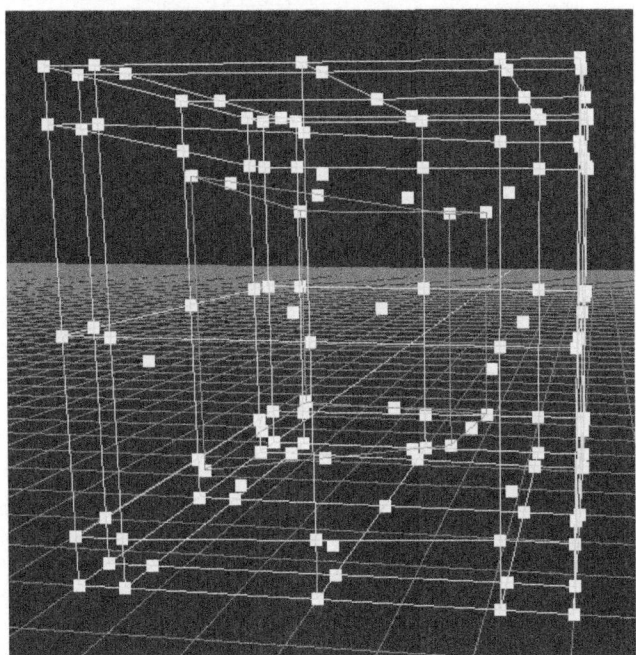

(4) After restoring the domain integrity, grid generation is applied...

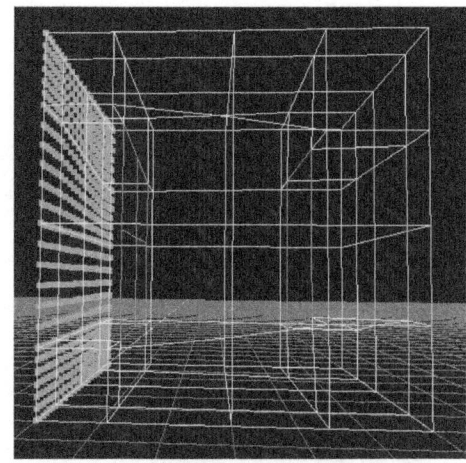 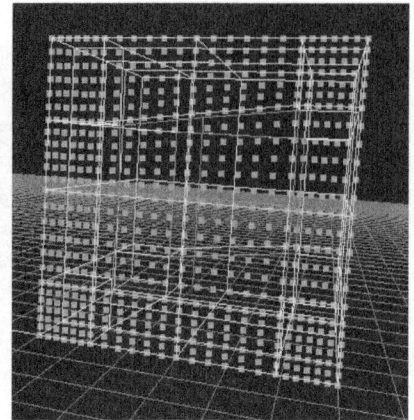
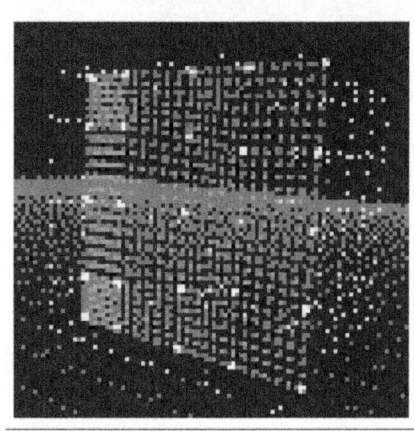

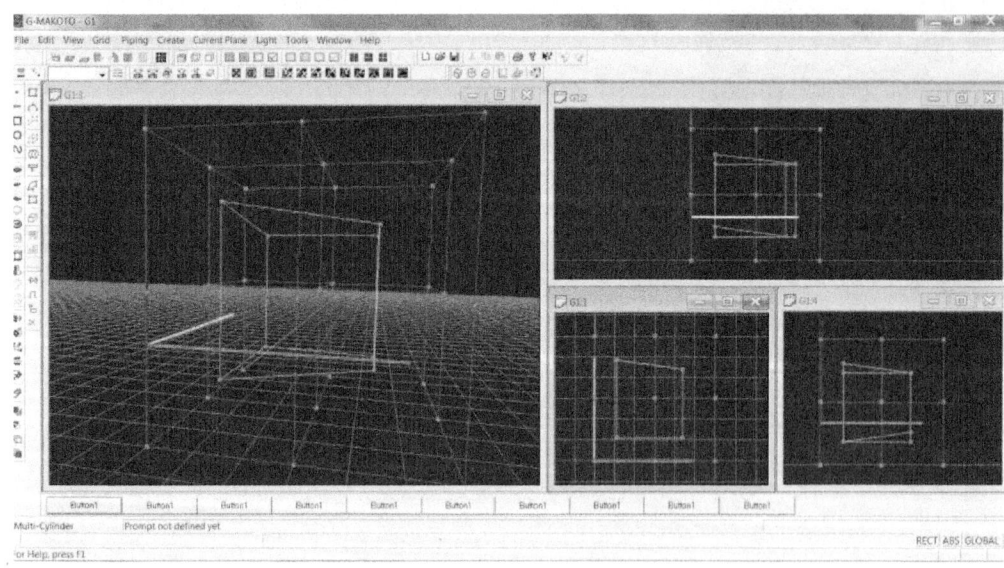

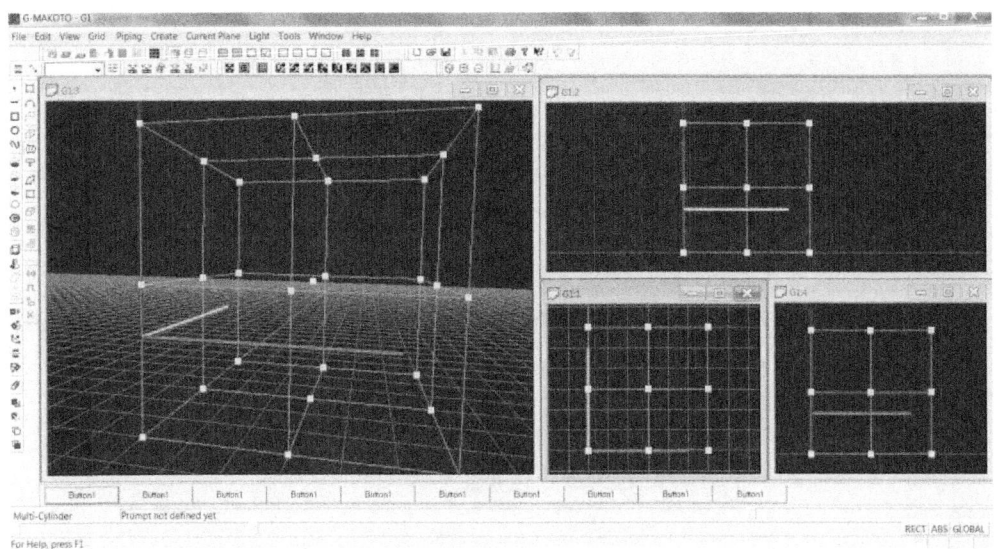

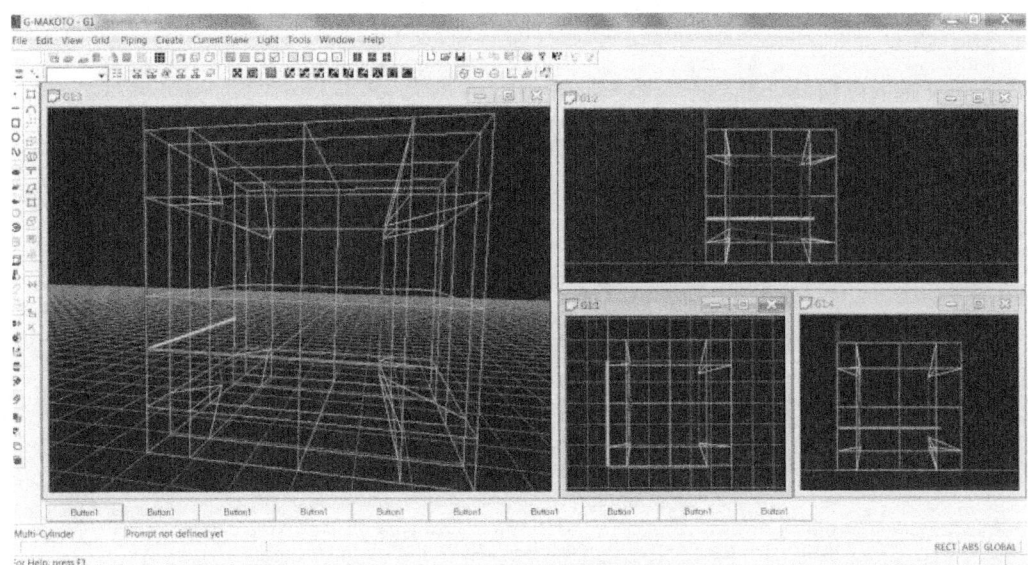

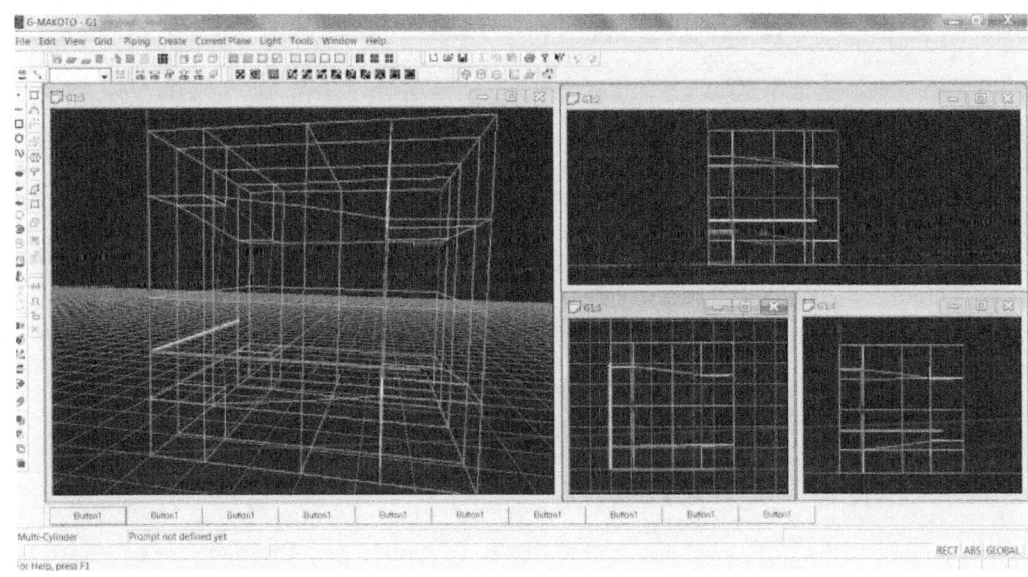

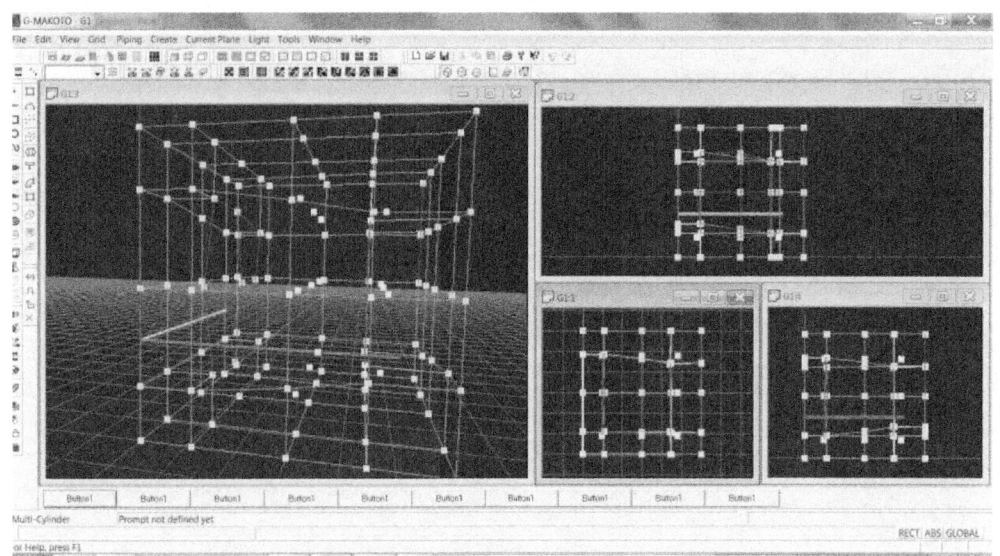

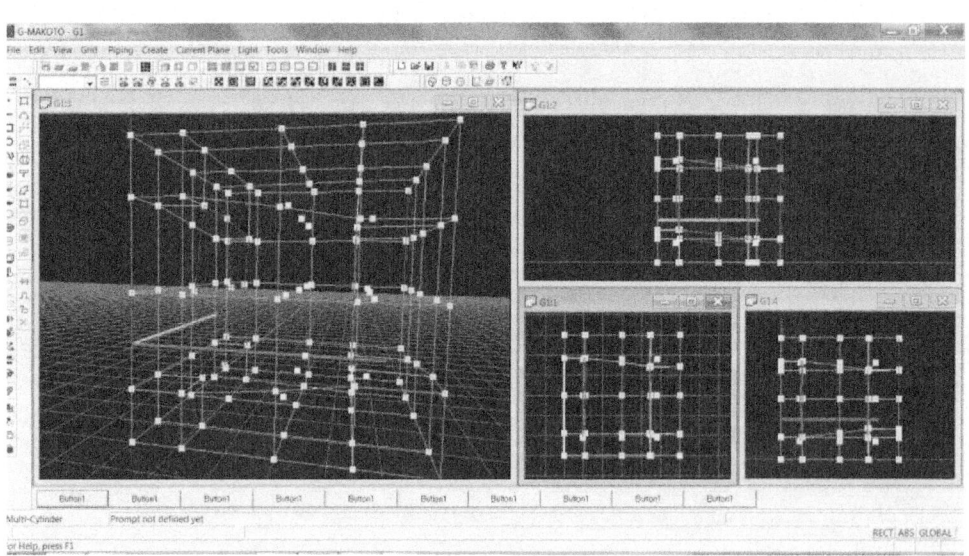

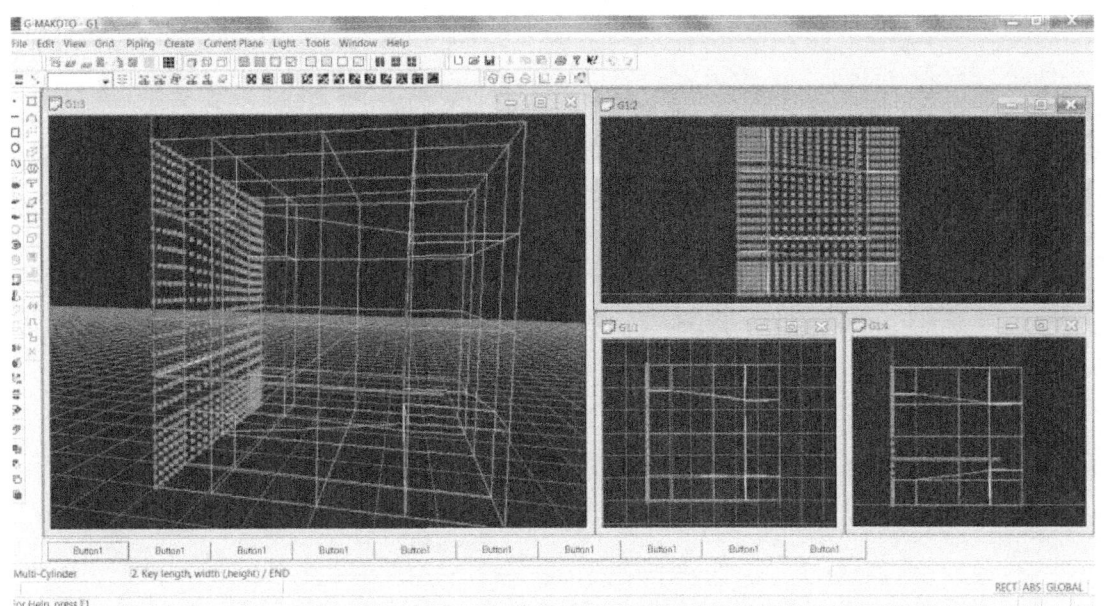

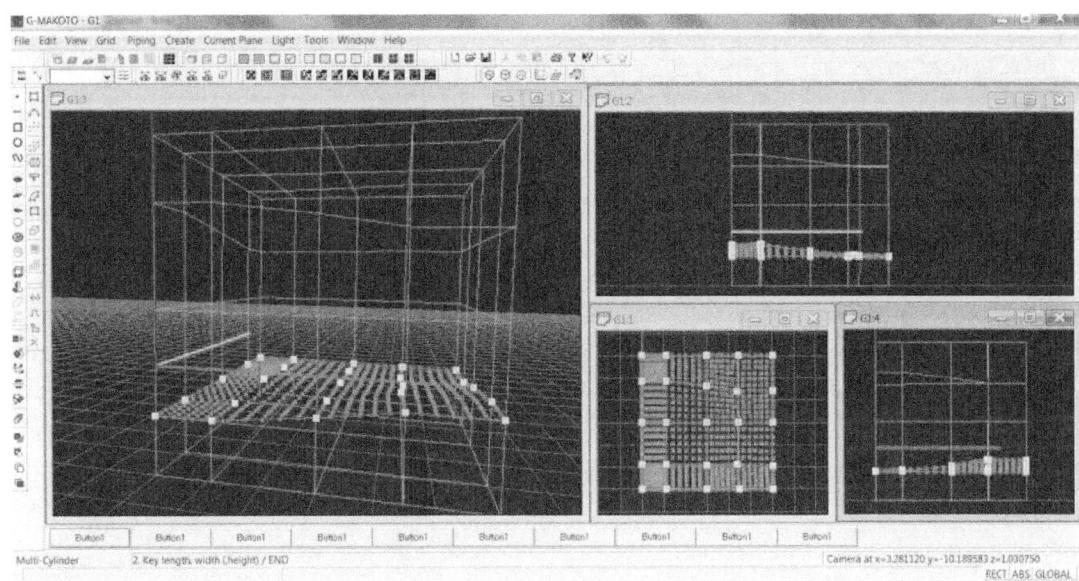

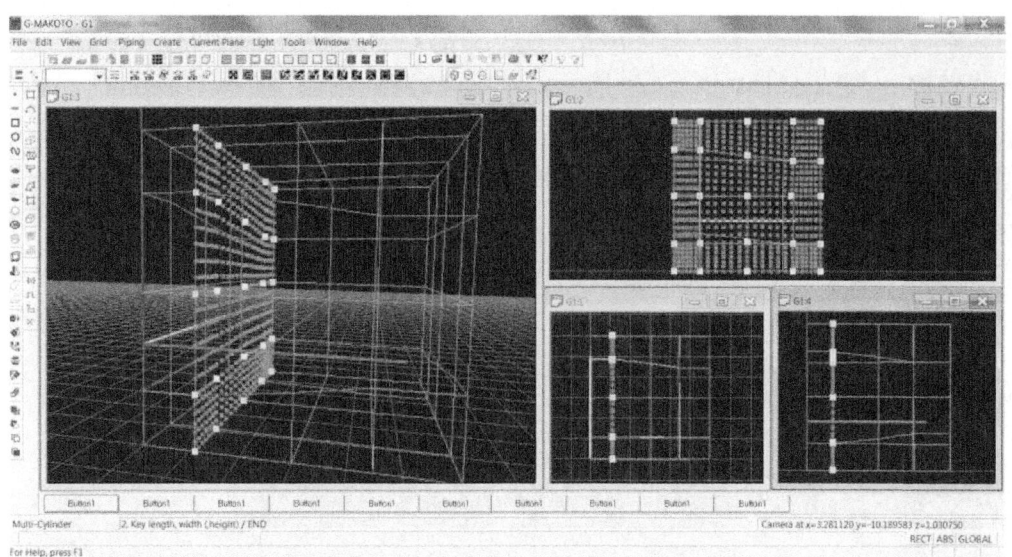

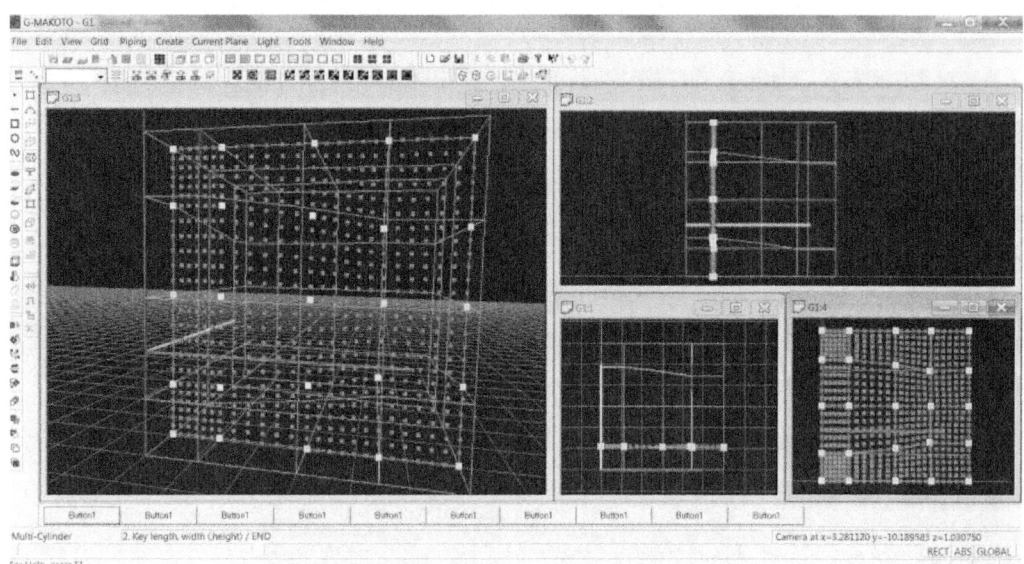

# 5. CFD - Test Command
Computer-Aided Design Software

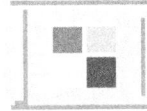

FM - General Tests Command

(A) This command makes a multi-box domain.

1. Key in the domain location coordinate (ex. 2,2,2 and Enter).
2. Key in 2,2,2 or any three integers (length, width, height) and Enter to make a multi-box.
3. Repeat the keyin of the three values (a few times).
4. Then hit End key to finish the domain creation.
5. Hit Spacebar to make a "structured list".
6. Now, we can SLICE the domain by Keying in 3 integers, separated by comma and then Enter. (ex. 1, 0, 5)
-- 1st number is IJK cut (1 or 2 or 3)
-- 2nd number is the cell number (0, 1, 2, ...)
-- 3rd number is the number of cuts, say 5.
7. Repeat the above step 6 to slice further...
8. Then hit Spacebar to mesh.
9. Hit Tab-key to move mesh plane.
10. Hit Spacebar to toggle the mesh move direction I J K.
11. Now, we can go to Slice Command and/or Mesh Command

(B) This command also allows a testing of a preset element insertion into a one-cell domain.

0. Hit Tab key once, first, to get into the insertion scenario.
1. Hit Spacebar - a domain appears.
2. Hit Spacebar - an element to be inserted appears.
3. Hit Spacebar - decomposition of the "epi-center" cells commences...
4. Hit Spacebar several times - the epi-center decomposition improved.
5. Hit Spacebar - decomposition of the entire domain starts...
6. Hit Spacebar several times - the entire domain decomposition finishes.
7. Hit Spacebar - Meshing completes, showing IJK plane meshes.
8. Hit Tab key repeatedly - Mesh plane moves...
9. Hit Spacebar - Toggles through I, J, K planes for mesh movement by Spacebar.
10. Hit Spacebar repeatedly - for mesh movement for a different direction.
11. -- Can go to Mesh Command now and key in the number of grids per cell.
12. Hit Tab key repeatedly to move mesh plane.

(C) This command also tests an element insertion into a muli-cell domain.

1. Hit Tab key twice, first - and then repeat the same process as above.

(D) Tests an element insertion into a multi-cell domain, but the element extends over multiple cells..

1. Hit Tab key three times - and then repeat the same process as above.

FM - CFD Domain Creation

This command creates a CFD domain, to be used as a starting domain for other operations.

1. Click Tab key once (for a single cell domain) or twice (for a multi-cell domain).
2. Then, clcik Spacebar once. Now the domain is structured.
3. You can go to Slice or Mesh…

FM - Make a Structured List

This command makes the domain "structured". Many commands (Insert, Slice, Mesh) assume that the domain is already structured before operating on it. Also, these commands returns the domain structured after the operation is done. So this command is only needed if a domain is constructed manually by points and edges……

1. Hit Spacebar to make the domain structured.

## FM - Slice Command

This command allows a slicing of the domain. (The domain must have been structured prior to slicing). After each slicing operation, the domain is automatically structured.

  1. Slice the domain by keying in 3 integers, separated by comma and then Enter. (ex. 1, 0, 5)
-- 1st number is IJK cut (1=i or 2=j or 3=k)
-- 2nd number is the cell number (0, 1, 2, ...) - must be 0 if only one cell.
-- 3rd number is the number of cuts, say 5.
  2. You can apply the above step repeatedly.
  3. Now, you can go to Mesh Command.

## FM - Insert Element Command

This command tests an element insertion.

  1. xxxx

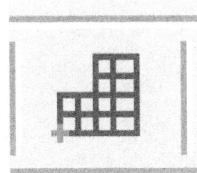

## FM - Mesh Generation Command

This command generates mesh (Domain must have been structured before meshing).

  1. Key in the number of grids per cell, say, 5, and Enter.
  2. Hit Tab key repeatedly to move the current mesh plane...
  3. Hit Spacebar - Toggles through I, J, K planes for mesh movement by Tab-key.
  4. You can key in a new grid number anytime.

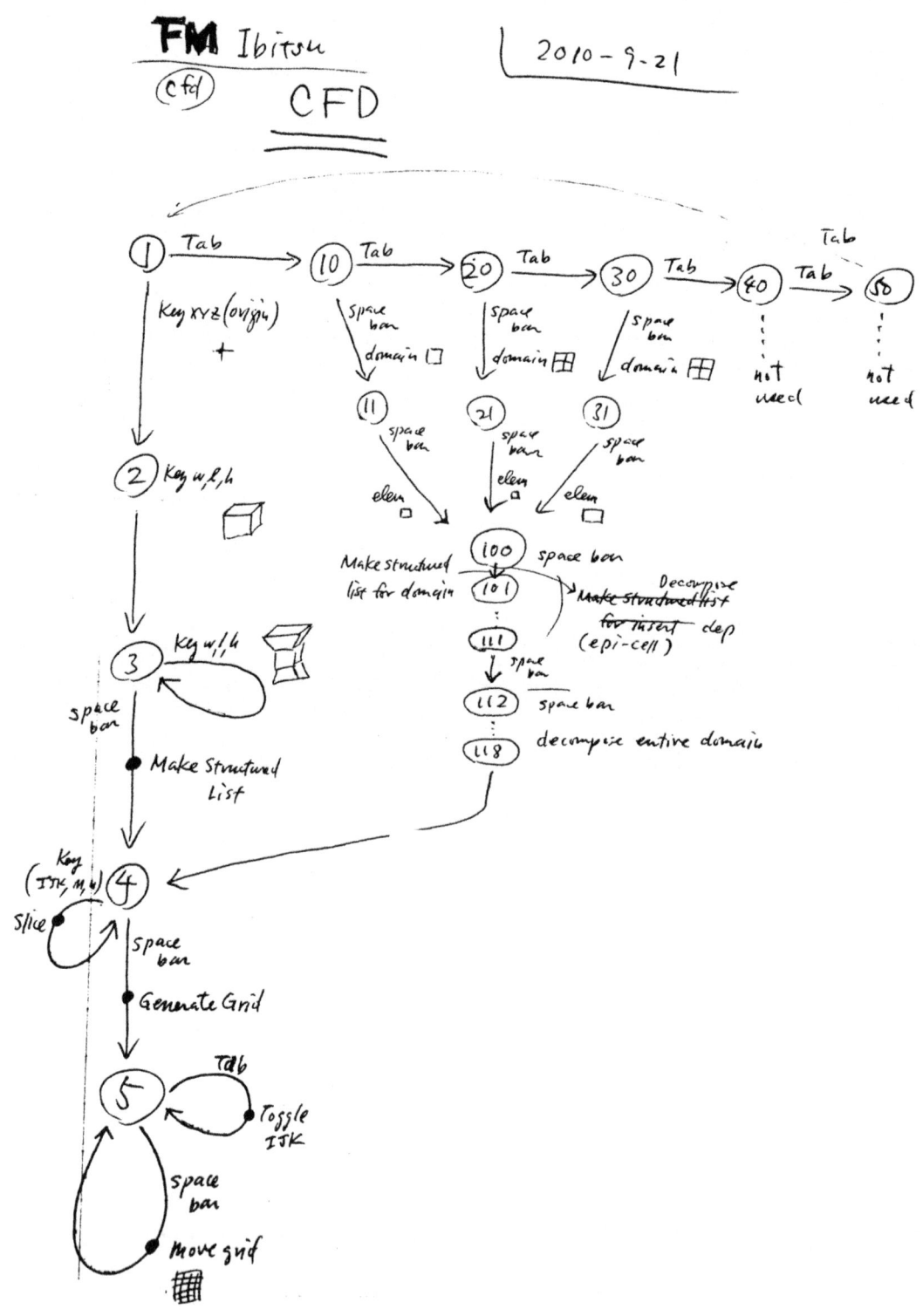

# Part III

# System Guide

# 1. Software Archtecture / DLL Hierarchy

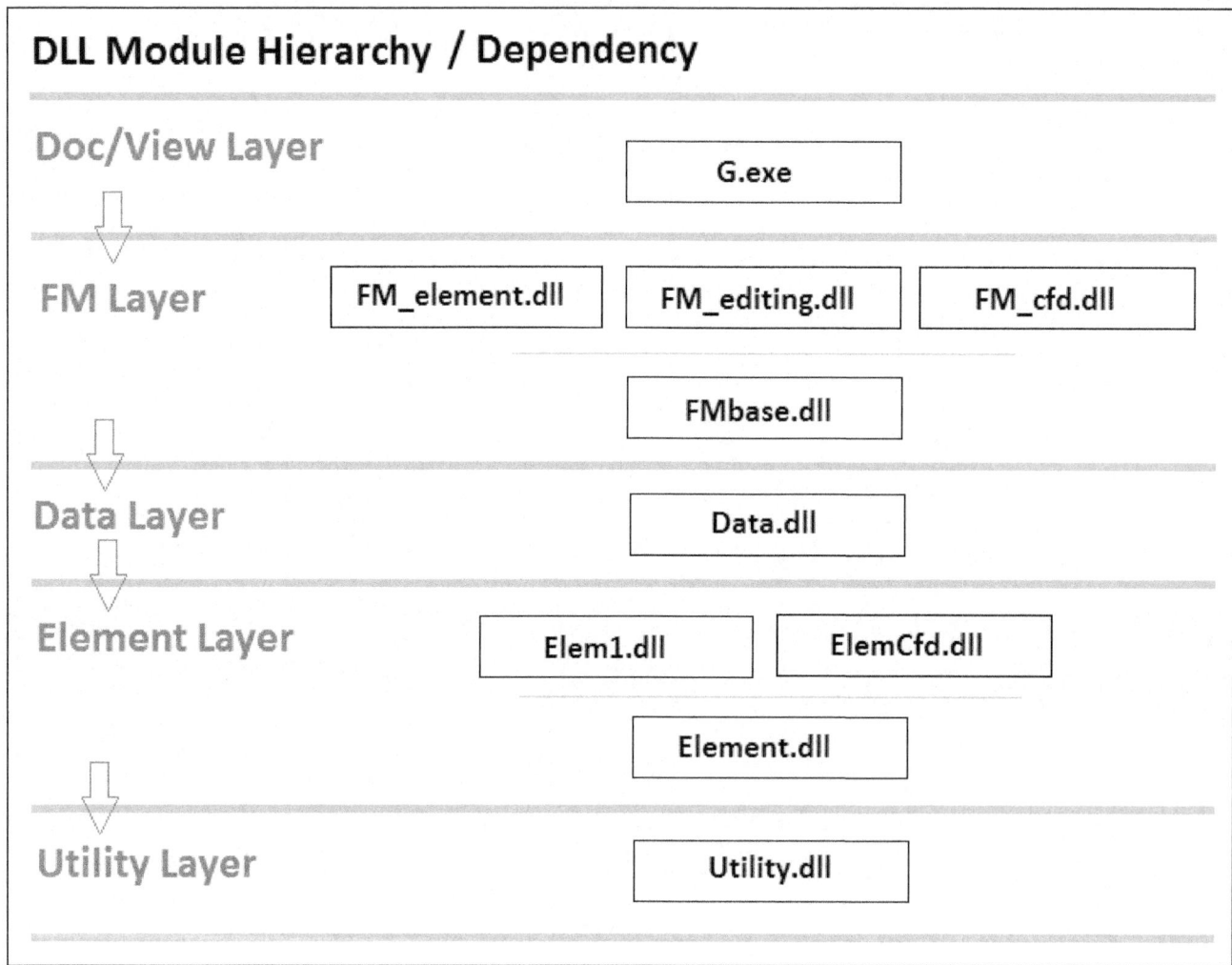

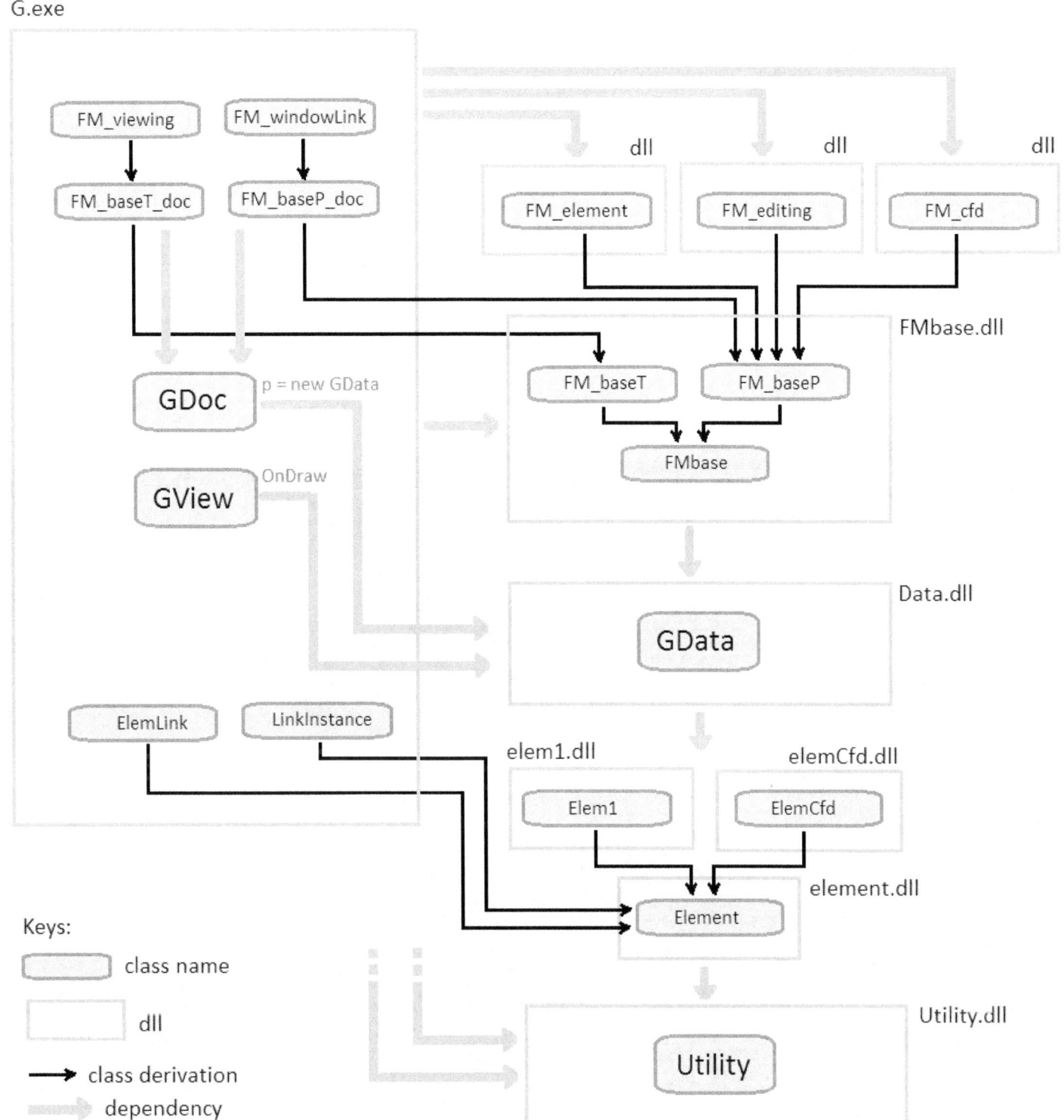

# VS2019 — 2022-March-29

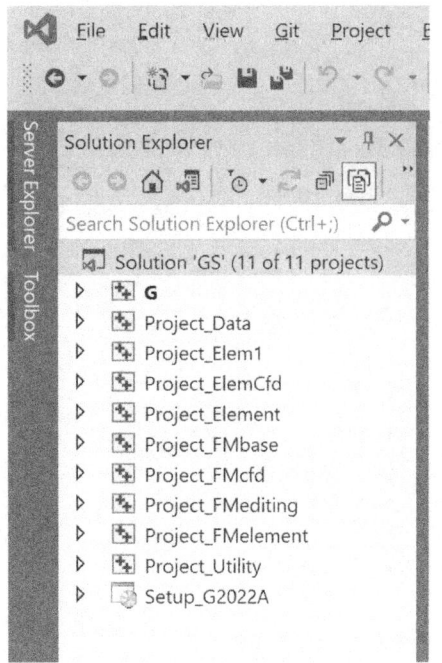

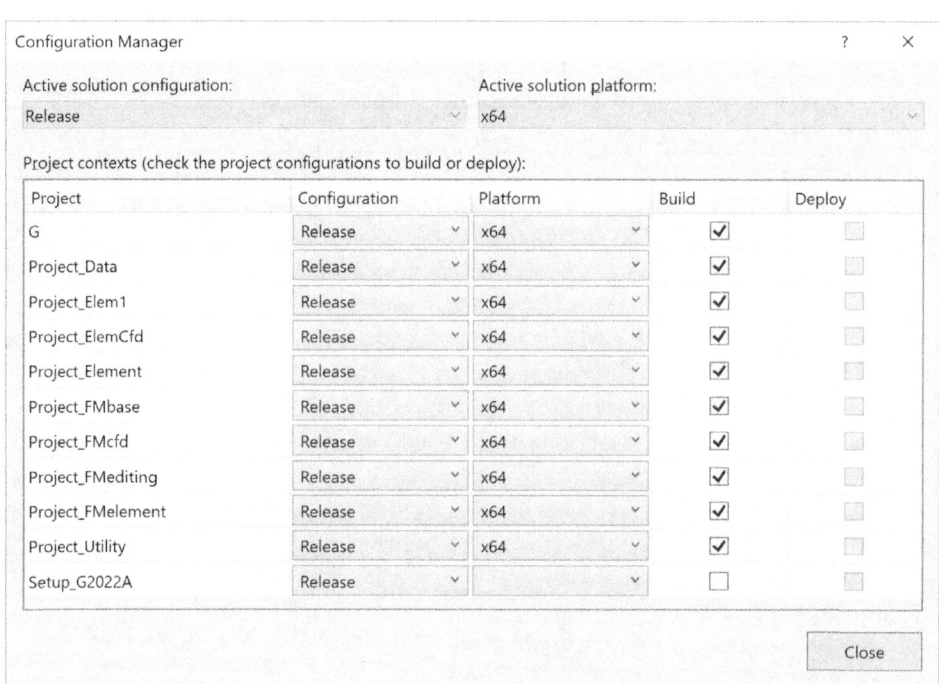

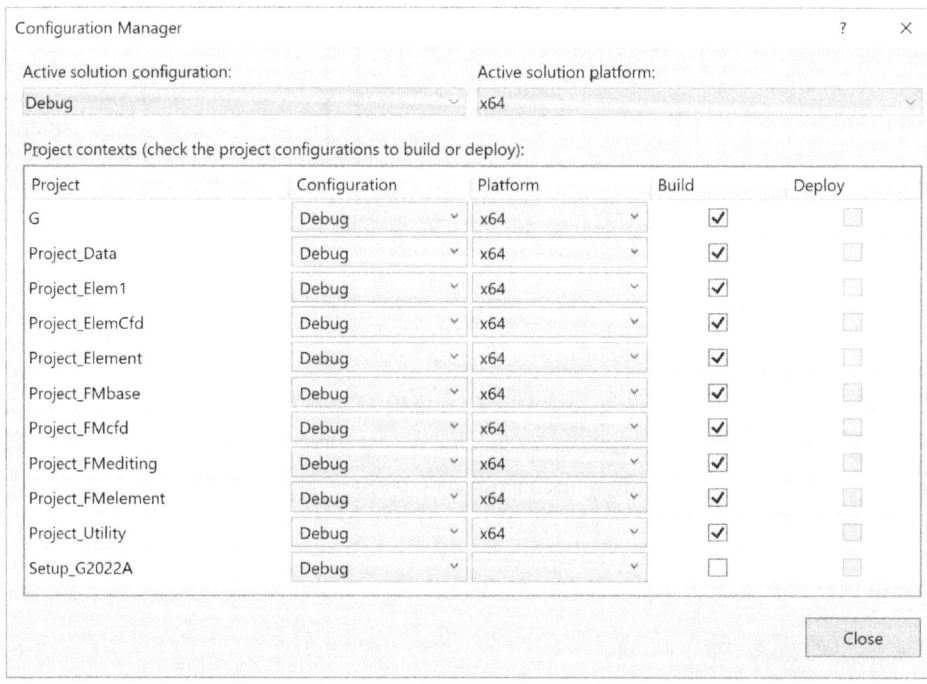

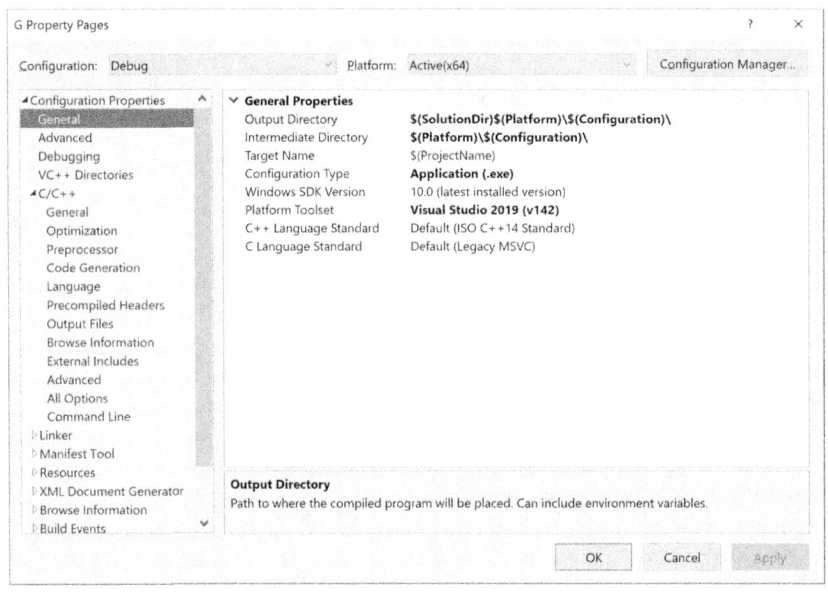

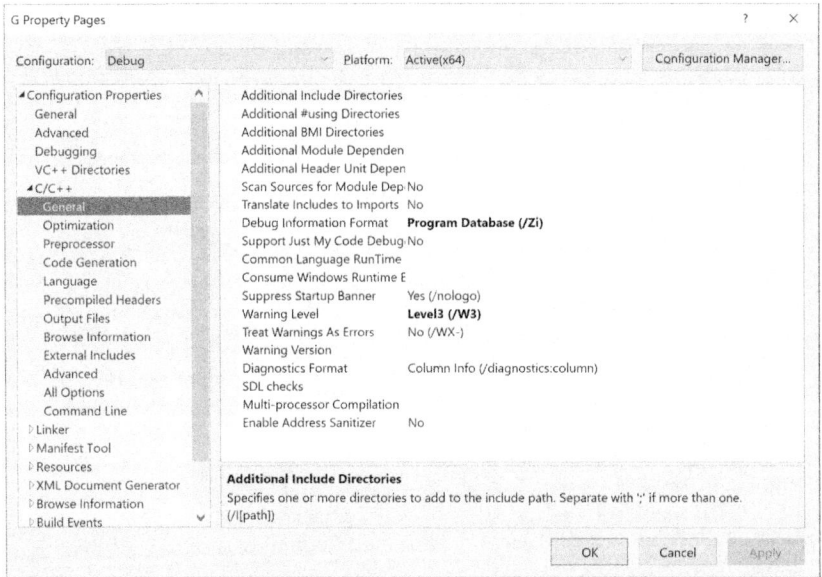

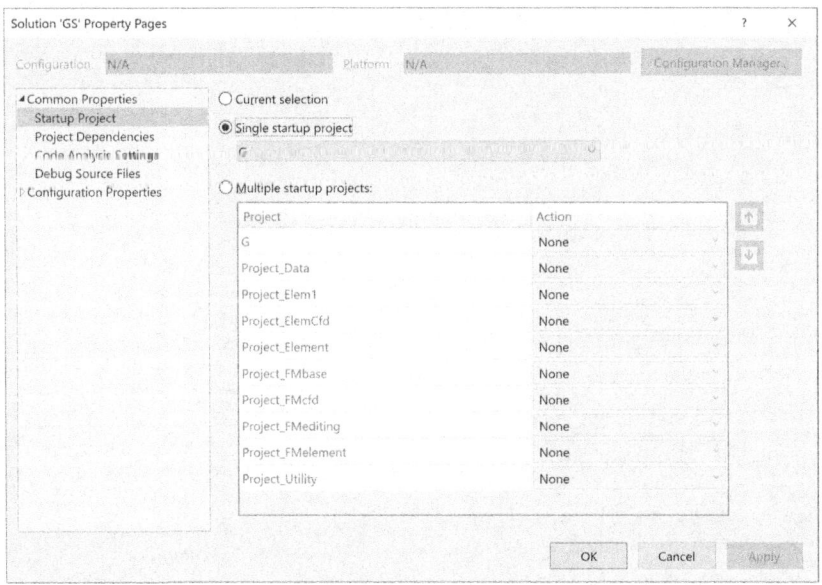

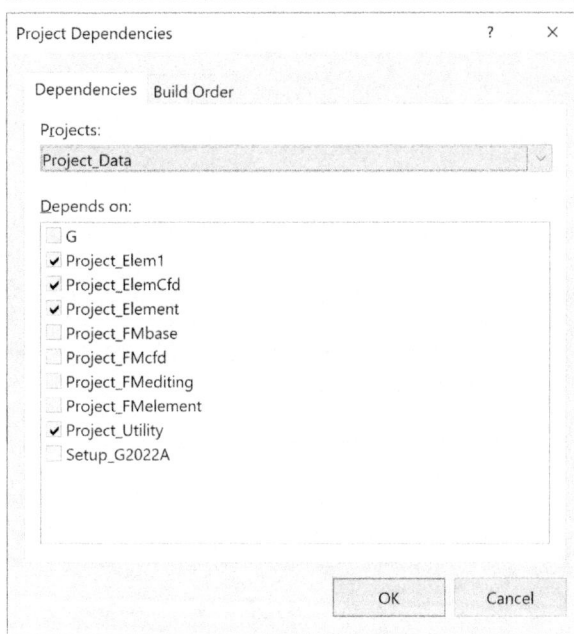
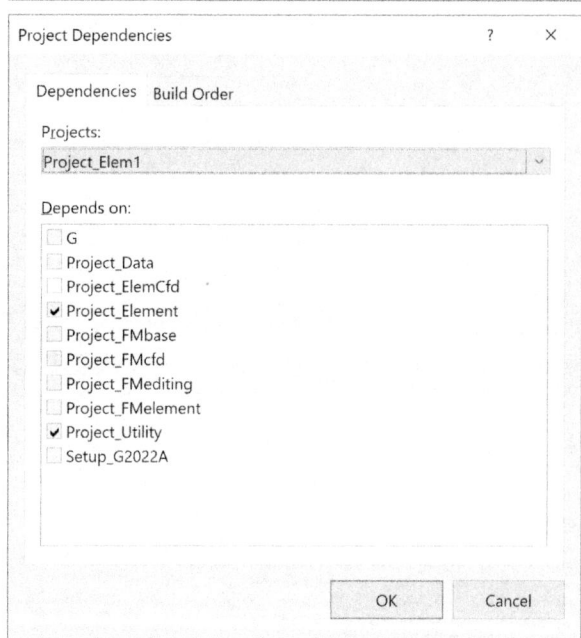
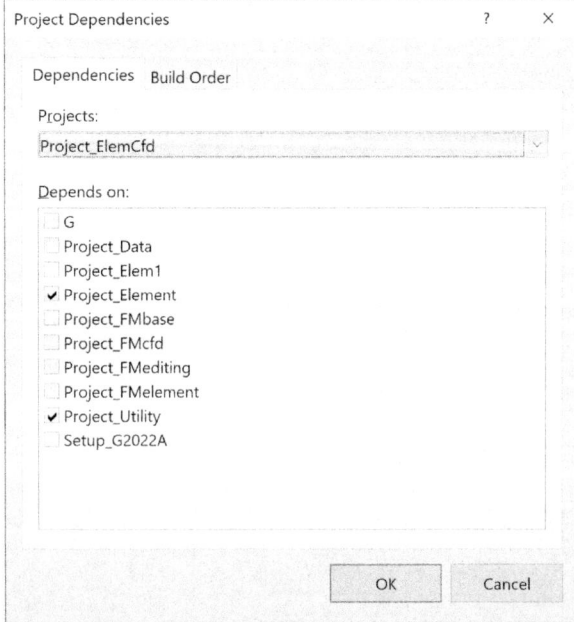
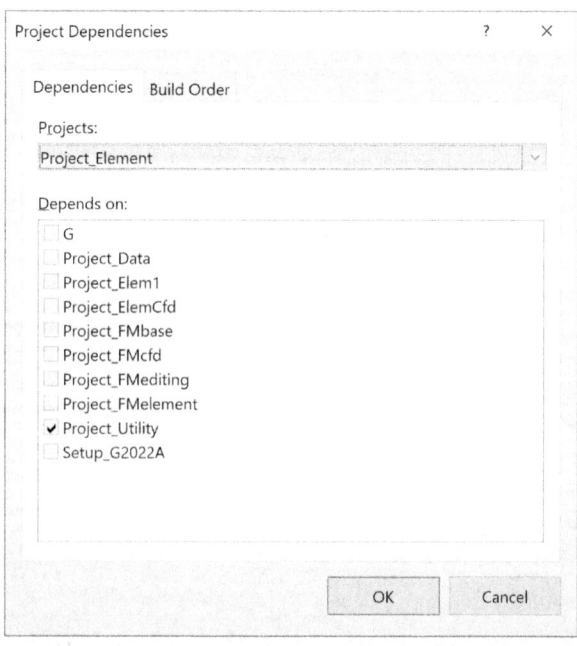

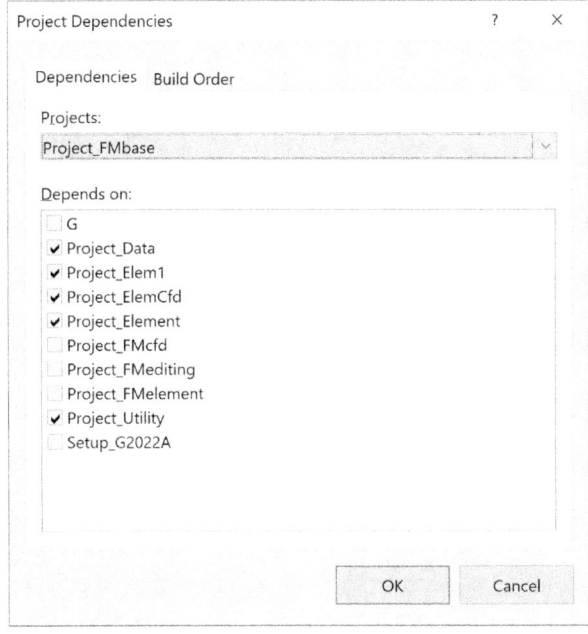
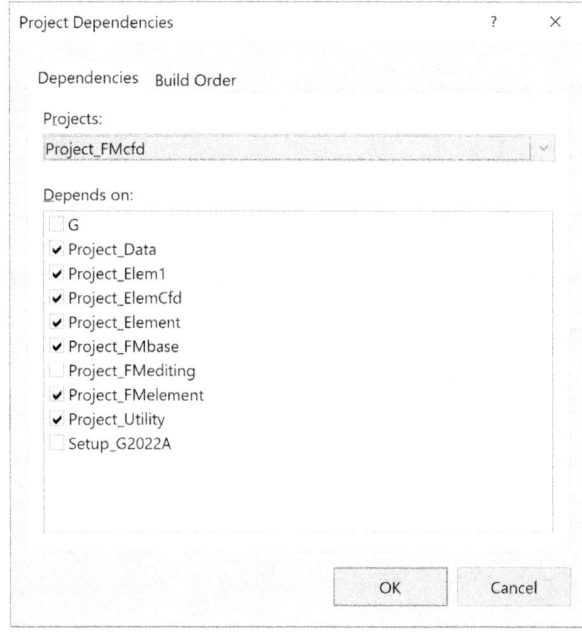
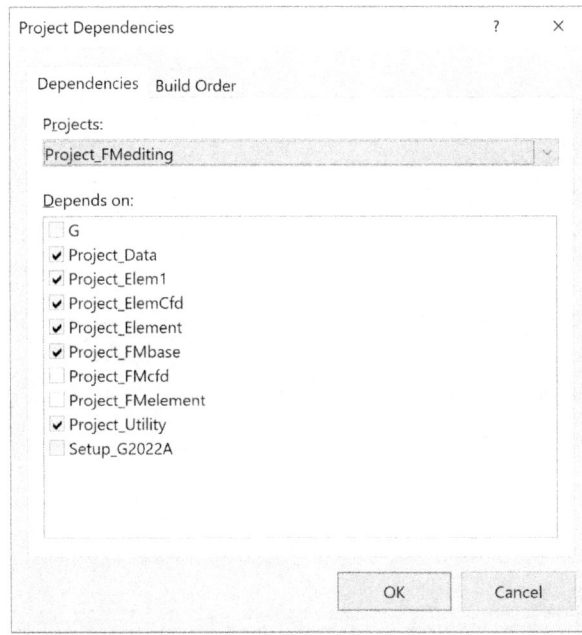
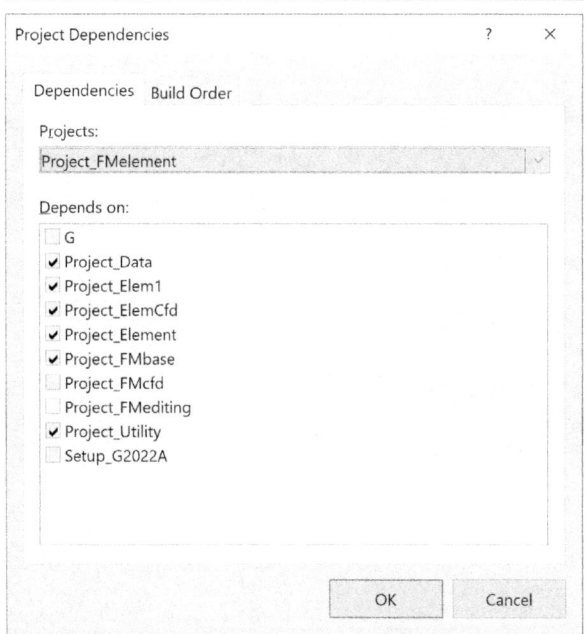
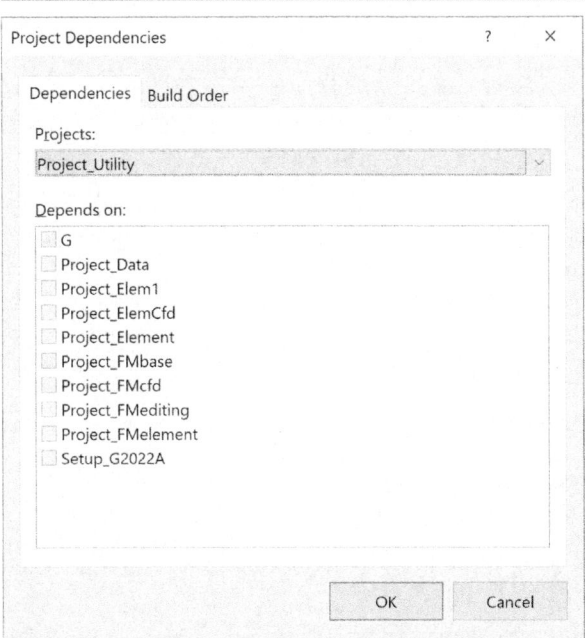
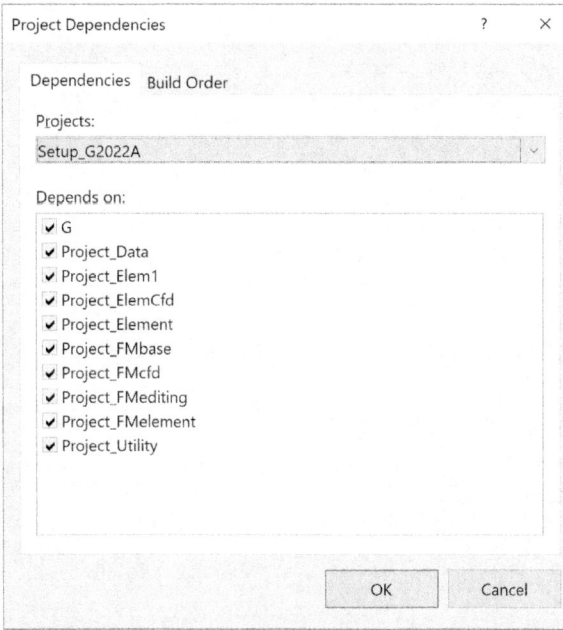

# 2. Element
## 2-1. Class Hierarchy

All the persistent elements that are supported in this system must be derived from CElemBase class.

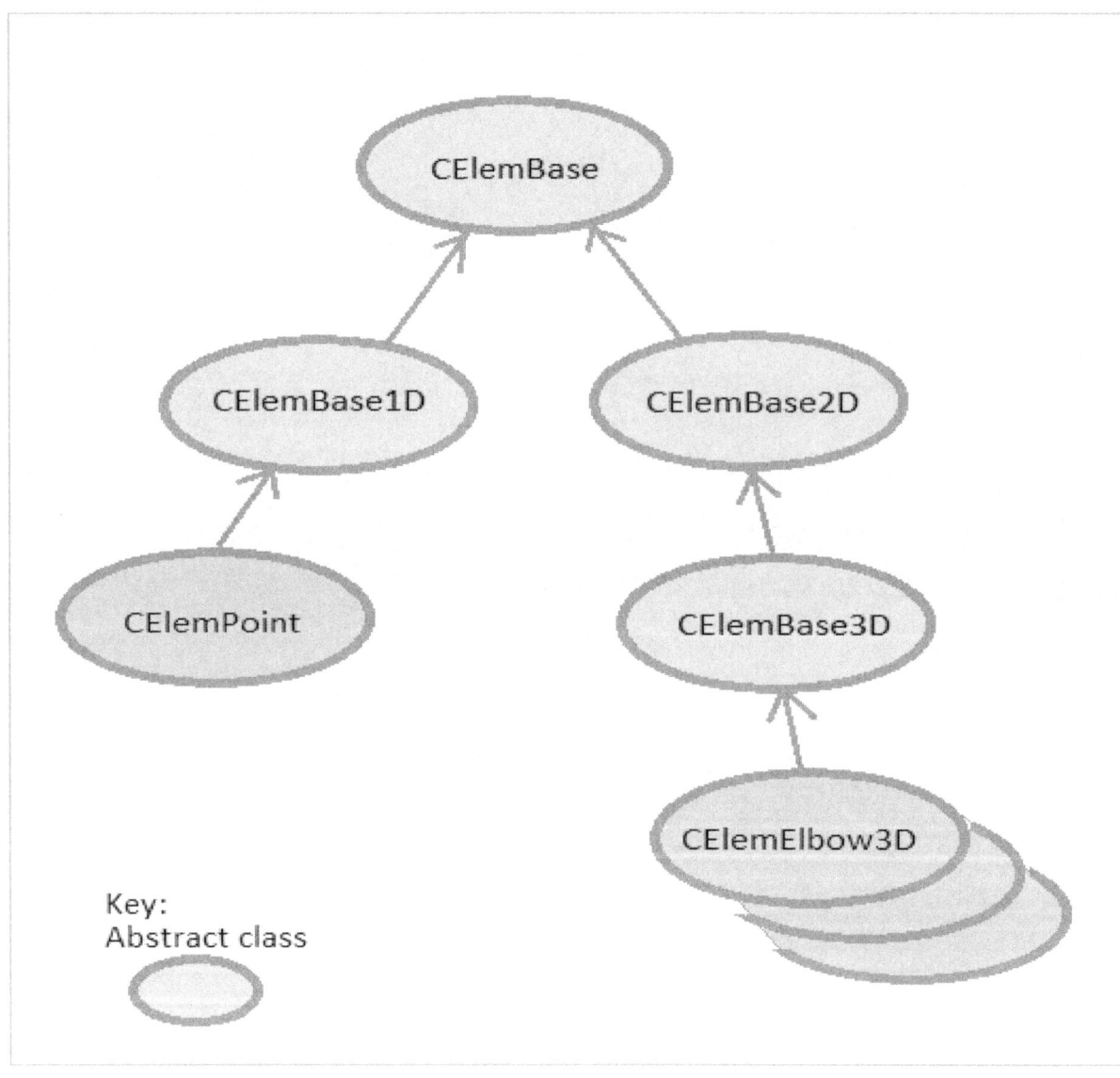

Note: CElemBase class is derived from MFC's CObject.

CElemBase, CElemBase1D, CELemBase2D and CElemBase3D are all *abstract* classes (with *pure virtual functions* GenerateVertices & CreateGLcalls).

### class CElemBase

```
// Persistent Data
ELEM_TYPE m_elemType; // element type
```

```cpp
ELEM_TYPE m_elemType2; // element type
BOOL m_selectable;

UINT m_visible; // 0=invisible, 1=wire, 2=completely visible
UINT m_layer;
BOOL m_group;
BOOL m_highlight;

UINT m_lineWidth;
UINT m_lineStyle;
UINT m_fillPattern;

// Envelope Box
virtual void GetMinMaxForAbsoluteXYZ
// OpenGL Display mode
DISPLAY_MODE m_displayMode; // DM_SHADED, DM_WIREFRAME, DM_HLR
DISPLAY_MODE m_displayType; // DM_CULL, DM_NO_CULL

// OpenGL Material Properties
float m_R, m_G, m_B; // color values
GLfloat m_shininess;
GLfloat m_matAmbient [4];
GLfloat m_matSpecular [4];
GLfloat m_matEmitted [4];

// OpenGL Texture

// Pure virtual to force implementation
virtual int GenerateVertices () = 0;
virtual void CreateGLcalls () = 0;
virtual void GenerateVerticesAndCreateGLcalls
virtual bool GenerateCfdEdge
virtual bool ConvertToCfdEdges
virtual int GetPoints
virtual int GetEndPoints
virtual void DrawElemOneVpt


// Transformations
virtual void Translate
virtual void Scale
virtual void Rotate
virtual void Mirror
virtual void Jump
virtual void ApplyMatrixToModelMx

// Modify Element
void Show
void Wire
void Hide
UINT IsVisible
void ChangeColor
void ChangeLineStyle
void ChangeLineWidth
void ChangeFillPattern

// Member Access Functions
virtual void SetMxOrigin
virtual void SetMxAxisX
virtual void SetMxAxisY
virtual void SetMxAxisZ
virtual void SetMatrix
```

```
virtual CPoint3D GetMxAxisX
virtual CPoint3D GetMxAxisY
virtual CPoint3D GetMxAxisZ
virtual CPoint3D GetMxAxisNegZ
virtual CPoint3D GetMxOrigin
virtual CViewMatrix GetMatrix
virtual void MakeHomogeneousMatrix16
virtual void MakeHomogeneousMatrix16ColumnFirst

virtual CMat4x4 GetModelMxAs4x4
virtual CViewMatrix GetModelMxAs3x4

virtual void SetModelMx
virtual BOOL SetModelMx
virtual BOOL SetModelMx

ELEM_TYPE GetElemType
void Highlight
void Unhighlight
void SetGroup
bool GetGroup
virtual void HighlightVolumeColor ()
```

## class CElemBase1D : public CLemBase

```
// Persistent Data
CPoint3D m_mxOrigin; // Model matrix origin

// Transformations
virtual void Translate
virtual void Scale
virtual void Rotate
virtual void Mirror
virtual void Jump
virtual void ApplyMatrixToModelMx
virtual CViewMatrix GetModelMxAs3x4

virtual void GetMinMaxForAbsoluteXYZ

virtual void SetMxOrigin
virtual CPoint3D GetMxOrigin
virtual CMat4x4 GetModelMxAs4x4
virtual void SetModelMx
virtual void MakeHomogeneousMatrix16
virtual void MakeHomogeneousMatrix16ColumnFirst
```

## class CElemBase2D : public CLemBase

```
// Persistent Data
CViewMatrix m_matrix;

float m_width;
float m_height;
float m_radius;

int m_totalVertex;
CPoint2D* m_pVertex2D; // points to array containing vertex 2D[i]
```

```cpp
// Envelope Box
CPoint3D m_envelopeBoxMax;
CPoint3D m_envelopeBoxMin;

virtual void GetMinMaxForAbsoluteXYZ

// Modify Element
void ModifyShape2d
virtual void Scale
virtual void Rotate
virtual void Mirror
virtual void Jump
virtual void ApplyMatrixToModelMx

void CalcNormal
void CreatePolygonWithNormal
CPoint3D GetMxTransformPoint
CPoint3D GetMxTransformVector
virtual void SetMxOrigin
virtual void SetMxAxisX
virtual void SetMxAxisY
virtual void SetMxAxisZ
virtual void SetMatrix
virtual CPoint3D GetMxOrigin
virtual CPoint3D GetMxAxisNegZ
virtual CViewMatrix GetMatrix
virtual void MakeHomogeneousMatrix16
virtual void MakeHomogeneousMatrix16ColumnFirst
virtual CMat4x4 GetModelMxAs4x4
virtual CViewMatrix GetModelMxAs3x4
virtual void SetModelMx

void SetWidth
void SetHeight
void SetRadius

float GetWidth
float GetHeight
float GetRadius

int GetTotalVertex2D
```

## class CElemBase3D : public CELemBase2D

```cpp
// Persistent Data
float m_length;

// Re generatable Data
CPoint3D* m_pVertex3D; // points to array containing vertex3D[i]
CPoint3D* m_pNormal3D; // points to array containing normal3D[i]

// Modify Element
void ModifyShape3D
void SetLength
float GetLength
```

## 2-2. How an Element Is Defined

ADocFM_elem.cpp

## EXAMPLE 1. — HOW A POINT IS DEFINED

Gxxx.cpp

```
-------------------constructor-------------------------------------------------- Elem.h
public:
CElemPoint (CGDoc* pDoc, CPoint3D pt)
: CElem (pt)
{
m_elemType = ET_POINT;
};
---------------------------------------------------------------------- Elem.cpp
int CElemPoint::GenerateVertices ()
{
// No need to generate vertices since we use DIsplay-List
return 6;
}
---------------------------------------------------------------------- Elem.cpp
void CElemPoint::CreateGLcalls ()
{
// No need to generate vertices since we use DIsplay-List
}
---------------------------------------------------------------------- Elem.cpp
void CElemPoint::DrawElemOneVpt ( int flagVisual, DISPLAY_MODE mode,
DISPLAY_MODE cull, GLenum renderMode )
{
// Set transformation
GLfloat mmm[16] = { m_mxAxisX.x, m_mxAxisX.y, m_mxAxisX.z, 0.0f ,
m_mxAxisY.x, m_mxAxisY.y, m_mxAxisY.z, 0.0f ,
m_mxAxisZ.x, m_mxAxisZ.y, m_mxAxisZ.z, 0.0f ,
m_mxOrigin.x, m_mxOrigin.y, m_mxOrigin.z, 1.0f };
glLoadIdentity();
glMultMatrixf(mmm);

// If re-drawing for pick purpose, give pick id ...
if (renderMode == GL_SELECT) glLoadName ((GLuint)this);

glCallList ( DL_POINT ); /// (GLuint) this ); // GLuint id = (GLuint)this;

// Make sure to clear so subsequent items get NULL pick id
glLoadName ( NULL ); // non-pickable

// Visual cues --- such as vertical/horizontal move indicator
if (flagVisual > 0)
{
if (m_bZShift) glCallList ( DL_VISUAL2);
else glCallList ( DL_VISUAL1);
}
}
```

# EXAMPLE 2. — HOW A LINE IS DEFINED

```
--------------------constructor------------------------------------------------ Elem.h
CElemLine (CGDoc* pDoc, int total, CPoint3D pt ) ////
: CElem (pt) ////
{ m_elemType = ET_LINE; ////
m_pDoc = pDoc; ////
m_total = total; ////
m_pArray = new CPoint3D [ total ]; ////
m_R = m_G = m_B = 1.0f ; ////
}; ////
------------------------------------------------------------------ Elem.h
CElem ( const CPoint3D& pt, ////
const CPoint3D& dir = CPoint3D ( 0.0f, 0.0f, -1.0f ), ////
const CPoint3D& ori = CPoint3D ( 0.0f, 1.0f, 0.0f ),
float height = 1.0f, float width = 1.0f, float length =1.0f )
{ m_mxOrigin = pt; ////
CPoint3D z ( -dir.x, -dir.y, -dir.z ); ////
m_mxAxisZ = z.Normalize();
CPoint3D x = dir * ori;
m_mxAxisX = x.Normalize();
m_mxAxisY = m_mxAxisZ * m_mxAxisX; ////
m_height = height; ////
m_width = width; ////
m_length = length; ////
m_R = m_G = m_B = 0.5f; ////
}; ////
```

# EXAMPLE 3. — HOW A CUBE IS DEFINED

Gxxx.cpp

```
---------------constructor--------------------------------------------------- Elem.cpp
CElemCube::CElemCube ( CGDoc* pDoc, BOOL flag,
float w, float h, float l, const CPoint3D& pt )
:CElem (pt)
{
m_elemType = ET_CUBE;

m_width = w;
m_height = h;
m_length = l;

m_R = 1.0f;
m_G = 1.0f;
m_B = 0.2f;
}
------------------------------------------------------------------ Elem.cpp
int CElemCube::GenerateVertices ()
{
const float H = m_height;
const float W = m_width;
const float L = m_length;

CPoint3D p0 ( 0.0f, 0.0f, 0.0f ); v[0] = p0;
CPoint3D p1 ( 0.0f, H, 0.0f ); v[1] = p1;
CPoint3D p2 ( 0.0f, H, -L ); v[2] = p2;
CPoint3D p3 ( 0.0f, 0.0f, -L ); v[3] = p3;
CPoint3D p4 ( W, 0.0f, 0.0f ); v[4] = p4;
```

```
CPoint3D p5 ( W, H, 0.0f ); v[5] = p5;
CPoint3D p6 ( W, H, -L ); v[6] = p6;
CPoint3D p7 ( W, 0.0f, -L ); v[7] = p7;
return 8;
}
```
---------------------------------------------------------------- Elem.cpp
```
void CElemCube::CreateGLcalls ()
{
CreatePolygonWithNormal (4, v, 0,1,2,3 );
CreatePolygonWithNormal (4, v, 7,6,5,4 );
CreatePolygonWithNormal (4, v, 0,4,5,1 );
CreatePolygonWithNormal (4, v, 1,5,6,2 );
CreatePolygonWithNormal (4, v, 2,6,7,3 );
CreatePolygonWithNormal (4, v, 0,3,7,4 );
}
```

## 2-3. How an Element is Drawn

Gxxx.cpp

OnDraw -> DrawMyScene -> DrawAllElems() -> DrawElwmOneVpt()

---------------------------------------------------------------- CGView.cpp
```
void CGView::OnDraw(CDC* pDC)
{
HGLRC hRC = wglGetCurrentContext(); // Check if any RC is "current"
HDC hDC = wglGetCurrentDC();
VERIFY (wglMakeCurrent (m_hDC, m_hRC));
DrawMyScene();
SwapBuffers (m_hDC); // double buffering - glFlush() not needed
if (hRC && hDC) ::wglMakeCurrent (hDC, hRC);
}
```
---------------------------------------------------------------- CGView.cpp
```
void CGView::DrawMyScene()
{
glMatrixMode ( GL_MODELVIEW );
glLoadIdentity ();
if (m_shadeMode == DM_SMOOTH) glShadeModel ( GL_SMOOTH );
else glShadeModel ( GL_FLAT );
glEnable ( GL_DEPTH_TEST );
glClearColor (0.0f, 0.0f, 0.1f, 1.0f); // set background color
glClear ( GL_COLOR_BUFFER_BIT | GL_DEPTH_BUFFER_BIT );
glPushAttrib ( GL_ALL_ATTRIB_BITS );
glDisable ( GL_LIGHTING ); // to draw flat lines 96-5-8
//glColorMaterial (GL_FRONT, GL_AMBIENT_AND_DIFFUSE );
//glEnable ( GL_COLOR_MATERIAL );
DrawVisCueFMFrame();
glCallList ( DL_CAGE );
glCallList ( DL_AXIS );
DrawCurPlane ();
glEnable ( GL_LIGHTING );
glPopAttrib ();
DrawAllElems();
}
```
---------------------------------------------------------------- CGView.cpp
```
void CGView::DrawAllElems ()
{
CGDoc* pDoc = GetDocument();
for (POSITION pos = pDoc->m_elemList.GetHeadPosition(); pos != NULL;)
```

```
{ CElem* p = (CElem*)pDoc->m_elemList.GetNext(pos);
p->DrawElemOneVpt ( 1, m_displayMode, m_cullMode, m_renderMode );
}}
```
------------------------------------------------------------- Elem.cpp
```
void CElem::DrawElemOneVpt ( int flagVisual, DISPLAY_MODE mode,
DISPLAY_MODE cull, GLenum renderMode )
{
GLfloat colorA[] = { m_R, m_G, m_B, 1.0f };
glMaterialfv( GL_FRONT,GL_AMBIENT_AND_DIFFUSE,colorA );
if ( mode == DM_SHADED ) glPolygonMode ( GL_FRONT_AND_BACK, GL_FILL );
else if ( mode == DM_WIRE ) glPolygonMode ( GL_FRONT_AND_BACK, GL_LINE );
else if ( mode == DM_HLR )
{ glPolygonMode ( GL_FRONT, GL_FILL );
glPolygonMode ( GL_BACK, GL_LINE ); };
////
if ( cull == DM_CULL )
{ glCullFace ( GL_BACK );
glEnable ( GL_CULL_FACE ); }
else
{ glCullFace ( GL_BACK );
glDisable ( GL_CULL_FACE ); };
////
GLfloat mmm[16] = { m_mxAxisX.x, m_mxAxisX.y, m_mxAxisX.z, 0.0f ,
m_mxAxisY.x, m_mxAxisY.y, m_mxAxisY.z, 0.0f ,
m_mxAxisZ.x, m_mxAxisZ.y, m_mxAxisZ.z, 0.0f ,
m_mxOrigin.x, m_mxOrigin.y, m_mxOrigin.z, 1.0f };
glLoadIdentity();
glMultMatrixf(mmm);
if (renderMode == GL_SELECT) glLoadName ((GLuint)this);
glCallList ( (GLuint) this ); // GLuint id = (GLuint)this;
glLoadName ( NULL ); // non-pickable
// Visual cues --- such as vertical/horizontal move indicator
if (flagVisual > 0)
{ if (m_bZShift) glCallList ( DL_VISUAL2 );
else glCallList ( DL_VISUAL1 );
}}
```

**OnDraw > DrawMyScene > >DrawAllElems > DrawElemOneVpt**

## 2-4. How FM Creates a Line Element

ADocFM_elem.cpp


------------------------------------------------------------- ADocFM_elem.cpp OLDDD
```
void CGDoc::Line_1_IND (UINT, CPoint) ////
{ if ( ! m_bWhenIND ) return; // No piercing of CP
m_pointArray [m_pointIndex++] = m_ptIND; ////
NXS (2); ////
}
void CGDoc::Line_2_IND (UINT, CPoint) ////
{ if ( ! m_bWhenIND ) return; // No piercing of CP
intArray [m_pointIndex++] = m_ptIND; ////
} ////
void CGDoc::Line_2_END (UINT, CPoint) ////
{ CreateLine ( m_pointArray [0] ); ////
m_pointIndex = 0; ////
NXS (1);
} ////
```
------------------------------------------------------------- ADoc.h

```cpp
void CreateLine (const CPoint3D& pt )
{ CreateAndDisplay (ET_LINE, pt); } ////
```
-------------------------------------------------------- ADocFM_kernel.cpp
```cpp
void CGDoc::CreateAndDisplay (ELEM_TYPE type, ////
const CPoint3D& pt, // = CPoint3D(0,0,0), ////
const CPoint3D& dir, // = CPoint3D(0,0,-1), ////
const CPoint3D& ori ) // = CPoint3D(0,1,0) ////
{ 1. CElem* pE = m_pElemCur = NewElem (type, pt, dir, ori ); ////
if (pE == NULL) return; // New elem creation failed ////
2. m_elemList.AddTail (pE); SetModifiedFlag(); ////
3. pE->GenerateVertices();
4. glNewList ((GLuint)pE, GL_COMPILE); ////
pE->CreateGLcalls (); ////
glEndList (); ////
5. for (POSITION pos = GetFirstViewPosition(); pos != NULL;) ////
{ CGView* pView = (CGView*) GetNextView (pos); ////
if (!pView->IsKindOf(RUNTIME_CLASS(CGView))) continue; ////
pView->Invalidate(); // Calls OnDraw(); ////
} } ////
```
-------------------------------------------------------- ADocFM_kernel.cpp
```cpp
CElem* CGDoc::NewElem ( ELEM_TYPE elemType, const CPoint3D& pt, ////
const CPoint3D& dir, const CPoint3D& ori ) ////
{ ////
CElem* pElem = NULL; ////
switch (elemType) ////
{ case ET_POINT: ////
pElem = new CElemPoint ( this, pt ); break;
case ET_LINE:
pElem = new CElemLine ( this, m_pointIndex, pt ); ////
case ET_CUBE: ////
pElem = new CElemCube (this,1,0.2f,1.0f,0.5f,pt ); ////
case ET_ELBOW: ////
pElem = new CElemElbow (this,1,0.2f,1.0f, pt,dir,ori); ////
} ////
if (pElem) return pElem; else return NULL; ////
} ////
```

# 3. Scene Rendering

The entire scene in the graphical viewport is rendered by OpenGL — CGView::DrawMyScene

I. Projection + Lighting + HLR
   Draw All Elements

II. Projection + No lighting + HLR
   Draw Current Plane

III. No HLR
   Draw Rubberband 3d

IV. No projection + No lighting
   Draw Visual Cue FM Frame One Vpt();
   Draw Zoom Box
   Draw Group Box
   Draw Rubberband 2d

---

```
void CGView::DrawMyScene()
{
CGDoc* pDoc = GetDocument();

glMatrixMode ( GL_MODELVIEW ); // should be GL_MODELVIEW  NO!
glLoadIdentity ();

// Shading mode
if (m_shadeMode == DM_SMOOTH) glShadeModel ( GL_SMOOTH );
else glShadeModel ( GL_FLAT );

glEnable ( GL_DEPTH_TEST );
glClearColor (m_backgdR, m_backgdG, m_backgdB, 1.0f); // set background color

glClear ( GL_COLOR_BUFFER_BIT | GL_DEPTH_BUFFER_BIT );

// < I > --- Projection + Lighting
glColor3f (0.0f, 1.0f, 0.0f);
DrawAllElems();
glLoadIdentity(); // Must clear ModelView matrix

///////////////////////////////////////////////// PUSH 1
glPushAttrib ( GL_ALL_ATTRIB_BITS );
glDisable ( GL_LIGHTING ); // to draw flat lines 96-5-8
// glDisable ( GL_DEPTH_TEST ); // for zoom box
///////////////////////////////////////////////// PUSH 1
//glColorMaterial (GL_FRONT, GL_AMBIENT_AND_DIFFUSE );
//glEnable ( GL_COLOR_MATERIAL );

// < II > --- Projection + No lighting
glCallList ( DL_AXIS ); // DrawAxes ( 5.0f );
// glCallList ( DL_CAGE ); // DrawCagee ( 1.5f );
```

```
DrawCurPlane (); // DrawVptCurPlane ();
// DrawRotator (); // DrawRotator ();

// pDoc->DrawCfdGrids(); // 2009-10-09 qaz

/**
DrawLightSource ();
**/

// Temporary Displays....
//   pDoc->DrawVisCuePolygonMaking ();
//// pDoc->DrawVisCueTempElem3D ();
///////////////////////////////////////////// after CurPlane
glDisable ( GL_DEPTH_TEST ); // for zoom box
/////////////////////////////////////////////

m_pData->DrawRubberBand3d ();
m_pData->DrawAllTempElems();

///////////////////////////////////// PUSH 2
glMatrixMode (GL_PROJECTION );
glPushMatrix();
glLoadIdentity();
///////////////////////////////////// PUSH 2

// < III > --- No projection + No lighting
DrawVisCueFMFrameOneVpt();
DrawZoomBox();
DrawGroupBox();
m_pData->DrawRubberBand2d ();

///////////////////////////////////// POP 2
glMatrixMode (GL_PROJECTION );
glPopMatrix ();
glMatrixMode (GL_MODELVIEW ); // added for consistency
///////////////////////////////////// POP 2

/////////////////////////////////////////////
glEnable ( GL_DEPTH_TEST ); // for zoom box
/////////////////////////////////////////////

///////////////////////////////////////////////// POP 1
glEnable ( GL_LIGHTING );
// glEnable ( GL_DEPTH_TEST ); // for zoom box
glPopAttrib ();
///////////////////////////////////////////////// POP 1

// glFlush(); // not needed if double buffer
}
```

# OpenGL Display List Usage
## Description
HOW THE DISPLAY LIST IS USED

---

```
//// ------------------------------------------------------------- AGlobal.h
//// enum DISPLAY_LIST // Display list id
//// {
//// DL_ZERO_ILLEGAL,
//// DL_AXIS,
//// DL_CAGE,
//// DL_POINT,
//// DL_CUR_PLANE,
//// DL_VISUAL1,
//// };
```

---

```
//// ------------------------------------------------- CGDocFM_kernel.cpp
//// void CGDoc::FromOnNewDocument()
//// {
//// HGLRC hRC = wglGetCurrentContext(); // Check if any RC is "current"
//// HDC hDC = wglGetCurrentDC();
//// VERIFY (wglMakeCurrent (m_master_hDC, m_master_hRC));
//// CreateDisplayList ( DL_CAGE );
//// CreateDisplayList ( DL_AXIS );
//// CreateDisplayList ( DL_POINT );
//// CreateDisplayList ( DL_CUR_PLANE );
//// CreateDisplayList ( DL_VISUAL1 );
//// if (hRC && hDC) ::wglMakeCurrent (hDC, hRC);
//// }
```

---

```
//// ------------------------------------------------- CGDocFM_kernel.cpp
//// void CGDoc::CreateDisplayList ( DISPLAY_LIST no )
//// {
//// glNewList ( no, GL_COMPILE);
//// switch ( no )
//// {
//// case DL_VISUAL1:
//// float s = 0.3f;
//// glPushAttrib ( GL_ALL_ATTRIB_BITS );
//// glDisable ( GL_LIGHTING );
//// GLfloat colorB[] = {0.0f, 0.5f, 0.8f, 1.0f};
//// glMaterialfv(GL_FRONT,GL_AMBIENT_AND_DIFFUSE,colorB);
//// glBegin (GL_LINES);
//// glVertex3f (0.0f,-2.0f,0.0f);
//// glVertex3f (0.0f, 2.0f,0.0f);
//// glEnd();
//// glEnable ( GL_LIGHTING );
//// glPopAttrib ();
//// case DL_AXIS: // Axis
//// glBegin ( GL_LINES );
//// glColor3f (1.0f, 0.0f, 0.0f);
//// glVertex3f ( 0.0f, 0.0f, 0.0f );
//// glVertex3f ( size, 0.0f, 0.0f );
//// glEnd();
```

```
//// case DL_POINT: // Point element
//// glPushAttrib ( GL_ALL_ATTRIB_BITS );
//// glDisable ( GL_LIGHTING );
//// glColor3f (1.0f, 1.0f, 0.0f);
//// glBegin ( GL_LINES );
//// glVertex3f ( 0.0f , 0.0f , s );
//// glVertex3f ( 0.0f , 0.0f , -s );
//// glVertex3f ( s , 0.0f , 0.0f );
//// glEnd();
//// glEnable ( GL_LIGHTING );
//// glPopAttrib ();
//// case DL_CUR_PLANE: /// Current plane
//// glColor3f (0.4f, 0.4f, 0.4f);
//// glBegin ( GL_LINES );
//// for (int k = 0; k < total; k++)
//// {
//// glVertex3f ( xxx, yy, zzz );
//// glVertex3f (-xxx, yy, zzz );
//// xx += increment;
//// };
//// glEnd ();
//// glEndList();
//// }
```

```
//// ------------------------------------------------------------- CGView.cpp
//// void CGView::DrawMyScene()
//// { ........
//// ........
//// glPushAttrib ( GL_ALL_ATTRIB_BITS );
//// glDisable ( GL_LIGHTING ); // to draw flat lines 96-5-8
//// DrawVisCueFmFrame();
//// glCallList ( DL_CAGE );
//// glCallList ( DL_AXIS );
//// DrawCurPlane ();
//// glEnable ( GL_LIGHTING );
//// glPopAttrib ();
//// DrawAllElems();
//// }
```

```
//// ------------------------------------------------------------- CGView.cpp
//// void CGView::DrawCurPlane ()
//// {
//// CGDoc* pDoc = GetDocument();
//// CCurPlane* pCP = pDoc->m_pCurPlane;
//// GLfloat mmm[16] = {
//// pCP->m_mxAxisX.x, pCP->m_mxAxisX.y, pCP->m_mxAxisX.z, 0.0f ,
//// pCP->m_mxAxisY.x, pCP->m_mxAxisY.y, pCP->m_mxAxisY.z, 0.0f ,
//// pCP->m_mxAxisZ.x, pCP->m_mxAxisZ.y, pCP->m_mxAxisZ.z, 0.0f ,
//// pCP->m_mxOrigin.x, pCP->m_mxOrigin.y, pCP->m_mxOrigin.z, 1.0f };
//// glLoadIdentity(); ///  did not work
//// glMultMatrixf(mmm);
//// glColor3f (0.0f, 0.7f, 1.0f); // CP color
//// glCallList ( DL_CUR_PLANE ); // Display List
//// glLoadIdentity(); // needed for proper polygon display
//// }
```

```
//// ------------------------------------------------------------- Elem.cpp
//// void CElemPoint::DrawElemOneVpt ( int flagVisual, DISPLAY_MODE mode,
//// DISPLAY_MODE cull, GLenum renderMode )
//// {
//// GLfloat mmm[16] = { m_mxAxisX.x, m_mxAxisX.y, m_mxAxisX.z, 0.0f ,
//// m_mxAxisY.x, m_mxAxisY.y, m_mxAxisY.z, 0.0f ,
//// m_mxAxisZ.x, m_mxAxisZ.y, m_mxAxisZ.z, 0.0f ,
//// m_mxOrigin.x, m_mxOrigin.y, m_mxOrigin.z, 1.0f };
//// glLoadIdentity();
//// glMultMatrixf(mmm);
//// if (renderMode == GL_SELECT) glLoadName ((GLuint)this);
//// glCallList ( DL_POINT ); // Display List
//// glLoadName ( NULL ); // non-pickable
//// }
```

# 4. Current Plane

## Current Plane Class Structure / GUtil.h

```
class AFX_EXT_CLASS CCurPlane : public CObject
{
protected: // create from serialization only
CCurPlane() {};
// DECLARE_DYNCREATE(CCurPlane)
public:
//////////// virtual ~CCurPlane();
virtual void Serialize(CArchive& ar);

protected:
CViewMatrix m_matrix;

public:
CCurPlane ( const CPoint3D& orig, const CPoint3D& normal, const CPoint3D& xAx, const CPoint3D& yAx );

void SetMxAxisX (const CPoint3D& p); // { m_matrix.Xx = p.x; m_matrix.Xy = p.y; m_matrix.Xz = p.z; };
void SetMxAxisY (const CPoint3D& p); // { m_matrix.Yx = p.x; m_matrix.Yy = p.y; m_matrix.Yz = p.z; };
void SetMxAxisZ (const CPoint3D& p); // { m_matrix.Zx = p.x; m_matrix.Zy = p.y; m_matrix.Zz = p.z; };
void SetMxOrigin(const CPoint3D& p); // { m_matrix.Ox = p.x; m_matrix.Oy = p.y; m_matrix.Oz = p.z; };

void SetMatrix (const CPoint3D& x, const CPoint3D& y, const CPoint3D& z, const CPoint3D& o);
void SetPresetPlaneXY ();
void SetPresetPlaneXZ ();
void SetPresetPlaneYZ ();

CPoint3D GetMxAxisX () const; // { return CPoint3D (m_matrix.Xx, m_matrix.Xy, m_matrix.Xz); }
CPoint3D GetMxAxisY () const; // { return CPoint3D (m_matrix.Yx, m_matrix.Yy, m_matrix.Yz); }
CPoint3D GetMxAxisZ () const; // { return CPoint3D (m_matrix.Zx, m_matrix.Zy, m_matrix.Zz); }
CPoint3D GetMxOrigin() const; // { return CPoint3D (m_matrix.Ox, m_matrix.Oy, m_matrix.Oz); }

CViewMatrix GetMatrix() const; // { return m_matrix; }
CPoint3D GetMxAxisNegZ () const;
void MakeHomogeneousMatrix16 ( float* mmm );
void MakeHomogeneousMatrix16ColumnFirst ( float* mmm );
CPlane3D GetPlane() const;
};
```

## Current Plane Control Variables / GData.h

```
// -------------------- CURRENT PLANE CONTROL VARIABLES ---------------- //
public:

CCurPlane* m_pCurPlane; // current plane currency

float m_gridSpacingX;
float m_gridSpacingY;
float m_gridExtent; // total length of grid
int m_gridAxisType; // 0, 1, 2
int m_gridType; // 0 = lines, 1 = points
int m_curPlaneColor; // 0 = grey ....
int m_curPlanePresetXYZ; //
```

```cpp
// Current Plane Rotation
CPoint3D m_curPlaneRotAxisPt;
int m_curPlaneRotAxisXYZ;

void SetCurPlaneRotAxisPt (CPoint3D pt) { m_curPlaneRotAxisPt = pt; };
void SetCurPlaneRotAxisVec (int i) { m_curPlaneRotAxisXYZ = i; };
CPoint3D GetCurPlaneRotAxisPt (){ return m_curPlaneRotAxisPt; };
CPoint3D GetCurPlaneRotAxisVec ()
{
if (m_curPlaneRotAxisXYZ == 1) return m_pCurPlane->GetMxAxisX();
else if (m_curPlaneRotAxisXYZ == 2) return m_pCurPlane->GetMxAxisY();
else return m_pCurPlane->GetMxAxisZ();
};
```

## Draw Current Plane / GView.cpp

```cpp
void CGView::DrawCurPlane ()
{
// Draw the current plane for this viewport

// (1) MAKE DISPLAY LIST at the origin AND STORE IT
// (2) Apply modeling transformation
// (3) Apply viewing transformation

CGDoc* pDoc = GetDocument();
CCurPlane* pCP = m_pData->m_pCurPlane;

// Set current plane matrix
GLfloat mmm[16];
pCP->MakeHomogeneousMatrix16 ( mmm );

// Apply the matrix before displaying current plane
glLoadIdentity();
glMultMatrixf(mmm);

// Call display list
glCallList ( DL_CUR_PLANE );

// Needed for proper polygon display
glLoadIdentity();
}
```

## Create Display List (OpenGL) for Current Plane / GData.cpp

```cpp
void CData::CreateDisplayList (DISPLAY_LIST no)
{
glNewList (no, GL_COMPILE);

switch (no)
{
case DL_ROTATOR: // Rotator axes
break;

case DL_AXIS: // Axis
```

```
break;

case DL_GRAB_POINT: // Pick Point element
break;

case DL_POINT: // Point element
{
glPointSize (4.0);
//glColor3f (1.0, 1.0, 0.0);
glBegin (GL_POINTS);
glVertex3f (0.0f , 0.0f , 0.0f );
glEnd();
break;
}
case DL_LIGHT_SOURCE: // Light Source element
break;

case DL_DRAG_MOVE_BOX: // Used during drag move
break;

case DL_CUR_PLANE: /// Current plane
{
glLineWidth (0.5);
// Color of the current plane --- User-customizable
if (m_modeGlobalCP == COORD_CUR_PLANE)
glColor3f (0.6f, 0.4f, 0.0f);
else
{
switch (m_curPlaneColor)
{
case 0: glColor3f (0.4f, 0.4f, 0.4f); break;
case 1: glColor3f (0.2f, 0.5f, 0.5f); break;
case 2: glColor3f (0.2f, 0.3f, 0.6f); break;
case 3: glColor3f (0.4f, 0.6f, 0.2f); break;
default: glColor3f (0.4f, 0.4f, 0.4f); break;
}
}
int gridTotalX = (float)m_gridExtent / (float)m_gridSpacingX;
int gridTotalY = (float)m_gridExtent / (float)m_gridSpacingY;

const float xMax = m_gridExtent;
const float yMax = m_gridExtent;
const float zMax = 0.0f;
float xx, yy;

switch (m_gridType)
{
case 0:
{
// Line grid ------------------------------ use lines
xx = m_gridSpacingX;
yy = m_gridSpacingY;
glBegin (GL_LINES);
for (int k = 0; k < gridTotalX; k++)
{
glVertex3f (xx, yMax, zMax);
glVertex3f (xx, -yMax, zMax);
glVertex3f (-xx, yMax, zMax);
glVertex3f (-xx, -yMax, zMax);
xx += m_gridSpacingX;
}
```

```
for (int kk = 0; kk < gridTotalY; kk++)
{
glVertex3f (xMax, yy, zMax);
glVertex3f (-xMax, yy, zMax);
glVertex3f (xMax, -yy, zMax);
glVertex3f (-xMax, -yy, zMax);
yy += m_gridSpacingY;
}
glEnd ();
break;
}
case 1:
{
xx = m_gridSpacingX;
yy = m_gridSpacingY;
glPointSize (2.0);

// Point grid ---------------------------- use points
glBegin (GL_POINTS);
for (int k = 0; k < gridTotalX; k++)
{
for (int j = 0; j < gridTotalY; j++)
{
glVertex3f ( xx, yy, zMax);
glVertex3f ( xx, -yy, zMax);
glVertex3f (-xx, yy, zMax);
glVertex3f (-xx, -yy, zMax);
yy += m_gridSpacingY;
}
xx += m_gridSpacingX;
yy = m_gridSpacingY;
}
xx = m_gridSpacingX;
yy = m_gridSpacingY;
for (int kk = 0; kk < gridTotalY; kk++)
{
for (int j = 0; j < gridTotalX; j++)
{
glVertex3f ( xx, yy, zMax);
glVertex3f (-xx, yy, zMax);
glVertex3f ( xx, -yy, zMax);
glVertex3f (-xx, -yy, zMax);
xx += m_gridSpacingX;
}
yy += m_gridSpacingY;
xx = m_gridSpacingX;
}
glEnd ();
break;
}
case 2:
{
// Line grid ------------------------------ frame only
xx = m_gridSpacingX;
yy = m_gridSpacingY;
glBegin (GL_LINE_STRIP);
glVertex3f (xMax, yMax, zMax);
glVertex3f (-xMax, yMax, zMax);
glVertex3f (-xMax, -yMax, zMax);
glVertex3f (xMax, -yMax, zMax);
glVertex3f (xMax, yMax, zMax);
```

```
        glEnd ();
        break;
    }
}
// Draw negative X and Y axes (same color)
glBegin (GL_LINE_STRIP);
glVertex3f (-xMax, 0.0f, zMax);
glVertex3f (0.0f, 0.0f, zMax);
glVertex3f (0.0f,-yMax, zMax);
glEnd ();
// Draw X axis with RED
glColor3f (1.0f, 0.0f, 0.0f);
glBegin (GL_LINES);
glVertex3f (xMax, 0.0f, zMax);
glVertex3f (0.0f, 0.0f, zMax);
glEnd ();
// Draw Y axis with GREEN
glColor3f (0.0f, 1.0f, 0.0f);
glBegin (GL_LINES);
glVertex3f (0.0f, yMax, zMax);
glVertex3f (0.0f, 0.0f, zMax);
glEnd ();

glLineWidth (1.0);
break;
}

case DL_CIRCLE:
break;

default: // Default
break;
}
glEndList();
}

///////////////////////////////////////////////////////
```

# 5. Coordinate Key-in

GDoc_1.cpp

```cpp
CPoint3D CGDoc::GetKeyCoordinate ( )
{
// This is a front-end preprocessor (FEP) for every coordinate key-ins.
// This function returns both "absolute" and "relative" x, y, z values
// in the rectangular coordinate system. That is, how the original
// key-in was made -- be that in the absolute/relative mode, in the
// rectangular/cylindrical/spherical coordinate, or in the global or
// the "current plane" coordinate system -- is totally transparent to
// the application programs using this FEP. This also produces an
// appropriate visual cue.

// Input : m_value1KEY, m_value2KEY, m_value3KEY ... original values
// m_modeAbsRel, m_modeRectCylSph, m_modeGlobalCP
// ptRef .... Reference pt in global/rectangular system
// Default value is (0,0,0)
// Output :
// m_tempCoordAbs ..... Absolute coord (same as return value)
// m_tempCoordRel ..... Relative coord w/respect to ptRef
// m_tempCoordRef ..... Reference coord given as input
// m_tempCoordKey ..... Initial input values
// Return ...Point in the global/absolute coordinate

CPoint3D ptKey (m_value1KEY, m_value2KEY, m_value3KEY); // original values keyed in
CPoint3D pt;
float angle2, angle3;

switch ( m_modeRCS ) // COORD_MODE - Standard MAthematical Table (p.385)
{
case COORD_RECT: // ------------------------------ Rectangular Coordinate
case COORD_CYL: // ------------------------------ Cylindrical Coordiante
case COORD_SPH: // ------------------------------ Spherical Coordinate
}
CPoint3D ptAbs, ptRel;
if ( m_modeGlobalCP = COORD_GLOBAL )
{ // ------------------------------------------------------ Global Coordinate
switch ( m_modeAbsRel )
{
case COORD_ABSOLUTE: // ------ Absolute
ptAbs = pt;
ptRel = ptAbs - ptRef;
break;
case COORD_RELATIVE: // ------ Relative
ptAbs = ptRef + pt;
ptRel = pt;
break;
}
else if ( m_modeGlobalCP = COORD_CUR_PLANE )
{ // ------------------------------------------------ Current Plane Coordinate
switch ( m_modeAbsRel )
{
case COORD_ABSOLUTE: // ------ Absolute
```

```
ptAbs = pt;
ptRel = ptAbs - ptRef;
break;
case COORD_RELATIVE: // ------ Relative
ptAbs = ptRef + pt;
ptRel = pt;
break;
}
// Update the reference point
m_ptReference = ptAbs;

m_tempCoordKey = ptKey;
m_tempCoordRef = ptRef;
m_tempCoordAbs = ptAbs;
m_tempCoordRel = ptRel;
```

---

GData.cpp

```
void CGDoc::DrawAllTempElems ()
{
int i;

// ---------------------------------------------------- Points
if ( m_tempPointTotal )
{
glPointSize (6.0);
glBegin ( GL_POINTS );
for ( i = 0; i < m_tempPointTotal; i++ )
{
// glColor3f ( m_tempPointColor [i]
glColor3f ( 1.0f, 0.0f, 1.0f ); // Yellow
glVertex3f ( m_tempPointArray[i].x ,
m_tempPointArray[i].y ,
m_tempPointArray[i].z );
}
glEnd ();
}
// ---------------------------------------------------- Lines
if ( m_tempLineTotal )
{
glBegin ( GL_LINES );
for ( i = 0; i < m_tempLineTotal; i++ )
{
// glColor3f ( m_tempPointColor [i]
glColor3f ( 1.0f, 0.0f, 1.0f ); // Yellow
glVertex3f ( m_tempLineArray[0][i].x ,
m_tempLineArray[0][i].y ,
m_tempLineArray[0][i].z );
glVertex3f ( m_tempLineArray[1][i].x ,
m_tempLineArray[1][i].y ,
m_tempLineArray[1][i].z );
}
glEnd ();
}
// ---------------------------------------------- Multi-Line 1
if ( m_tempMultiLineTotal1 )
{
glLineWidth ( 3.0 );
glBegin ( GL_LINE_STRIP );
```

```cpp
for ( i = 0; i < m_tempMultiLineTotal1; i++ )
{
// glColor3f ( m_tempPointColor [i]
glColor3f ( 1.0f, 0.5f, 0.5f ); // Yellow
glVertex3f ( m_tempMultiLineArray1[i].x ,
m_tempMultiLineArray1[i].y ,
m_tempMultiLineArray1[i].z );
}
glEnd ();
}
// ---------------------------------------------- Circle
for ( i = 0; i < m_tempCircleTotal; i++ )
{
GLUquadric* ppp = gluNewQuadric ();
gluDisk ( ppp, m_tempCircleRadius[i],
m_tempCircleRadius[i]+1.0,20,3);
// must apply transformation
}
// ------------------------------------------------ Coordinate system
if ( m_tempCoordType > 0 )
{
//-------------- Dot for all cases --------------
CPoint3D ptZero ( 0.0f, 0.0f, 0.0f );
CPoint3D ptAbs ( m_tempCoordAbs.x,
m_tempCoordAbs.y,
m_tempCoordAbs.z );
glPointSize (9.0);
glBegin ( GL_POINTS );
glColor3f ( 1.0f, 1.0f, 0.0f ); // Yellow
glVertex3f ( ptAbs.x, ptAbs.y, ptAbs.z );
glEnd ();

CPoint3D pt0 = (m_modeAbsRel == COORD_ABSOLUTE ) ? ptZero
: m_tempCoordRel;

glEnable (GL_LINE_STIPPLE);
glLineStipple (1, 0x00FF); // dashed line
glLineWidth (1.0);

switch ( m_tempCoordType )
{
case 1: // --------------------------------------- RECTANGULAR
{
// m_tempCoordType = 0; // delete each time
CPoint3D p [] = {
CPoint3D ( m_tempCoordAbs.x,m_tempCoordAbs.y,m_tempCoordAbs.z ),
CPoint3D ( m_tempCoordAbs.x,m_tempCoordRef.y,m_tempCoordAbs.z ),
CPoint3D ( m_tempCoordRef.x,m_tempCoordRef.y,m_tempCoordAbs.z ),
CPoint3D ( m_tempCoordRef.x,m_tempCoordAbs.y,m_tempCoordAbs.z ),
CPoint3D ( m_tempCoordAbs.x,m_tempCoordAbs.y,m_tempCoordRef.z ),
CPoint3D ( m_tempCoordAbs.x,m_tempCoordRef.y,m_tempCoordRef.z ),
CPoint3D ( m_tempCoordRef.x,m_tempCoordRef.y,m_tempCoordRef.z ),
CPoint3D ( m_tempCoordRef.x,m_tempCoordAbs.y,m_tempCoordRef.z ) };

glColor3f ( 1.0f, 1.0f, 1.0f ); // Yellow
glBegin ( GL_LINE_LOOP ); // Not GL_POLYGON
   for ( i = 0; i < 4; i++ ) glVertex3f(p[i].x, p[i].y, p[i].z);
glEnd ();

glBegin ( GL_LINE_LOOP );
   for ( i = 4; i < 8; i++ ) glVertex3f(p[i].x, p[i].y, p[i].z);
```

```
glEnd ();

glBegin ( GL_LINES );
for ( i = 0; i < 4; i++ )
{
glVertex3f(p[i].x, p[i].y, p[i].z);
glVertex3f(p[i+4].x, p[i+4].y, p[i+4].z);
}
break;
}
case 2: // ------------------------------------ CYLINDRICAL
{
// Draw a box before pt0 gets changed
glColor3f ( 1.0f, 1.0f, 1.0f );
glBegin ( GL_LINE_LOOP ); // Not GL_POLYGON
glVertex3f( pt0.x, pt0.y, pt0.z );
glVertex3f( pt0.x, pt0.y, m_tempCoordAbs.z );
glVertex3f( m_tempCoordAbs.x, m_tempCoordAbs.y, m_tempCoordAbs.z );
glVertex3f( m_tempCoordAbs.x, m_tempCoordAbs.y, pt0.z );
glEnd ();
// circle 1 base - at pt0, rad = m_value1KEY= m_tempCoordKey.x
CircleFlatZ ( RED, SOLID, pt0, m_tempCoordKey.x );
// circle 2 ------ at pt0 + m_value3KEY, rad = m_value1KEY
// pt0.z += m_tempCoordKey.z
pt0.z += m_tempCoordKey.z;
CircleFlatZ ( RED, SOLID, pt0, m_tempCoordKey.x );
break;
}
case 3: // ------------------------------------ SPHERICAL
{
// Draw a triangle before pt0 gets changed
glColor3f ( 1.0f, 1.0f, 1.0f );
glBegin ( GL_LINE_STRIP ); // Not GL_POLYGON
glVertex3f( pt0.x, pt0.y, pt0.z );
glVertex3f( m_tempCoordAbs.x, m_tempCoordAbs.y, m_tempCoordAbs.z );
glVertex3f( pt0.x, pt0.y, m_tempCoordAbs.z );
glEnd ();
// circle 1 base - at pt0, rad = m_value1KEY
CircleFlatZ ( RED, SOLID, pt0, m_tempCoordKey.x );
// circle 2 ------ at pt0 + ptABS.z, rad = sqrt ( )
float qqq = pow ( m_tempCoordAbs.x, 2 ) + pow ( m_tempCoordAbs.y, 2 );
float radius = (float) sqrt ( qqq );
pt0.z += m_tempCoordAbs.z;
CircleFlatZ ( RED, SOLID, pt0, radius );
break;
}
glEnd ();
glDisable (GL_LINE_STIPPLE);
```

---

## KEY-IN TO CURRENT PLANE  - Orange color

Gxxx.cpp

```
void CGDoc::OnCoordCurPlane()
{
m_modeGlobalCP = ( m_modeGlobalCP == COORD_CUR_PLANE )
? COORD_GLOBAL : COORD_CUR_PLANE;
```

```cpp
CreateDisplayList ( DL_CUR_PLANE );
ClearTempCoordinate();
InvalidateAllVpts ();
}
void CGDoc::OnUpdateCoordCurPlane(CCmdUI* pCmdUI)
{
if (m_modeGlobalCP == COORD_CUR_PLANE) pCmdUI->SetCheck(1);
else pCmdUI->SetCheck(0);
}
/////////////////////////////////////////////////////////////
void CGDoc::CreateDisplayList ( DISPLAY_LIST no )
{
glNewList ( no, GL_COMPILE);

switch ( no )
{
case DL_CUR_PLANE: /// Current plane
{
// Color of the current plane --- User-customizable
if ( m_modeGlobalCP == COORD_CUR_PLANE )
glColor3f (0.6f, 0.4f, 0.0f);
else
glColor3f (0.4f, 0.4f, 0.4f);

// const float increment = m_gridSize; // --- INPUT (1)
// const int total = m_gridTotal; // --- INPUT (2)

const float xMax = m_gridSize * m_gridTotal;
const float yMax = m_gridSize * m_gridTotal;
const float zMax = 0.0f;
float xx = m_gridSize;
float yy = m_gridSize;

glBegin ( GL_LINES );
for (int k = 0; k < m_gridTotal - 1; k++)
{
glVertex3f ( xMax, yy, zMax );
glVertex3f (-xMax, yy, zMax );
glVertex3f ( xMax, -yy, zMax );
glVertex3f (-xMax, -yy, zMax );
yy += m_gridSize;
glVertex3f ( xx, yMax, zMax );
glVertex3f ( xx, -yMax, zMax );
glVertex3f (-xx, yMax, zMax );
glVertex3f (-xx, -yMax, zMax );
xx += m_gridSize;
};
glEnd ();
// Draw negative X and Y axes (same color)
glBegin ( GL_LINE_STRIP );
glVertex3f (-xMax, 0.0f, zMax );
glVertex3f ( 0.0f, 0.0f, zMax );
glVertex3f ( 0.0f,-yMax, zMax );
glEnd ();
// Draw X axis with RED
glColor3f ( 1.0f, 0.0f, 0.0f );
glBegin ( GL_LINES );
glVertex3f ( xMax, 0.0f, zMax );
glVertex3f ( 0.0f, 0.0f, zMax );
glEnd ();
// Draw Y axis with GREEN
```

```
glColor3f ( 0.0f, 1.0f, 0.0f );
glBegin ( GL_LINES );
glVertex3f ( 0.0f, yMax, zMax );
glVertex3f ( 0.0f, 0.0f, zMax );
glEnd ();
break;
};
};
glEndList();
}
```

# SHOW THE REFERENCE POINT

Gxxx.cpp

```
void CGDoc::OnCoordRelative()
{
m_modeAbsRel = ( m_modeAbsRel == COORD_RELATIVE )
? COORD_ABSOLUTE : COORD_RELATIVE;
InvalidateAllVpts();
}
void CGDoc::OnUpdateCoordRelative(CCmdUI* pCmdUI)
{
if (m_modeAbsRel == COORD_RELATIVE) pCmdUI->SetCheck(1);
else pCmdUI->SetCheck(0);
}

//////////////////////////////////////////////////////////////
void CGDoc::DrawAllTempElems ()
{
int i;

// --------------------------------------------------- Points
if ( m_tempPointTotal )
{

// --------------------------------------------------- Lines
if ( m_tempLineTotal )
{

// --------------------------------------------- Key-in reference pt
if ( m_modeAbsRel == COORD_RELATIVE ) // only if REL key-in mode
{
glPointSize (9.0);
glBegin ( GL_POINTS );
glColor3f ( 1.0f, 1.0f, 1.0f ); // Dot color - Yellow
glVertex3f ( m_ptReference.x,m_ptReference.y,m_ptReference.z );
glEnd ();
}

// ------------------------------------------------ Coordiate system

if ( m_tempCoordType > 0 )
{
if ( m_modeGlobalCP == COORD_CUR_PLANE ) // transform to CP
{
```

# 6. Event Generation

**pFM->EventHandler(EVENT evt); // new   2022-11-11**

**pFM->EventForSEL/IND/DEFPT/...   // old event handlers**

```
void CGView::OnKeyDown(UINT nChar, UINT nRepCnt, UINT nFlags)
{
CGDoc* pDoc = GetDocument();
// CWnd::Invalidate(true); // (true)
if (pStatus)
{
int v11, v22;
v11 = (int) (v1 * 10.0f); v22 = (int)(v2 * 10.);
wsprintf(text,"x=%d y=%d",v11, v22);
pStatus->SetPaneText(0, text);
};
pDoc->m_pViewEvent = this; // view ptr where this event originated
EVENT evtType;
CPoint dummy;
BOOL action = true;
switch (nChar)
{
case VK_ESCAPE: // evtType = ESC; break; // ESC button DOWN
if ( pDoc->m_pFMT == NULL ) pDoc->m_pFM->EventForESC (nFlags,dummy);
else pDoc->m_pFMT->EventForESC (nFlags, dummy );
break;
case VK_LEFT: // evtType = AWL; break; // Left-arrow
if ( pDoc->m_pFMT == NULL ) pDoc->m_pFM->EventForAWL (nFlags,dummy);
else pDoc->m_pFMT->EventForESC (nFlags, dummy );
break;
case VK_RIGHT: // evtType = AWR; break; // Right-arrow
if ( pDoc->m_pFMT == NULL ) pDoc->m_pFM->EventForAWR (nFlags,dummy);
else pDoc->m_pFMT->EventForESC (nFlags, dummy );
break;
case VK_UP: // evtType = AWU; break; // Up-arrow
if ( pDoc->m_pFMT == NULL ) pDoc->m_pFM->EventForAWU (nFlags,dummy);
else pDoc->m_pFMT->EventForESC (nFlags, dummy );
break;
case VK_DOWN: // evtType = AWD; break; // Down-arrow
if ( pDoc->m_pFMT == NULL ) pDoc->m_pFM->EventForAWD (nFlags,dummy);
else pDoc->m_pFMT->EventForESC (nFlags, dummy );
break;
case VK_SPACE: // evtType = SPC; break; // Space key hit
if ( pDoc->m_pFMT == NULL ) pDoc->m_pFM->EventForSPC (nFlags,dummy);
else pDoc->m_pFMT->EventForESC (nFlags, dummy );
break;
case VK_END: // evtType = END; break; // END key hit
if ( pDoc->m_pFMT == NULL ) pDoc->m_pFM->EventForEND (nFlags,dummy);
else pDoc->m_pFMT->EventForESC (nFlags, dummy );
break;
//------- put SHIFT/CONTROL Last else always CTRLD when arrow+CNTL
case VK_SHIFT: // evtType = SHFTD; break; // SHIFT down
if ( pDoc->m_pFMT == NULL ) pDoc->m_pFM->EventForDNS (nFlags,dummy);
else pDoc->m_pFMT->EventForESC (nFlags, dummy );
```

```
break;
case VK_CONTROL: // evtType = CTRLD; break; // CTRL down
if ( pDoc->m_pFMT == NULL ) pDoc->m_pFM->EventForDNC (nFlags,dummy);
else pDoc->m_pFMT->EventForESC (nFlags, dummy );
break;
// case VK_ALTERNATE: evtType = DNA; break; // ALT down
//c default: action = false;
}
//c if (action) pDoc->FM_dispenser (evtType, nFlags, dummy);

/////-6-21////////////////////if not spoken for then

// DID NOT WORK WELL 6-21

// if ( nChar == 40 || nChar == 38 ) // Arrow keys UP & DOWN
if ( nChar == VK_UP || nChar == VK_DOWN ) // Arrow keys UP & DOWN
//c if ( evtType == AWU || evtType == AWD ) // Arrow keys UP & DOWN
{
if ( nFlags & MK_SHIFT && nFlags & MK_CONTROL )
{
}
else if ( nFlags & MK_SHIFT )
{
int x = (evtType == AWD) ? 50 : -50;
CPoint delta ( x, x );
OnMMPanTurnHead ( delta );
}
else if ( nFlags & MK_CONTROL )
{
int x = (evtType == AWD) ? 50 : -50;
CPoint delta ( x, x );
OnMMZoomMoveCamera ( delta );
}
else
{
// float factor = (nChar == 40) ? 1.1f : 0.9f;
float factor = (evtType == AWU) ? 1.1f : 0.9f;
if (m_projectMode == PM_PERSPECTIVE) // Perspective projection
{
m_viewAngle *= factor;
if (m_viewAngle < 1 ) m_viewAngle = 0.20f;
if (m_viewAngle > 179 ) m_viewAngle = 179.0f;
}
else // Parallel projection
{
m_vptX *= factor;
m_vptY *= factor;
};

float v1 = m_viewAngle;
float v2 = 0.0f;
/////
Setup2Projection ();
/////
}
};
Invalidate(false); // (true)

///-6-21////////////////////if not spoken for then

CView::OnKeyDown(nChar, nRepCnt, nFlags);
}
```

```cpp
void CGView::OnKeyUp(UINT nChar, UINT nRepCnt, UINT nFlags)
{
TRACE (" CGView ------ OnKeyUp \n" );

CGDoc* pDoc = GetDocument();
pDoc->m_pViewEvent = this; // view ptr where this event originated
EVENT evtType;
CPoint dummy;
BOOL action = true;
switch (nChar)
{
case VK_SHIFT: // evtType = SHFTU; break; // SHIFT button UP
if ( pDoc->m_pFMT == NULL ) pDoc->m_pFM->EventForUPS (nFlags,dummy);
else pDoc->m_pFMT->EventForESC (nFlags, dummy );
break;
case VK_CONTROL: // evtType = CTRLU; break; // CTRL button UP
if ( pDoc->m_pFMT == NULL ) pDoc->m_pFM->EventForUPC (nFlags,dummy);
else pDoc->m_pFMT->EventForESC (nFlags, dummy );
break;
// case VK_ALTERNATE: evtType = UPA; break; // ALT button UP
//c default: action = false;
}
//c if (action) pDoc->FM_dispenser (evtType, nFlags, dummy);
CView::OnKeyUp(nChar, nRepCnt, nFlags);
}
```

```cpp
void CGView::OnChar(UINT nChar, UINT nRepCnt, UINT nFlags)
{
// We put the pointer to the view instance which intercepted this
// WM_CHAR message in the Doc's m_pViewEvent member.

TRACE( "TRACE - View::OnChar called\n" );

CGDoc* pDoc = GetDocument();
pDoc->m_pViewEvent = this; // view ptr where this event originated

CClientDC dc(this);
EVENT evtType;
CPoint dummy;
CString a,b,c, rightString;

if ( nChar == 'y' )
{
// The 'y' means 'YES'
evtType = YES;
}
else if ( nChar == '\r' )
{
```

```cpp
// Return was hit, so analyze the keyed-in string
int total = pDoc->m_keyinString.GetLength();

int ix = pDoc->m_keyinString.Find(',');
if ( ix == -1 ) // could not find a comma ---> KEY1
{
a = pDoc->m_keyinString;
evtType = KY1;
}
else
{
a = pDoc->m_keyinString.Left (ix);
rightString = pDoc->m_keyinString.Right (total - 1 - ix);
int ixx = rightString.Find(',');
if ( ixx == -1 ) // could not find a comma ---> KEY2
{
b = rightString;
evtType = KY2;
}
else
{
b = rightString.Left(ixx);
total = rightString.GetLength();
c = rightString.Right (total - 1 - ixx);
evtType = KY3;
};
};
//dc.TextOut(10,20,a, a.GetLength());
//dc.TextOut(10,40,b, b.GetLength());
//dc.TextOut(10,60,c, c.GetLength());

pDoc->m_keyinString.Empty();

pDoc->m_value1KEY = (float) atof (a);
pDoc->m_value2KEY = (float) atof (b);
pDoc->m_value3KEY = (float) atof (c);

// clear the key-in field display in the status bar #1
/////////////////////////////////////////////////////////
char text [100];
CStatusBar* pStatus = (CStatusBar*)
AfxGetApp()->m_pMainWnd->GetDescendantWindow(ID_MY_STATUS_BAR_1);
if (pStatus)
{
pStatus->SetPaneText ( 1, " " );
}
/////////////////////////////////////////////////////////
/////////////////////////////////////////////////
// now write converted values back to screen
// pDoc->ScreenDisplayCoordinates (3, pDoc->m_value1KEY,
```

```
//  pDoc->m_value2KEY,
//  pDoc->m_value3KEY );

}
else
{
// accumulate the keyed-in string until <return>
pDoc->m_keyinString += nChar;

// display on the key-in field in the status bar #1
//////////////////////////////////////////////////
char text [100];
CStatusBar* pStatus = (CStatusBar*)
AfxGetApp()->m_pMainWnd->GetDescendantWindow(ID_MY_STATUS_BAR_1);
if (pStatus)
{
pStatus->SetPaneText ( 1, pDoc->m_keyinString );
}
//////////////////////////////////////////////////
///dc.TextOut (0,0, pDoc->m_keyinString,
/// pDoc->m_keyinString.GetLength());

return;
};

//c pDoc->FM_dispenser (evtType, nFlags, dummy);
if (evtType == YES )
if ( pDoc->m_pFMT == NULL ) pDoc->m_pFM->EventForYES (nFlags,dummy);
else pDoc->m_pFMT->EventForYES (nFlags, dummy );
else if (evtType == KY1 )
if ( pDoc->m_pFMT == NULL ) pDoc->m_pFM->EventForKY1 (nFlags,dummy);
else pDoc->m_pFMT->EventForKY1 (nFlags, dummy );
else if (evtType == KY2 )
if ( pDoc->m_pFMT == NULL ) pDoc->m_pFM->EventForKY2 (nFlags,dummy);
else pDoc->m_pFMT->EventForKY2 (nFlags, dummy );
else if (evtType == KY3 )
if ( pDoc->m_pFMT == NULL ) pDoc->m_pFM->EventForKY3 (nFlags,dummy);
else pDoc->m_pFMT->EventForKY3 (nFlags, dummy );

CView::OnChar(nChar, nRepCnt, nFlags);
}


void CGView::OnLButtonDown(UINT nFlags, CPoint point)
{
TRACE( "TRACE - View::OnLButtonDown called\n" );

CGDoc* pDoc = GetDocument();
pDoc->m_pViewEvent = this; // view pointer of event-origin

if ( (!( nFlags & MK_CONTROL )) && // forced INDICATE working OK
//SelectFEP (nFlags, point) ) // return true if something selected
```

```
PickOperation (point) ) // return true if something selected
{
// pDoc->FM_dispenser (SEL, nFlags, point); // something selected
// Something selected
if ( pDoc->m_pFMT == NULL ) pDoc->m_pFM->EventForSEL ( nFlags, point );
else pDoc->m_pFMT->EventForSEL ( nFlags, point );
}
else
{
if ( GetWorldCPWhenIND (point))
{
pDoc->m_bWhenIND = true; // pierced
pDoc->GridSnapCheck (); // Set m_ptIND accordingly
}
else
{
pDoc->m_bWhenIND = false;
}
//c pDoc->FM_dispenser (IND, nFlags, point); // always called anyway
if ( pDoc->m_pFMT == NULL ) pDoc->m_pFM->EventForIND ( nFlags, point );
else pDoc->m_pFMT->EventForIND ( nFlags, point );
/// pDoc->FM_dispenser (LBD, nFlags, point); // nothing seected
};
// Save R-mouse-down point
m_oldMousePt = point;

CView::OnLButtonDown(nFlags, point);
}
```

---

```
void CGView::OnLButtonUp(UINT nFlags, CPoint point)
{
TRACE( "TRACE - View::OnLButtonUp called\n" );

CGDoc* pDoc = GetDocument();
pDoc->m_pViewEvent = this; // view pointer of event-origin

//c pDoc->FM_dispenser (LBU, nFlags, point);
if ( pDoc->m_pFMT == NULL ) pDoc->m_pFM->EventForLBU ( nFlags, point );
else pDoc->m_pFMT->EventForLBU ( nFlags, point );
CView::OnLButtonUp(nFlags, point);
}
```

```cpp
void CGView::OnLButtonDblClk(UINT nFlags, CPoint point)
{
CGDoc* pDoc = GetDocument();
pDoc->m_pViewEvent = this; // view pointer of event-origin

//c pDoc->FM_dispenser (LB2, nFlags, point);
if ( pDoc->m_pFMT == NULL ) pDoc->m_pFM->EventForLB2 ( nFlags, point );
else pDoc->m_pFMT->EventForLB2 ( nFlags, point );
CView::OnLButtonDblClk(nFlags, point);
}
```

```cpp
void CGView::OnRButtonDown(UINT nFlags, CPoint point)
{
if ( pDoc->m_pFMT == NULL ) pDoc->m_pFM->EventForRBD ( nFlags, point );
else pDoc->m_pFMT->EventForRBD ( nFlags, point );
// Save R-mouse-down point
m_oldMousePt = point;

// For box zoom - this is not changed at each mouse move
pDoc->m_ptPanOrigin = point;

CView::OnRButtonDown(nFlags, point);
}
```

```cpp
void CGView::OnRButtonUp(UINT nFlags, CPoint point)
{
TRACE( "TRACE - View::OnRButtonUp called\n" );
CGDoc* pDoc = GetDocument();
pDoc->m_pViewEvent = this; // view pointer of event-origin

//c pDoc->FM_dispenser (RBU, nFlags, point);
if ( pDoc->m_pFMT == NULL ) pDoc->m_pFM->EventForRBU ( nFlags, point );
else pDoc->m_pFMT->EventForRBU ( nFlags, point );
CView::OnRButtonUp(nFlags, point);
}
```

```cpp
void CGView::OnRButtonDblClk(UINT nFlags, CPoint point)
{
CGDoc* pDoc = GetDocument();
pDoc->m_pViewEvent = this; // view pointer of event-origin

//c pDoc->FM_dispenser (RB2, nFlags, point);
if ( pDoc->m_pFMT == NULL ) pDoc->m_pFM->EventForRB2 ( nFlags, point );
else pDoc->m_pFMT->EventForRB2 ( nFlags, point );
CView::OnRButtonDblClk(nFlags, point);
}
```

---

```cpp
void CGView::OnMouseMove(UINT nFlags, CPoint point)
{

// GLfloat v1, v2;
// char text [100];
// COGLDoc* pDoc = GetDocument();
// 12-13-96
// CStatusBar* pStatus = (CStatusBar*)
// AfxGetApp()->m_pMainWnd->GetDescendantWindow(ID_MY_STATUS_BAR);

CGDoc* pDoc = GetDocument();

// Get delta-difference from mouse-down point
CPoint delta = m_oldMousePt - point;
if ( delta.x == 0 && delta.y == 0 ) return; // mouse did not move

//c if ( pDoc->FM_M_dispenser(this, delta, nFlags, point)) goto JumpToEnd;
if ( pDoc->m_pFMT == NULL )
{
pDoc->m_pFM->EventForMMV ( this, delta, nFlags, point );
}
else
{pDoc->m_pFMT->EventForMMV ( this, delta, nFlags, point );
goto JumpToEnd; // NOT ALWAYS ?????????????????? -11-9
}
// If true is returned, skip OnMMxxx. That is, FM takes over RBSetup.
// (RBSetup = RButtonSetup) Typically, Temporary FM takes over RBSetup
// also while permanent FM does not.

if (nFlags & MK_LBUTTON && nFlags & MK_RBUTTON)
{
// Both LEFT and RIGHT mouse buttons
OnMouseMoveLRButtons (delta, nFlags, point);
```

```cpp
}
else if (nFlags & MK_LBUTTON)
{
// LEFT mouse button
OnMouseMoveLButton (delta, nFlags, point);
}
else if (nFlags & MK_RBUTTON)
{
// RIGHT mouse button
OnMouseMoveRButton (delta, nFlags, point);
}
else
{
// No mouse button held
OnMouseMoveNoButton (delta, nFlags, point);
};

JumpToEnd: m_oldMousePt = point;

Invalidate(false); // (true)
CView::OnMouseMove(nFlags, point);
}
```

---

```cpp
void CGView::OnMouseMoveNoButton (CPoint delta, UINT nFlags, CPoint point)
{


}
```

---

```cpp
void CGView::OnMouseMoveLRButtons (CPoint delta, UINT nFlags, CPoint point)
{


}
```

---

```cpp
void CGView::OnMouseMoveLButton (CPoint delta, UINT nFlags, CPoint point)
{


}
```

---

```cpp
void CGView::OnMouseMoveRButton (CPoint delta, UINT nFlags, CPoint point)
{
CGDoc* pDoc = GetDocument();
```

```
float x = (float)delta.x;
float y = (float)delta.y;

if (pDoc->FM_modeT == FM_EXIT) // Default VW-mode
{
if (nFlags & MK_CONTROL && nFlags & MK_SHIFT)
OnMMViewingDefault ( delta, pDoc->m_viewingDefaultBOTH );
else if (nFlags & MK_SHIFT)
OnMMViewingDefault ( delta, pDoc->m_viewingDefaultSHIFT );
else if (nFlags & MK_CONTROL)
OnMMViewingDefault ( delta, pDoc->m_viewingDefaultCTRL );
else OnMMViewingDefault ( delta, pDoc->m_viewingDefaultNONE );
};
}
```

# 7. Undo / Redo Implementation
Gxxx.cpp

---------------- Enable / Disable menu ----------------------

```
void CGDoc::OnEditRedo()
{
if ( m_pFMT == NULL ) m_pFM->Redo (); else m_pFMT->Redo ();
}
void CGDoc::OnUpdateEditRedo(CCmdUI* pCmdUI)
{
pCmdUI->Enable ((m_pFMT == NULL) ? m_pFM->m_bRedoable : m_pFMT->m_bRedoable);
}
void CGDoc::OnEditUndo()
{
if ( m_pFMT == NULL ) m_pFM->Undo (); else m_pFMT->Undo ();
}
void CGDoc::OnUpdateEditUndo(CCmdUI* pCmdUI)
{
pCmdUI->Enable ((m_pFMT == NULL) ? m_pFM->m_bUndoable : m_pFMT->m_bUndoable);
}
```

---------------- View.cpp ------------------------

```
void CGView::OnKeyDown(UINT nChar, UINT nRepCnt, UINT nFlags)
{
case VK_F5: // evtType = MENU;
if ( pDoc->m_pFMT == NULL ) pDoc->m_pFM->Undo ();
else pDoc->m_pFMT->Undo (); //
break;
case VK_F9: // evtType = MENU;
if ( pDoc->m_pFMT == NULL ) pDoc->m_pFM->Redo ();
else pDoc->m_pFMT->Redo ();
break;
```

----------------------- FM BASE ------------------------

```
///////////////////////////////////////////////////////////
int CFM_BASE::IncrementUndoLevel ()
{
// Cyclic array
return m_undoLevel = CyclicIncrement ( m_undoLevel, MAX_UNDO_LEVEL );
}
///////////////////////////////////////////////////////////
int CFM_BASE::DecrementUndoLevel ()
{
// Cyclic array
return m_undoLevel = CyclicDecrement ( m_undoLevel, MAX_UNDO_LEVEL );
}
///////////////////////////////////////////////////////////
void CFM_BASE::EnableUndo (int item)
{
// This function is called by FM to enable an undo for a specific undo-item.
// This, in turn, calls FM-specific EventForUNDO (item, ENABLE_UNDO) to prepare
// for the undo. The current undo-action-level is incremented and the item
// is marked undoable at that undo-level for this undo-item.

// Enabling a new undo-item automatically relinquishes all current and past
// redoable items
```

```cpp
KillAllRedos ();

// Call EventForUNDO with ENABLE_UNDO
EventForUNDO ( item, ENABLE_UNDO );

// Update the current undo-action-level by incrementing by one
IncrementUndoLevel();

// Make the undo item given undoable at the current action level
m_undoable [m_undoLevel] = item;

// Check the current undo/redo status
m_bUndoable = (m_undoable [ m_undoLevel ] == 0) ? false : true;
m_bRedoable = (m_redoable [ m_undoLevel ] == 0) ? false : true;
}
//////////////////////////////////////////////////////////////
void CFM_BASE::Undo ( bool autoRedoSet )
{
// This function is called by View when the user action invoked an UNDO_EVENT event.
// This function, in turn, calls a FM-specific EventForUNDO (item, UNDO_EVENT) for
// a specific undo-item that is undoable at the current undo-action-level.
// This item is automatically set redoable at the new current level. FM can
// override this by setting autoRedoSet flag to false. (Default is true.)

// Undoable undo item number at the current undo action level
int item = m_undoable [ m_undoLevel ];

if ( item > 0 )
{
// Perform undo
EventForUNDO ( item, UNDO_EVENT );

// Disable undo at this level
m_undoable [ m_undoLevel ] = 0;

// Decrement the current undo action level
DecrementUndoLevel();

// Enable redo of the same item at this new level
if ( autoRedoSet ) m_redoable [ m_undoLevel ] = item;
}
// Check the current undo/redo status
m_bUndoable = (m_undoable [ m_undoLevel ] == 0) ? false : true;
m_bRedoable = (m_redoable [ m_undoLevel ] == 0) ? false : true;
}
//////////////////////////////////////////////////////////////
void CFM_BASE::Redo ( bool autoUndoSet )
{
// This function is called by View when the user action invoked a REDO_EVENT event.
// This function, in turn, calls a FM-specific EventForUNDO (item, REDO_EVENT) for
// a specific undo-item that is redoable at the current undo-action-level.
// This item is automatically set undoable at the new current level. FM can
// override this by setting autoUndoSet flag to false. (Default is true.)

// Redoable undo-item number at the current undo action level
int item = m_redoable [ m_undoLevel ];

if ( item > 0 )
{
// Perform redo
EventForUNDO ( item, REDO_EVENT );
```

```cpp
// Disable redo at this level
m_redoable [ m_undoLevel ] = 0;

// Increment the current undo-action-level
IncrementUndoLevel();

// Enable undo of the same item at this new level
if ( autoUndoSet ) m_undoable [ m_undoLevel ] = item;
}
// Check the current undo/redo status
m_bUndoable = (m_undoable [ m_undoLevel ] == 0) ? false : true;
m_bRedoable = (m_redoable [ m_undoLevel ] == 0) ? false : true;
}
////////////////////////////////////////////////////////////
void CFM_BASE::BackUndoLevels ( int n )
{
// Name change --- dont use KILL_REDO
// Name change --- dont use KILL_REDO
// Name change --- dont use KILL_REDO

// This function disables n levels of previous undo's starting from the
// current undo-action-level.

// Make sure it's no bigger than MAX
int nn = ( n <= MAX_UNDO_LEVEL ) ? n : MAX_UNDO_LEVEL;

for ( int i = 0; i < nn; i++ )
{
if ( m_undoable [m_undoLevel] == 0 ) break;
m_undoable [ m_undoLevel ] = 0;
// Decrement the current undo action level
DecrementUndoLevel ();
}
}
////////////////////////////////////////////////////////////
void CFM_BASE::KillAllRedos ()
{
// This function is always called by EnableUndo (item). That is, whenever
// a new undoable item is added, any and all current and previous redoable
// items are thrown away permanently. This function is also called by FM
// when leaving redoable item(s) for good.

// This function will disable all redoable items in the m_redoable[] array.
// In the process, this function calls a FM-specific EventForUNDO (item, KILL_REDO)
// for as many items as needed. The purpose of a FM-specific EventForUNDO
// function is to do the cleanup chores resulting from a temporary
// undo operation. Example: no-show when undo and erase when leaving the
// redoable state permanently.
//
// Note: This function is harmless if there is no redoable items.

// Do not change the current level, so copy...
int level = m_undoLevel;

int count = 0;
for ( int i = 0; i < MAX_UNDO_LEVEL; i++ )
{
// Redoable item number at the current undo-action-level
int item = m_redoable [ level ];
// if ( item == 0 ) break;
```

```
if ( item == 0 ) continue;

// Call multiple times
EventForUNDO ( item, KILL_REDO );
count++;

// Disable redo at this level
m_redoable [ level ] = 0;

// Increment the current undo action level
level = CyclicIncrement ( level, MAX_UNDO_LEVEL );
  }
}
```

# 8. Some Useful Code

========================================================================

## HOW TO USE CObList (MFC)

.AddTail (pE)
.IsEmpty()
.Find (pE)
.RemoveAt (pos)
.RemoveAll ()

```
// Declare a CObList...
CObList m_elemList

// Add an object to the list...
m_elemList.AddTail (pE);

// Retrieve the very first value from the list
POSITION pos = _P_list.GetHeadPosition();
CCFDPoint* ptOrigin = (CCFDPoint*)_P_list.GetNext (pos);

// Retrieve a value from the list
for (POSITION pos = _P_list.GetHeadPosition(); pos != NULL;)
{
    CCFDPoint* p = (CCFDPoint*)_P_list.GetNext (pos);
    TempPoint ( RED, SOLID, p->m_mxOrigin );
}
// RemoveAll
for (POSITION pos = m_tempPointList.GetHeadPosition(); pos != NULL;)
{ CTempElemPoint* p = (CTempElemPoint*)m_tempPointList.GetNext (pos); delete p;}
m_tempPointList.RemoveAll ();
```

========================================================================

## DYNAMIC ARRAY USAGE

```
int* pArray = NULL;
int size = 0;
----------
size = 15;
pArray = new int [ size ];
-----------
size = 30;
if (pArray) delete [ ] pArray;
pArray = new int [ size ]:
-----------
pArray [ 5 ] = 99;
int value = pArray [ 5 ];
```

===========================================2010-4-11==================

## TEMPORARY ELEMENT

Data::TempPoint (pt)
Data::TempPointNew (pt)
Data::ClearTempPoint ()
Data::DrawAllTempElems ()

GElem1.h / cpp

```cpp
class CTempElem : public CObject
{
    G_COLOR color;
    G_STYLE style;
}
class AFX_EXT_CLASS CTempElemPoint : public CTempElem
{
    CPoint3D point;
    int pointSize;
}
class AFX_EXT_CLASS CTempElemLine : public CTempElem
{
    CPoint3D point1, point2;
}
class AFX_EXT_CLASS CTempElemCircle : public CTempElem
{
    CPoint3D ptOrigin, vecNormal;
    float radius;
}
```

GData.h

```cpp
CObList m_tempPointList;
CObList m_tempLineList;
CObList m_tempCircleList;
```

GData.cpp

```cpp
void CData::TempPoint (G_COLOR c, G_STYLE s, int size, const CPoint3D& pt)
{
    CTempElemPoint* p = new CTempElemPoint (c, s, size, pt);
    m_tempPointList.AddTail (p);
}
void CData::TempPointNew (G_COLOR c, G_STYLE s, int size, const CPoint3D& pt)
{
    ClearTempPoint(); // ClearTempPointList
    TempPoint (c, s, size, pt);
}
void CData::ClearTempPoint ()
{
    for (POSITION pos = m_tempPointList.GetHeadPosition(); pos != NULL;)
    { CTempElemPoint* p = (CTempElemPoint*)m_tempPointList.GetNext (pos); delete p;}
    m_tempPointList.RemoveAll ();
}
void CData::ClearTempAll ()
{
    ClearTempPoint(); // ClearTempPointList
    ClearTempPointLarge(); // ClearTempPointLargeList
    ClearTempLine(); // ClearTempLineList
    ClearTempCircle(); // ClearTempCircleList
    ClearTempArc(); // ClearTempArcList
}
```

```
void CData::DrawAllTempElems ()
{
    glPointSize (5.0); // size must be here, not inside glBegin
    glBegin (GL_POINTS);
    for (POSITION pos = m_tempPointList.GetHeadPosition(); pos != NULL;)
    {
        CTempElemPoint* p = (CTempElemPoint*)m_tempPointList.GetNext (pos);
        SetTempColorAndStyle (p->color, p->style);
        glVertex3f (p->point.x, p->point.y, p->point.z);
    }
    glEnd ();
}
```

GFM_cfd.h / cpp

```
ClearTempAll(); // erases key-in visual cue
TempPoint ( RED, SOLID, 1, pt );
InvalidateAllVpts ();
```

===============================================================================

# HOW TO CHANGE TOOLBAR

G.rc

Double-click G/G.rc and bring up the toolbar icon editor
---- IDR_TOOLBAR9

```
IDR_TOOLBAR9 TOOLBAR DISCARDABLE 16, 15
BEGIN
BUTTON ID_CFD_CREATE_DOMAIN
BUTTON ID_CFD_SLICE
SEPARATOR
BUTTON ID_CFD_MY_IBITSU_TEST
SEPARATOR
BUTTON ID_CFD_INSERT_ELEMENT
BUTTON ID_CFD_GRID_GENERATION
END
```

Do not use class wizard (G.clw) - Edit G.rc manually.

MainFrm.cpp

```
int CMainFrame::OnCreate(LPCREATESTRUCT lpCreateStruct)

if (!m_wndToolBar9.CreateEx(this, TBSTYLE_FLAT, WS_CHILD | WS_VISIBLE | CBRS_TOP
| CBRS_GRIPPER | CBRS_TOOLTIPS | CBRS_FLYBY | CBRS_SIZE_DYNAMIC) ||
!m_wndToolBar9.LoadToolBar(IDR_TOOLBAR9))
{
TRACE0("Failed to create toolbar\n"); return -1; // fail to create
}
```

===============================================================================

# HOW TO CREATE SUBMENUS

MainFrm.h

```
protected: // control bar embedded members
CStatusBar m_wndStatusBar;
CStatusBar m_wndStatusBar1;
CStatusBar m_wndStatusBar2;
CToolBar m_wndToolBar;
public:
CDialogBar m_wndDlgBarSm; // for submenu
```

GDoc.h

```
protected:
//{{AFX_MSG(CGDoc)
afx_msg void OnSubmenuItem1();
afx_msg void OnSubmenuItem2();
afx_msg void OnSubmenuItem3();
afx_msg void OnSubmenuItem4();
```

GDoc.cpp

```
BEGIN_MESSAGE_MAP(CGDoc, CDocument)
//{{AFX_MSG_MAP(CGDoc)
ON_COMMAND(IDC_SM_ITEM_1, OnSubmenuItem1)
ON_COMMAND(IDC_SM_ITEM_2, OnSubmenuItem2)
ON_COMMAND(IDC_SM_ITEM_3, OnSubmenuItem3)
ON_COMMAND(IDC_SM_ITEM_4, OnSubmenuItem4)

void CGDoc::OnSubmenuItem1() { m_pFM->EventForMENU (1); } // How about Tempo FM ????
void CGDoc::OnSubmenuItem2() { m_pFM->EventForMENU (2); } // How about Tempo FM ????
void CGDoc::OnSubmenuItem3() { m_pFM->EventForMENU (3); } // How about Tempo FM ????
void CGDoc::OnSubmenuItem4() { m_pFM->EventForMENU (4); } // How about Tempo FM ????
```

GFM_base.h

```
class CFM_BASE
{
public:

// CDialog* m_pDlgSubmenu; // keep the current submenu panel ptr
CDialog* m_pDlgPanel; // keep the current 2nd level panel ptr
BOOL m_bWndDlgBarSm; // Mainframe's dialog bar for submenu

void HideSubpanel () ;
}
class CFM_baseP : public CFM_BASE
{
public:
CFM_baseP ( CGDoc* pDoc ); // constructor
~CFM_baseP ()
{
HideSubmenuDlgBar () ;
}
void ShowSubmenuDlgBar ( UINT dialogID ) ;
void HideSubmenuDlgBar () ;
};
```

GFM_base.cpp

```cpp
CFM_BASE::CFM_BASE ( CGDoc* pDoc )
{
m_pDoc = pDoc;
m_pCurPlane = m_pDoc->m_pCurPlane;

pxs = 0;
cxs = 1;
m_stringID = IDP_NOT_FOUND;

m_ptReference.x = m_ptReference.y = m_ptReference.z = 0.0f;

m_pDlgSubmenu = NULL;
m_pDlgPanel = NULL;
m_bWndDlgBarSm = false; // Mainframe's dialog bar for submenu
}
/////////////////////////////////////////////////
void CFM_baseP::ShowSubmenuDlgBar ( UINT dialogID )
{
CMainFrame* p = (CMainFrame*) AfxGetMainWnd ();
if (m_bWndDlgBarSm) p->m_wndDlgBarSm.DestroyWindow();

p->m_wndDlgBarSm.Create( p, dialogID, // IDD_DLG_BAR_B,
// CBRS_LEFT|CBRS_TOOLTIPS|CBRS_FLYBY, IDD_DLG_BAR_B );
CBRS_BOTTOM|CBRS_TOOLTIPS|CBRS_FLYBY, dialogID ); // IDD_DLG_BAR_B );

p-> RecalcLayout();
m_bWndDlgBarSm = true;
HideSubpanel (); // always delete current sub-panel
}
/////////////////////////////////////////////////
void CFM_baseP::HideSubmenuDlgBar ()
{
if (m_bWndDlgBarSm)
{
CMainFrame* p = (CMainFrame*) AfxGetMainWnd ();
p->m_wndDlgBarSm.DestroyWindow();
p-> RecalcLayout();
m_bWndDlgBarSm = false;
}

GFM_editing.cpp

////////////////////////////////////////////////////////////
CFM_elemRotate::~CFM_elemRotate () // desctructor
{
m_pDoc->m_bElemDynHilite = false;
HideSubmenuDlgBar ();
// VisualCueClear ();
}
////////////////////////////////////////////////////////////
void CFM_elemRotate::EventForESC ( UINT, CPoint)
{
HideSubmenuDlgBar ();
NXS (1);
}
////////////////////////////////////////////////////////////
void CFM_elemRotate::EventForSEL ( UINT, CPoint)
{
switch (cxs)
{
case 1:
```

```
{
ShowSubmenuDlgBar ( IDD_SM_ELEM_ROTATE );
m_pElemSaved = m_pElemSEL; // New target
ELEM_TYPE et = m_pElemSEL->m_elemType;
```

===========================================================================

# DISPLAY LIST USAGE  (See 2. Scene Rendering)

===========================================================================

# VISUAL CUES

Gxxx.cpp

```
------------------------------------------------------ H1DocFM_elem.cpp
void CGDoc::CreateLine_1_KY3 (UINT, CPoint)
{
CPoint3D ppp ( m_value1KEY, m_value2KEY, m_value3KEY );
// Now project onto current plane - show visual cue line

CPoint3D transformed = m_vcMatrixT.vM ( ppp ); // = [V] x [M]
transformed.z = 0.0f; // PROJECT !!!
CPoint3D projected = m_vcMatrixM.vM ( transformed ); // = [V] x [M]
m_vcPointArray3 [ m_pointIndex ] = projected;
m_pointArray [ m_pointIndex++ ] = projected;
//----------------------------------------------------TEMPORARY
// visual cue between original pt and projected pt
m_vcPointArray1 [m_vcPointIndex] = ppp;
m_vcPointArray2 [m_vcPointIndex] = projected;
m_vcPointIndex++;
DrawVisCueAllVpts ();
//----------------------------------------------------TEMPORARY
NXS (2);
}
------------------------------------------------------ H1DocFM_elem.cpp
void CGDoc::DrawVisCueAllVpts ( )
{
for (POSITION pos = GetFirstViewPosition(); pos != NULL;)
{
CGView* pView = (CGView*) GetNextView (pos);
if (!pView->IsKindOf(RUNTIME_CLASS(CGView))) continue; // Whoops!
pView->Invalidate(); // Calls OnDraw();
// ----------- Set DC and RC and
// ----------- Directoly can call DrawVisCueTempElem3D ?????
}
}
------------------------------------------------------ H1view.cpp
void CGView::OnDraw(CDC* pDC)
{
HGLRC hRC = wglGetCurrentContext();
HDC hDC = wglGetCurrentDC();
VERIFY (wglMakeCurrent (m_hDC, m_hRC)); // Vitally needed
/////
DrawMyScene();
/////
SwapBuffers (m_hDC); // float buffering - glFlush() not needed
if (hRC && hDC) ::wglMakeCurrent (hDC, hRC);
```

```
}
------------------------------------------------------- H1view.cpp
void CGView::DrawMyScene()
{
CGDoc* pDoc = GetDocument();
glMatrixMode ( GL_MODELVIEW ); // should be GL_MODELVIEW  NO!
glLoadIdentity ();
if (m_shadeMode == DM_SMOOTH) glShadeModel ( GL_SMOOTH );
else glShadeModel ( GL_FLAT );
glEnable ( GL_DEPTH_TEST );
glClearColor (0.0f, 0.0f, 0.1f, 1.0f); // set background color
glClear ( GL_COLOR_BUFFER_BIT | GL_DEPTH_BUFFER_BIT );
// < I > --- Projection + Lighting
glColor3f (0.0f, 1.0f, 0.0f);
DrawAllElems();
glLoadIdentity(); // Must clear ModelView matrix
///////////////////////////////////////////PUSH 1
glPushAttrib ( GL_ALL_ATTRIB_BITS );
glDisable ( GL_LIGHTING ); // to draw flat lines 96-5-8
///////////////////////////////////////////PUSH 1
// < II > --- Projection + No lighting
glCallList ( DL_AXIS ); // DrawAxes ( 5.0f );
glCallList ( DL_CAGE ); // DrawCagee ( 1.5f );
DrawCurPlane (); // DrawVptCurPlane ();
// Temporary Displays....
pDoc->DrawVisCuePolygonMaking ();
pDoc->DrawVisCueTempElem3D ();
DrawVisCueLightPosition ();
///////////////////////////////////PUSH 2
glMatrixMode (GL_PROJECTION );
glPushMatrix();
glLoadIdentity();
///////////////////////////////////PUSH 2
// < III > --- No projection + No lighting
DrawVisCueFmFrameOneVpt();
///////////////////////////////////POP 2
glMatrixMode (GL_PROJECTION );
glPopMatrix ();
glMatrixMode (GL_MODELVIEW ); // added for consistency
///////////////////////////////////POP 2
///////////////////////////////////////////POP 1
glEnable ( GL_LIGHTING );
glPopAttrib ();
///////////////////////////////////////////POP 1
}
------------------------------------------------------- H1DocFM_elem.cpp
void CGDoc::DrawVisCueTempElem3D ( )
{
int i;
for ( i = 0; i < m_vcPointIndex; i++ )
{
glBegin (GL_LINES);
glColor3f ( 1.0f, 0.0f, 0.0f );
glVertex3f ( m_vcPointArray1[i].x, m_vcPointArray1[i].y,
m_vcPointArray1[i].z );
glVertex3f ( m_vcPointArray2[i].x, m_vcPointArray2[i].y,
m_vcPointArray2[i].z );
glEnd ();
};
glBegin (GL_LINE_STRIP);
glColor3f ( 1.0f, 1.0f, 0.0f );
```

```
for ( i = 0; i < m_pointIndex; i++ )
glVertex3f ( m_pointArray[i].x, m_pointArray[i].y,
m_pointArray[i].z );
glEnd ();
}
```
========================================================================

# HOW TO DRAW TEMP ELEMENT

Gxxx.cpp

```
------------------------------------------------ GDocFM_elem.cpp
void CGDoc::ElemTranslate_3_KY3 (UINT, CPoint pt)
{
// NOT DONE ======================
CPoint3D keyinPt ( m_value1KEY, m_value2KEY, m_value3KEY );
m_savePt2 = keyinPt;
m_tempPointArray [ m_tempPointTotal++ ] = m_savePt2; // vis cue
m_tempLineArray [ 1 ][ m_tempLineTotal++ ] = m_savePt2; // vis cue
NXS (3);
}
------------------------------------------------ GDocFM_elem.cpp
void CGDoc::ElemTranslate_3_KY1 (UINT, CPoint)
{
CPoint3D dir = m_savePt2 - m_savePt1;
CPoint3D pt = dir * m_value1KEY;
pt = pt + m_savePt1;

if ( m_bCopyMove )
{ // -------------------------> COPY mode
TranslateCopyAndDisplay (m_pElemSEL, dir, m_value1KEY);
}
else
{ // -------------------------> MOVE mode
m_pElemSEL->Translate ( this, pt );
InvalidateAllVpts ();
};
m_pElemSEL->Unhighlight ();
}

--------------------------------------------------------- GDoc.h
int m_tempPointTotal;
int m_tempLineTotal;
int m_tempMultiLineTotal1;
int m_tempMultiLineTotal2;
int m_tempMultiLineTotal3;
int m_tempCircleTotal;
int m_tempArrowTotal;

CPoint3D m_tempPointArray [ 100 ];
CPoint3D m_tempLineArray [ 2 ][ 100 ];
CPoint3D m_tempMultiLineArray1 [ 100 ];
CPoint3D m_tempMultiLineArray2 [ 100 ];
CPoint3D m_tempMultiLineArray3 [ 100 ];
CPoint3D m_tempCircleArray [ 3 ][ 100 ];
CPoint3D m_tempArrowArray [ 2 ][ 100 ];

G_COLOR m_tempPointColor [ 100 ];
G_COLOR m_tempLineColor [ 100 ];
G_COLOR m_tempMultiLineColor1;
```

```cpp
G_COLOR m_tempMultiLineColor2;
G_COLOR m_tempMultiLineColor3;
G_COLOR m_tempCircleColor [ 100 ];
G_COLOR m_tempArrowColor [ 100 ];

G_STYLE m_tempPointStyle [ 100 ];
G_STYLE m_tempLineStyle [ 100 ];
G_STYLE m_tempMultiLineStyle1;
G_STYLE m_tempMultiLineStyle2;
G_STYLE m_tempMultiLineStyle3;
G_STYLE m_tempCircleStyle [ 100 ];
G_STYLE m_tempArrowStyle [ 100 ];

public:
void DrawAllTempElems ();
void TempPoint ( G_COLOR, G_STYLE, const CPoint3D& );
void TempLine ( G_COLOR, G_STYLE, const CPoint3D&, const CPoint3D& );
void TempMultiLine1 ( G_COLOR, G_STYLE, const CPoint3D& );
void TempMultiLine2 ( G_COLOR, G_STYLE, const CPoint3D& );
void TempMultiLine3 ( G_COLOR, G_STYLE, const CPoint3D& );
void TempCircle ( G_COLOR, G_STYLE, const CPoint3D&, const CPoint3D&,
const CPoint3D& );
void TempArrow ( G_COLOR, G_STYLE, const CPoint3D&, const CPoint3D& );

void ClearTempAll () { m_tempPointTotal = m_tempLineTotal =
m_tempMultiLineTotal1 = m_tempMultiLineTotal2 =
m_tempMultiLineTotal3 = m_tempCircleTotal =
m_tempArrowTotal = 0; };
void ClearTempPoint () { m_tempPointTotal = 0; };
void ClearTempLine () { m_tempLineTotal = 0; };
void ClearTempMultiLineAll () { m_tempMultiLineTotal1 = m_tempMultiLineTotal2 =
m_tempMultiLineTotal3 = 0; };
void ClearTempMultiLine1 () { m_tempMultiLineTotal1 = 0; };
void ClearTempMultiLine2 () { m_tempMultiLineTotal2 = 0; };
void ClearTempMultiLine3 () { m_tempMultiLineTotal3 = 0; };
void ClearTempCircle () { m_tempCircleTotal = 0; };
void ClearTempArrow () { m_tempArrowTotal = 0; };

void InvalidateAllVpts ();

------------------------------------------------------------ GDocFM_kernel.cpp
void CGDoc::FromOnNewDocument()
{
// initialize temporary element counters
m_tempPointTotal = 0;
m_tempLineTotal = 0;
m_tempMultiLineTotal1 = 0;
m_tempMultiLineTotal2 = 0;
m_tempMultiLineTotal3 = 0;
m_tempCircleTotal = 0;
m_tempArrowTotal = 0;
------------------------------------------------------------ GDocFM_kernel.cpp
void CGDoc::InvalidateAllVpts ()
{
for (POSITION pos = GetFirstViewPosition(); pos != NULL;)
{
CGView* pView = (CGView*) GetNextView (pos);
if (!pView->IsKindOf(RUNTIME_CLASS(CGView))) continue; // Whoops!
pView->Invalidate(); // Calls OnDraw();
}
}
```

---------------------------------------------------------- GDocFM_kernel.cpp

```cpp
void CGDoc::DrawAllTempElems ()
{
int i;

// ------------------------------------------------ Points
glBegin ( GL_POINTS );
for ( i = 0; i < m_tempPointTotal; i++ )
{
// glColor3f ( m_tempPointColor [i]
glColor3f ( 1.0f, 0.0f, 1.0f ); // Yellow
glVertex3f ( m_tempPointArray[i].x ,
m_tempPointArray[i].y ,
m_tempPointArray[i].z );
}
glEnd ();

// ------------------------------------------------ Lines
glBegin ( GL_LINES );
for ( i = 0; i < m_tempLineTotal; i++ )
{
// glColor3f ( m_tempPointColor [i]
glColor3f ( 1.0f, 0.0f, 1.0f ); // Yellow
glVertex3f ( m_tempLineArray[0][i].x ,
m_tempLineArray[0][i].y ,
m_tempLineArray[0][i].z );
glVertex3f ( m_tempLineArray[1][i].x ,
m_tempLineArray[1][i].y ,
m_tempLineArray[1][i].z );
}
glEnd ();

// ---------------------------------------------- Multi-Line 1
glBegin ( GL_LINE_STRIP );
for ( i = 0; i < m_tempMultiLineTotal1; i++ )
{
// glColor3f ( m_tempPointColor [i]
glColor3f ( 1.0f, 0.0f, 1.0f ); // Yellow
glVertex3f ( m_tempMultiLineArray1[i].x ,
m_tempMultiLineArray1[i].y ,
m_tempMultiLineArray1[i].z );
}
glEnd ();
// ---------------------------------------------- Multi-Line 2
glBegin ( GL_LINE_STRIP );
for ( i = 0; i < m_tempMultiLineTotal2; i++ )
{
// glColor3f ( m_tempPointColor [i]
glColor3f ( 1.0f, 0.0f, 1.0f ); // Yellow
glVertex3f ( m_tempMultiLineArray2[i].x ,
m_tempMultiLineArray2[i].y ,
m_tempMultiLineArray2[i].z );
}
glEnd ();
// ---------------------------------------------- Multi-Line 3
glBegin ( GL_LINE_STRIP );
for ( i = 0; i < m_tempMultiLineTotal3; i++ )
{
// glColor3f ( m_tempPointColor [i]
glColor3f ( 1.0f, 0.0f, 1.0f ); // Yellow
glVertex3f ( m_tempMultiLineArray3[i].x ,
```

```cpp
                 m_tempMultiLineArray3[i].y ,
                 m_tempMultiLineArray3[i].z );
}
glEnd ();

// ---------------------------------------------- Circle

// ---------------------------------------------------- Arrows
glBegin ( GL_LINES );
for ( i = 0; i < m_tempArrowTotal; i++ )
{
// glColor3f ( m_tempPointColor [i]
glColor3f ( 1.0f, 0.0f, 1.0f ); // Yellow
glVertex3f ( m_tempArrowArray[0][i].x ,
             m_tempArrowArray[0][i].y ,
             m_tempArrowArray[0][i].z );
glVertex3f ( m_tempArrowArray[1][i].x ,
             m_tempArrowArray[1][i].y ,
             m_tempArrowArray[1][i].z );
}
glEnd ();
}
```

---------------------------------------------------------- GDocFM_kernel.cpp

```cpp
void CGDoc::TempPoint ( G_COLOR c, G_STYLE s, const CPoint3D& pt )
{
m_tempPointArray [ m_tempPointTotal ] = pt;
m_tempPointColor [ m_tempPointTotal ] = c;
m_tempPointStyle [ m_tempPointTotal ] = s;
m_tempPointTotal++;
InvalidateAllVpts ();
}
```

---------------------------------------------------------- GDocFM_kernel.cpp

```cpp
void CGDoc::TempLine ( G_COLOR c, G_STYLE s, const CPoint3D& pt1,
const CPoint3D& pt2 )
{
m_tempLineArray [0][ m_tempLineTotal ] = pt1;
m_tempLineArray [1][ m_tempLineTotal ] = pt2;
m_tempLineColor [ m_tempLineTotal ] = c;
m_tempLineStyle [ m_tempLineTotal ] = s;
m_tempLineTotal++;
InvalidateAllVpts ();
}
```

---------------------------------------------------------- GDocFM_kernel.cpp

```cpp
void CGDoc::TempMultiLine1 ( G_COLOR c, G_STYLE s, const CPoint3D& pt)
{
m_tempMultiLineArray1 [ m_tempMultiLineTotal1 ] = pt;
m_tempMultiLineColor1 = c;
m_tempMultiLineStyle1 = s;
m_tempMultiLineTotal1++;
InvalidateAllVpts ();
}
```

---------------------------------------------------------- GDocFM_kernel.cpp

```cpp
void CGDoc::TempMultiLine2 ( G_COLOR c, G_STYLE s, const CPoint3D& pt)
{
m_tempMultiLineArray2 [ m_tempMultiLineTotal2 ] = pt;
m_tempMultiLineColor2 = c;
m_tempMultiLineStyle2 = s;
m_tempMultiLineTotal2++;
InvalidateAllVpts ();
}
```

---------------------------------------------------------- GDocFM_kernel.cpp

```cpp
void CGDoc::TempMultiLine3 ( G_COLOR c, G_STYLE s, const CPoint3D& pt)
{
m_tempMultiLineArray3 [ m_tempMultiLineTotal3 ] = pt;
m_tempMultiLineColor3 = c;
m_tempMultiLineStyle3 = s;
m_tempMultiLineTotal3++;
InvalidateAllVpts ();
}
```
---------------------------------------------------------- GDocFM_kernel.cpp
```cpp
void CGDoc::TempCircle ( G_COLOR c, G_STYLE s, const CPoint3D& pt1,
const CPoint3D& pt2, const CPoint3D& pt3 )
{
m_tempCircleArray [0][ m_tempCircleTotal ] = pt1;
m_tempCircleArray [1][ m_tempCircleTotal ] = pt2;
m_tempCircleArray [2][ m_tempCircleTotal ] = pt3;
m_tempCircleColor [ m_tempCircleTotal ] = c;
m_tempCircleStyle [ m_tempCircleTotal ] = s;
m_tempCircleTotal++;
InvalidateAllVpts ();
}
```
---------------------------------------------------------- GDocFM_kernel.cpp
```cpp
void CGDoc::TempArrow ( G_COLOR c, G_STYLE s, const CPoint3D& pt1,
const CPoint3D& pt2 )
{
m_tempArrowArray [0][ m_tempArrowTotal ] = pt1;
m_tempArrowArray [1][ m_tempArrowTotal ] = pt2;
m_tempArrowColor [ m_tempArrowTotal ] = c;
m_tempArrowStyle [ m_tempArrowTotal ] = s;
m_tempArrowTotal++;
InvalidateAllVpts ();
}
```

==========================================================================

# GRID SNAP

GDoc.h/cpp

---------------------------------------------------------------- GDoc.h
```cpp
float m_gridSize; // grid interval (for snapping)
int m_gridTotal; // total number of lines in grid
BOOL m_bGridSnap; // true = grid snap option is active
```
---------------------------------------------------------------- GDoc.cpp
```cpp
void CGDoc::OnGridSnap()
{ m_bGridSnap = m_bGridSnap ? false : true;
CreateDisplayList ( DL_CUR_PLANE );
InvalidateAllVpts ();
```
---------------------------------------------------------- GDocFM_kernel.cpp
```cpp
void CGDoc::CreateDisplayList ( DISPLAY_LIST no )
{ glNewList ( no, GL_COMPILE);
switch ( no )
case DL_AXIS: // Axis
case DL_POINT: // Point element
case DL_CUR_PLANE: /// Current plane
// Color of the current plane --- User-customizable
if (m_bGridSnap) glColor3f (0.0f, 0.0f, 0.6f);
else glColor3f (0.4f, 0.4f, 0.4f);
float xxx = yyy = m_gridSize * m_gridTotal;
float xx = yy = zzz = 0.0f ;
glBegin ( GL_LINES );
```

```
for (int k = 0; k < m_gridTotal; k++)
{ glVertex3f ( xxx, yy, zzz );
glVertex3f (-xxx, yy, zzz );
......
xx += m_gridSize; };
glEnd ();
glEndList();
```
---------------------------------------------------------------- GView.cpp
```
void CGView::OnLButtonDown(UINT nFlags, CPoint point)
{ CGDoc* pDoc = GetDocument();
pDoc->m_pViewEvent = this; // view pointer of event-origin
if ( (!( nFlags & MK_CONTROL )) && // forced INDICATE working OK
PickOperation (point) ) // return true if something selected
pDoc->FM_dispenser (SEL, nFlags, point); // something selected
else
{ if ( GetWorldCPWhenIND (point))
{ pDoc->m_bWhenIND = true; // pierced
pDoc->GridSnapCheck (); } // Set m_ptIND accordingly
else pDoc->m_bWhenIND = false;
pDoc->FM_dispenser (IND, nFlags, point); // always called anyway
};
m_oldMousePt = point; // Save R-mouse-down point
```
--------------------------------------------------------- GDocFM_kernel.cpp
```
void CGDoc::GridSnapCheck ()
{ // This updates m_ptIND accordingly -- if grid snap option is on.
if ( m_bGridSnap == false ) return;
// 0. Pt = m_ptIND
// 1. Pt0 = Pt x MATRIX (-CP)
// 2. Using m_gridSIze, get new Pt0 at grid pt -- call it Pt0a
// 3. Pa = P0a x MATRIX (CP)
// 4. m_ptIND = Pa
CPoint3D pt0a;
CMat4x4 mmm (m_pCurPlane->m_mxAxisX,Y,Z // Set the current plane matrix
m_pCurPlane->m_mxOrigin );
CMat4x4 mmmT = mmm.InverseByTranspose (); // Create the inverse matrix
CPoint3D pt0 = mmmT.vM (m_ptIND); // Bring the point to the local origin
BOOL xDone = false;
// Adjust X to the closest grid point
float aaa = pt0.x;
yNext: // Second time - adjust Y to the closest grid point
int factor = ( aaa < 0.0f ) ? -1 : +1;
aaa *= factor;
int n = aaa / m_gridSize;
float smallerGridPt = n * m_gridSize;
float largerGridPt = smallerGridPt + m_gridSize;
float small = aaa - smallerGridPt;
float large = largerGridPt - aaa;
float newGridPt = ( small < large ) ? smallerGridPt : largerGridPt;
if (!xDone)
{ pt0a.x = newGridPt * factor; xDone = true;
aaa = pt0.y; goto yNext; }
else pt0a.y = newGridPt * factor;
// Bring the grid point back to the 3D space
m_ptIND = mmm.vM (pt0a);
```

================================================================

# RUBBER-BAND SPECIAL 3D LINE

Gxxx.cpp

```
void CGDoc::FromOnNewDocument()
{
m_bRubberBandSpecialLine = false;
m_bRubberBandSpecialBox = false;
//////////////////////////////////////////////////////////
void CFM_createLine3d::EventForIND ( UINT, CPoint)
{
switch (cxs)
{
case 1:
if ( ! m_pDoc->m_bWhenIND ) return; // No piercing of CP
// save as pt1 for line
m_pDoc->m_pointArray [ m_pDoc->m_pointIndex++ ] = m_pDoc->m_ptIND;
// SetRubberBandAnchorAllVpts ( m_pDoc->m_savePt1 );
// was-- m_pRubberBandLine = new CRubberBandLineAllVpts
// ( &dc, pView, this, m_pDoc->m_savePt1, this );
NXS (2);
m_pDoc->TempPoint ( RED, SOLID, m_pDoc->m_ptIND );
m_pDoc->TempMultiLine1 ( RED, SOLID, m_pDoc->m_ptIND );
m_pDoc->InvalidateAllVpts ();
break;
case 2:
if ( ! m_pDoc->m_bWhenIND ) return; // No piercing of CP
// save as pt1 for line
m_pDoc->m_pointArray [ m_pDoc->m_pointIndex++ ] = m_pDoc->m_ptIND;
// SetRubberBandAnchorAllVpts ( m_pDoc->m_savePt1 );
// was-- m_pRubberBandLine = new CRubberBandLineAllVpts
// ( &dc, pView, this, m_pDoc->m_savePt1, this );
NXS (2);
m_pDoc->TempPoint ( RED, SOLID, m_pDoc->m_ptIND );
m_pDoc->TempMultiLine1 ( RED, SOLID, m_pDoc->m_ptIND );
m_pDoc->InvalidateAllVpts ();
break;
}
RubberBandSpecialLineBegin ( m_ptIND );
}
//////////////////////////////////////////////////////////
void CFM_createLine3d::EventForEND ( UINT, CPoint)
{
CPoint3D pt;
switch (cxs)
{
case 2:
// End the current multi-line creation
m_pDoc->CreateLine3D ( m_pDoc->m_pointArray [0] ); // CreateLine

// CleanRubberBandRelics();
NXS (1);
m_pDoc->m_pointIndex = 0;
m_pDoc->ClearTempAll ();
//m_skipViewing = true; // Do not route this event to VW-mode
break;
}
RubberBandSpecialLineEnd ();

//////////////////////////////////////////////////////////
void CGDoc::RubberBandSpecialLineBegin ( const CPoint3D& pt )
{
// Create 3D ruuber-banding line to IND location in all vpts
```

```cpp
m_bRubberBandSpecialLine = true;
m_rubberBand3dArray [0] = pt;
m_rubberBand3dTotal = 1;
m_rubberBand3dColor = YELLOW;
m_rubberBand3dStyle = DASH;
}
////////////////////////////////////////////////////////////
void CGDoc::RubberBandSpecialLineEnd ()
{
m_bRubberBandSpecialLine = false;
}
////////////////////////////////////////////////////////////
void CGDoc::RubberBandSpecialBoxBegin ( const CPoint2D& pt )
{
// Create 2D ruuber-banding box in one vpt
m_bRubberBandSpecialBox = true;
m_rubberBand2dArray [0] = pt;
m_rubberBand2dTotal = 1;
m_rubberBand2dColor = YELLOW;
m_rubberBand2dStyle = DASH;
}
////////////////////////////////////////////////////////////
void CGDoc::RubberBandSpecialBoxEnd ()
{
m_bRubberBandSpecialBox = false;
}
////////////////////////////////////////////////////////////
void CGView::OnMouseMove(UINT nFlags, CPoint point)
{
CGDoc* pDoc = GetDocument();

// Get delta-difference from mouse-down point
CPoint delta = m_oldMousePt - point;
if ( delta.x == 0 && delta.y == 0 ) return; // mouse did not move

if ( pDoc->m_pFMT == NULL ) // --- Permanent FM ---
{
pDoc->m_pFM->EventForMMV ( this, delta, nFlags, point );
}
else // --- Temporary FM ---
{
pDoc->m_pFMT->EventForMMV ( this, delta, nFlags, point );
goto JumpToEnd; // NOT ALWAYS ??????????????????
}
// If true is returned, skip OnMMxxx. That is, FM takes over RBSetup.
// (RBSetup = RButtonSetup) Typically, Temporary FM takes over RBSetup
// also while permanent FM does not.

if (nFlags & MK_LBUTTON && nFlags & MK_RBUTTON) // BOTH mouse buttons
{
OnMouseMoveLRButtons (delta, nFlags, point);
}
else if (nFlags & MK_LBUTTON) // LEFT mouse button
{
OnMouseMoveLButton (delta, nFlags, point);
}
else if (nFlags & MK_RBUTTON) // RIGHT mouse button
{
OnMouseMoveRButton (delta, nFlags, point);
}
else // No mouse button held
```

```
{
// ------------- Dynamic Elem Highlight ---------------------
if ( pDoc->m_bElemDynHilite ) // Hilite as the cursor passes
{
if ( pDoc->m_pElemDynHilite != NULL )
{
pDoc->m_pElemDynHilite->Unhighlight ();
pDoc->m_pElemDynHilite = NULL;
}
if ( PickOperation ( point ) )
{
pDoc->m_pElemSEL->Highlight ();
pDoc->m_pElemDynHilite = pDoc->m_pElemSEL; // save
}
}
// ------------- Dynamic Point Snap --------------------
if ( pDoc->m_bGridSnap ) // Grid Snap as the cursor passes
{
if ( GetWorldCPWhenIND ( point ) )
{
pDoc->GridSnapCheck();
pDoc->TempPointNew ( RED, SOLID, pDoc->m_ptIND );
}
}
// ------------- Rubber Banding Special --------------------
if ( pDoc->m_bRubberBandSpecialLine ) // 3D line
{
pDoc->m_rubberBand3dTotal = 0; // erase if no pierce
if ( GetWorldCPWhenIND ( point ) )
{
pDoc->m_rubberBand3dTotal = 1;
pDoc->m_rubberBand3dArray [1] = pDoc->m_ptIND;
}
}
if ( pDoc->m_bRubberBandSpecialBox ) // 2D Box
{
pDoc->m_rubberBand2dTotal = 0; // erase if no pierce
}

OnMouseMoveNoButton (delta, nFlags, point);
};
JumpToEnd: m_oldMousePt = point;
Invalidate(false); // (true)
CView::OnMouseMove(nFlags, point);
}
```

===============================================================

# ELEMENT MODIFY - SUBMENU

Gxxx.cpp

---------------------------------------------------------- GFM_base.h
```
class CFM_BASE
{
public:
int pxs;
int cxs;
```

```cpp
CGDoc* m_pDoc;
CCurPlane* m_pCurPlane;

FM_MODE m_FMmode;
UINT m_stringID;

CDialog* m_pDlgSubmenu; // sub-menu pop-up

void ShowSubmenu ( UINT dialogID ){} ; // no need for virtual??
void HideSubmenu () ;
};
//////////////////////////////////////////////////////////
void CFM_BASE::HideSubmenu ( )
{
if ( NULL == m_pDlgSubmenu ) return;
m_pDlgSubmenu->DestroyWindow();
}
-------------------------------------------------------------- GFM_editing.h
//////////////////////////////////////////////////////////
class CFM_elemModify : public CFM_baseP
{
public:
CFM_elemModify ( CGDoc* pDoc );
~CFM_elemModify ();
virtual void NXS (int nxs) ;
virtual void InitializeFM ();
virtual void EventForSEL ( UINT, CPoint );
virtual void EventForKY1 ( UINT, CPoint );
virtual void EventForKY2 ( UINT, CPoint );
virtual void EventForKY3 ( UINT, CPoint );
virtual void EventForMENU ( UINT item );
void ShowSubmenu ( UINT dialogID ) ;
};
-------------------------------------------------------------- GFM_editing.cpp
#include "GGlobal.h"
#include "GUtil.h"
#include "GDoc.h"
#include "GView.h"
#include "GElem.h"

#include "GFM_base.h"
#include "GFM_editing.h"

// Sub-menus for FM elem modify
#include "SmElemModifyExtrude.h"
#include "SmElemModifyRevolve.h"
#include "SmElemModifyElbow3D.h"
//////////////////////////////////////////////////////////
void CFM_elemModify::EventForSEL ( UINT, CPoint)
{
m_pElemSaved = m_pElemSEL;
ELEM_TYPE et = m_pElemSEL->m_elemType;

switch (cxs)
{
case 1:
case 2:
case 3:
case 4:
case 5:
if ( ET_POINT == et )
```

```
NXS (1);
else if ( ET_BOX == et || ET_SHAPE_L == et || ET_SHAPE_I == et ||
ET_SHAPE_V == et || ET_ELBOW == et )
{
if ( NULL != m_pDlgSubmenu ) HideSubmenu (); // always delete current
NXS (2);
}
else if ( ET_ELBOW_3D == et )
{
ShowSubmenu ( IDD_SM_ELEM_MODIFY_ELBOW3D );
NXS (3);
}
else if ( ET_REVOLVE == et )
{
ShowSubmenu ( IDD_SUB_ELEM_MODIFY_REVOLVE );
NXS (4);
}
else if ( ET_EXTRUDE == et )
{
ShowSubmenu ( IDD_SM_ELEM_MODIFY_EXTRUDE );
NXS (5);
}
break;
case 10:
if ( ET_POINT == et )
{
// Face 1 normal
m_pElemSaved->ModifyExtrude ( 1, m_pt1SEL ); // face 1
InvalidateAllVpts ();
break;
}
break;
case 11:
if ( ET_POINT == et )
{
// Face 2 normal
m_pElemSaved->ModifyExtrude ( 2, m_pt1SEL ); // face 1
InvalidateAllVpts ();
break;
}
break;
}
}

/////////////////////////////////////////////////////////////
void CFM_elemModify::ShowSubmenu ( UINT dialogID )
{
if ( NULL != m_pDlgSubmenu ) HideSubmenu (); // always delete current
CDialog* p;
switch ( dialogID )
{
case IDD_SM_ELEM_MODIFY_EXTRUDE: p = new CSmElemModifyExtrude ( this ); break;
case IDD_SM_ELEM_MODIFY_REVOLVE: p = new CSmElemModifyRevolve ( this ); break;
case IDD_SM_ELEM_MODIFY_ELBOW3D: p = new CSmElemModifyElbow3d ( this ); break;
}
p->Create ( dialogID );
m_pDlgSubmenu = (CDialog*) p;
}
/////////////////////////////////////////////////////////////
void CFM_elemModify::EventForMENU ( UINT item )
{
```

switch (cxs)

------------------------------------------------------- SmElemModifyExtrude.h
class CFM_BASE; // Forward declaration

class CSmElemModifyExtrude : public CDialog
{
// Construction
public:
CDlgSubmenuExtrude(CWnd* pParent = NULL); // standard constructor
CDlgSubmenuExtrude ( CFM_BASE* pWhereDlgSubmenuPtrIsKept,
CWnd* pParent = NULL); // added
public:
CFM_BASE* m_pWhereDlgPtrIs; // added

------------------------------------------------------- DlgSubmenuExtrude.cpp
#include "stdafx.h"
#include "g.h"
#include "DlgSubmenuExtrude.h"

#include "GGlobal.h"
#include "GUtil.h"
#include "GDoc.h"

#include "GFM_base.h"
#include "GFM_editing.h"

//////////////////////////////////////////////////////////////
CDlgSubmenuExtrude::CDlgSubmenuExtrude(CFM_BASE* pFM, CWnd* pParent)
: CDialog(CDlgSubmenuExtrude::IDD, pParent)
{
m_pWhereDlgPtrIs = (CFM_BASE*) pFM;
}
//////////////////////////////////////////////////////////////
void CDlgSubmenuExtrude::PostNcDestroy()
{
m_pWhereDlgPtrIs->m_pDlgSubmenu = NULL;
CDialog::PostNcDestroy();
delete this;
}

======================================================================

# FM ROTATE - VISUAL CUE (CIRCLE)

Gxxx.cpp


------------------------------------------------------- AGlobal.h
enum DISPLAY_LIST // Display list id
{
DL_ZERO_ILLEGAL,
DL_AXIS,
DL_CAGE,
DL_POINT,
DL_CUR_PLANE,
DL_CIRCLE,
};
------------------------------------------------------- CGDocFM_kernel.cpp
void CGDoc::FromOnNewDocument()
{
HGLRC hRC = wglGetCurrentContext(); // Check if any RC is "current"

```cpp
HDC hDC = wglGetCurrentDC();
VERIFY (wglMakeCurrent (m_master_hDC, m_master_hRC));
CreateDisplayList ( DL_CAGE );
CreateDisplayList ( DL_AXIS );
CreateDisplayList ( DL_POINT );
CreateDisplayList ( DL_CUR_PLANE );
CreateDisplayList ( DL_CIRCLE );
if (hRC && hDC) ::wglMakeCurrent (hDC, hRC);
}
```
-------------------------------------------------- CGDocFM.cpp
```cpp
void CGDoc::CreateDisplayList ( DISPLAY_LIST no )
{
glNewList ( no, GL_COMPILE);
switch ( no )
{
case DL_CIRCLE:
{
int total = 16;
float r = 1.0f;

float a = 0.3827f * r;
float b = 0.9239f * r;
float s = 0.7071f * r;
CPoint2D p[] = { CPoint2D ( 0, r ),
CPoint2D ( a, b ),
CPoint2D ( s, s ),
CPoint2D ( b, a ),
CPoint2D ( r, 0 ),
CPoint2D ( b,-a ),
CPoint2D ( s,-s ),
CPoint2D ( a,-b ),
CPoint2D ( 0,-r ),
CPoint2D (-a,-b ),
CPoint2D (-s,-s ),
CPoint2D (-b,-a ),
CPoint2D (-r, 0 ),
CPoint2D (-b, a ),
CPoint2D (-s, s ),
CPoint2D (-a, b ) };
glBegin ( GL_LINE_LOOP );
for ( int i = 0; i < total; i++ )
glVertex3f ( p[i].x , p[i].y , 0.0f );
glEnd ();
break;
};
case DL_AXIS: // Axis
glBegin ( GL_LINES );
glColor3f (1.0f, 0.0f, 0.0f);
glVertex3f ( 0.0f, 0.0f, 0.0f );
glVertex3f ( size, 0.0f, 0.0f );
glEnd();
case DL_POINT: // Point element
glPushAttrib ( GL_ALL_ATTRIB_BITS );
glDisable ( GL_LIGHTING );
glColor3f (1.0f, 1.0f, 0.0f);
glBegin ( GL_LINES );
glVertex3f ( 0.0f , 0.0f , s );
glVertex3f ( 0.0f , 0.0f , -s );
glVertex3f ( s , 0.0f , 0.0f );
glEnd();
glEnable ( GL_LIGHTING );
```

```cpp
glPopAttrib ();
case DL_CUR_PLANE: /// Current plane
glColor3f (0.4f, 0.4f, 0.4f);
glBegin ( GL_LINES );
for (int k = 0; k < total; k++)
{
glVertex3f ( xxx, yy, zzz );
glVertex3f (-xxx, yy, zzz );
xx += increment;
};
glEnd ();
glEndList();
}
//-------------------------------------------------- CGDocFM.cpp
void CGDoc::DrawAllTempElems ()
{
int i;
CFM_BASE* pFM = ( m_pFMT ) ? m_pFMT : m_pFM;

// -------------------------------------------------- Points
if ( m_tempPointTotal )
{
glPointSize (6.0);
glBegin ( GL_POINTS );
for ( i = 0; i < m_tempPointTotal; i++ )
{
glColor3f ( 1.0f, 0.0f, 1.0f ); // Yellow
glVertex3f ( m_tempPointArray[i].x ,
m_tempPointArray[i].y ,
m_tempPointArray[i].z );
// -------------------------------------------------- Lines
if ( m_tempLineTotal )
{
for ( i = 0; i < m_tempLineTotal; i++ )
{
SetTempColorAndStyle ( m_tempLineColor [i], m_tempLineStyle [i] );
// Color setting
glBegin ( GL_LINES );
glVertex3f ( m_tempLineArray[0][i].x ,
m_tempLineArray[0][i].y ,
m_tempLineArray[0][i].z );
glVertex3f ( m_tempLineArray[1][i].x ,
m_tempLineArray[1][i].y ,
m_tempLineArray[1][i].z );
glEnd ();
// Line style reset
if ( m_tempLineStyle [i] == DASH ) glDisable (GL_LINE_STIPPLE);
}
}
// -------------------------------------------------- Multi-Line 1
if ( m_tempMultiLineTotal1 )
{
glLineWidth ( 3.0 );
glBegin ( GL_LINE_STRIP );
for ( i = 0; i < m_tempMultiLineTotal1; i++ )
{
SetTempColorAndStyle ( m_tempMultiLineColor1, m_tempMultiLineStyle1 );
glVertex3f ( m_tempMultiLineArray1[i].x ,
m_tempMultiLineArray1[i].y ,
m_tempMultiLineArray1[i].z );
}
```

```
glEnd ();
}
// --------------------------------------------- Circle
for ( i = 0; i < m_tempCircleTotal; i++ )
{
SetTempColorAndStyle ( m_tempCircleColor [i], m_tempCircleStyle [i] );
//---------- SetTempColorAndStyle ( -- )
// Construct [M] matrix based on the following:
CPoint3D orign = m_tempCircleArray [0][i]; // origin
CPoint3D zAxis = m_tempCircleArray [1][i]; // direction
float radius = m_tempCircleRadius [i]; // radius

CPoint3D x ( 1,0,0 );
CPoint3D y ( 0,1,0 );
CPoint3D xAxis, yAxis;

xAxis = x * zAxis;
if ( ! ( xAxis.Length() > 0.0f ) ) xAxis = y * zAxis;
xAxis = xAxis.Normalize();
zAxis = zAxis.Normalize();
yAxis = zAxis * xAxis;

// Scale by radius
xAxis = xAxis * radius;
yAxis = yAxis * radius;
zAxis = zAxis * radius;

// Put it in matrix form
GLfloat mmm[16] = { xAxis.x, xAxis.y, xAxis.z, 0.0f ,
yAxis.x, yAxis.y, yAxis.z, 0.0f ,
zAxis.x, zAxis.y, zAxis.z, 0.0f ,
orign.x, orign.y, orign.z, 1.0f };

// Apply the matrix just before displaying object
glLoadIdentity();
glMultMatrixf(mmm);
glCallList ( DL_CIRCLE );
glLoadIdentity();
}
////////////////////////////////////////////////////////////////
void CGDoc::SetTempColorAndStyle ( G_COLOR color, G_STYLE style )
{
// Color setting
if ( RED == color ) glColor3f (1.0f,0.0f,0.0f);
else if( GREEN == color ) glColor3f (0.0f,1.0f,0.0f);
else if( BLUE == color ) glColor3f (0.0f,0.0f,1.0f);
else if( YELLOW == color ) glColor3f (1.0f,1.0f,0.0f);
// Line style setting
if ( DASH == style )
{
glEnable (GL_LINE_STIPPLE);
glLineStipple (1, 0x00FF); // dashed line
glLineWidth (1.0);
}
}
```

==
# HOW TO ADD COMBO-BOX ON THE TOOLBAR

Gxxx.cpp

```cpp
<MainFrm.h>
////////////////////////////////////////////////////////////
class CMainFrame : public CMDIFrameWnd
{
DECLARE_DYNAMIC(CMainFrame)
// Operations
public:
bool CreateComboBoxForLayer();
protected:
CComboBox m_comboBoxLayer;
...

<MainFrm.cpp>
////////////////////////////////////////////////////////////
int CMainFrame::OnCreate(LPCREATESTRUCT lpCreateStruct)
{
........
......
// if (!m_wndToolBar11.CreateEx(this, TBSTYLE_FLAT, WS_CHILD | WS_VISIBLE | CBRS_TOP
// | CBRS_GRIPPER | CBRS_TOOLTIPS | CBRS_FLYBY | CBRS_SIZE_DYNAMIC) ||
// !m_wndToolBar11.LoadToolBar(IDR_TOOLBAR11))
if (!CreateComboBoxForLayer()) // in place of tool bar 11 creation
{
TRACE0("Failed to create toolbar\n");
return -1; // fail to create
}
////////////////////////////////////////////////////////////
bool CMainFrame::CreateComboBoxForLayer ()
{
// This is to add a combo box (for default layer) on the toolbar

int index = 3; // The fourth item in the toolbar (index = 4 - 1)
int number = 10; // The number of items in the combo box to appear
int i, iID;

if (!m_wndToolBar11.CreateEx(this, TBSTYLE_FLAT,
WS_CHILD | WS_VISIBLE | CBRS_TOP | CBRS_GRIPPER | CBRS_TOOLTIPS | CBRS_FLYBY |
CBRS_SIZE_DYNAMIC) ||
!m_wndToolBar11.LoadToolBar(IDR_TOOLBAR11))
{
TRACE0 ("Failed ---\n");
return false; // failed to create
}
// Set all buttons ??
iID = m_wndToolBar11.CommandToIndex(IDS_LAYER_1);
if (iID >= 0)
{
for (i = iID; i < (iID + number); i++)
m_wndToolBar11.SetButtonStyle(i, TBBS_CHECKGROUP);
}
// Add the combo
int nWidth = 100;
int nHeight = 300; // height of drop down list

// Configure the combo place holder
m_wndToolBar11.SetButtonInfo (index, IDC_COMBO_LAYER, TBBS_SEPARATOR, nWidth);

// Get the bar height of the 13th item (combo we are adding)
CRect rect;
m_wndToolBar11.GetItemRect (index, &rect);
rect.bottom = rect.top + nHeight;
```

```cpp
// Create the combo box - m_comboBox is a member variable added
m_comboBoxLayer.Create (WS_CHILD | WS_VISIBLE | WS_VSCROLL |
CBS_DROPDOWNLIST, rect, &m_wndToolBar11, IDC_COMBO_LAYER);

// Fill the combo box
CString szStyle;
if (szStyle.LoadString(IDS_LAYER_1)) m_comboBoxLayer.AddString((LPCTSTR)szStyle);
if (szStyle.LoadString(IDS_LAYER_2)) m_comboBoxLayer.AddString((LPCTSTR)szStyle);
if (szStyle.LoadString(IDS_LAYER_3)) m_comboBoxLayer.AddString((LPCTSTR)szStyle);
if (szStyle.LoadString(IDS_LAYER_4)) m_comboBoxLayer.AddString((LPCTSTR)szStyle);
if (szStyle.LoadString(IDS_LAYER_5)) m_comboBoxLayer.AddString((LPCTSTR)szStyle);
if (szStyle.LoadString(IDS_LAYER_6)) m_comboBoxLayer.AddString((LPCTSTR)szStyle);
if (szStyle.LoadString(IDS_LAYER_7)) m_comboBoxLayer.AddString((LPCTSTR)szStyle);
if (szStyle.LoadString(IDS_LAYER_8)) m_comboBoxLayer.AddString((LPCTSTR)szStyle);
if (szStyle.LoadString(IDS_LAYER_9)) m_comboBoxLayer.AddString((LPCTSTR)szStyle);
if (szStyle.LoadString(IDS_LAYER_10))m_comboBoxLayer.AddString((LPCTSTR)szStyle);
return true;
}
```
==========================================================================

# HOW TO HANDLE COMBO-BOX EVENT ON THE TOOLBAR

Gxxx.cpp

```cpp
<MainFrm.h>
protected:
//{{AFX_MSG(CMainFrame)
afx_msg int OnCreate(LPCREATESTRUCT lpCreateStruct);
afx_msg void OnDestroy();
afx_msg void OnWindowVptProperty();
afx_msg void OnSelChangeLayer();
//}}AFX_MSG
DECLARE_MESSAGE_MAP()

<MainFrm.cpp>
BEGIN_MESSAGE_MAP(CMainFrame, CMDIFrameWnd)
//{{AFX_MSG_MAP(CMainFrame)
ON_WM_CREATE()
ON_WM_DESTROY()
ON_COMMAND(ID_WINDOW_VPT_PROPERTY, OnWindowVptProperty)
//}}AFX_MSG_MAP
ON_CBN_SELCHANGE(IDC_COMBO_LAYER, OnSelChangeLayer)
END_MESSAGE_MAP()
///////////////////////////////////////////////////////////////
void CMainFrame::OnSelChangeLayer()
{
// Get the new combo selection
int index = m_comboBoxLayer.GetCurSel ();
if (index == CB_ERR) return;

// Get active document (below did not work for MDI)
// -- CGDoc* pDoc = (CGDoc*)GetActiveDocument ();
// -- if (pDoc) ...
CMDIChildWnd* pActiveChild = MDIGetActive();
CGDoc* pDoc;
if (pActiveChild == NULL || (pDoc = (CGDoc*)pActiveChild->GetActiveDocument()) == NULL)
{
TRACE0("Warning: No active document for WindowNew command.\n");
AfxMessageBox(AFX_IDP_COMMAND_FAILURE);
```

```
return; // command failed
}
else // otherwise we have a new frame !
{
// Set the layer as default layer
pDoc->m_pData->m_layerDefault = index + 1;
pDoc->m_pData->m_pFM->SystemFeedbackMessage1 (" New default layer set");
}
}
```

# Part IV

# FM Programming

1. GUI Design Formalism
2. Programming Paradigm
3. FM (code) Examples

# 1. GUI Design Formalism

## 1-1. Dialog State Transition

**Finite State Machine**
The behavior of any interactive system lends itself nicely to the idea of finite state machine concept. At a given moment, the program is in one state, waiting for some user input. Based on the event caused by the user action, the program performs some tasks (event processing), and then goes to a pre-defined state and once again waits for another user input. This user-machine/software interaction and the subsequent state transition continue forever, until the program is exited. This behavior of state transitions can be easily depicted on a sheet of paper in a pictorial fashion. Such a document is very useful during the design phase of the system to clarify the behavior, as well as it serves as a valuable documentation for the software product. Secondly, the document in the form of state transition diagrams provides a clear mapping between the intended design and the actual software implementation, as will be shown below.

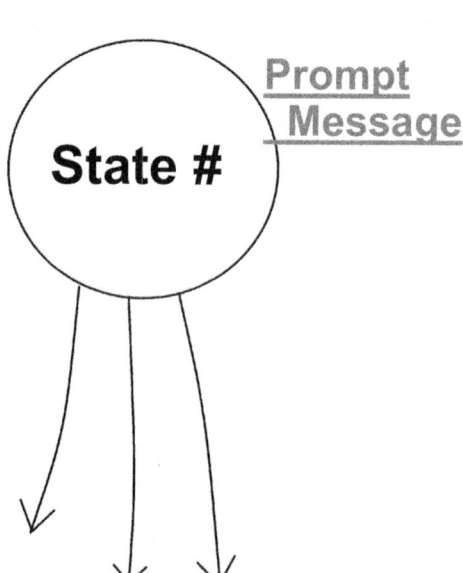

**STATE** — Prompt message
> **User Action**
> **Event Generation / notification**
> **Event Handler (event processing)**
> **Next state (NXS)**

**Processing / handling**—done inside FM
**Programming**

In any interactive system, we can view the discourse between the user and the system as a continuous transition from one state to another using a "finite state machine" concept. Take an ATM machine of a bank as an example. When you approach an ATM machine, the system is in one state (initial state) waiting for you to enter an input.

**Possible User Actions and State Transition**

Each state is associated with a PROMPT MESSAGE for the user. The prompt message is designed to provide a cue (prompt) to the user as to what kind of actions are possible in that state. The user takes an action, and an event is generated (EVENT GENERATION) based on that user action. Internally the event is handled by the system (EVENT HANDLING) and, as a result of this EVENT-PROCESSING, the system transits to the next state and once again awaits for a new user action. This state transition continues forever until the system is exited.

State $i$ — for each state, the following will be shown

   Prompt message $i$
   Possible user actions for State $i$
   State transition (arrow) for each user action

Example:

# FM Create Cylinder

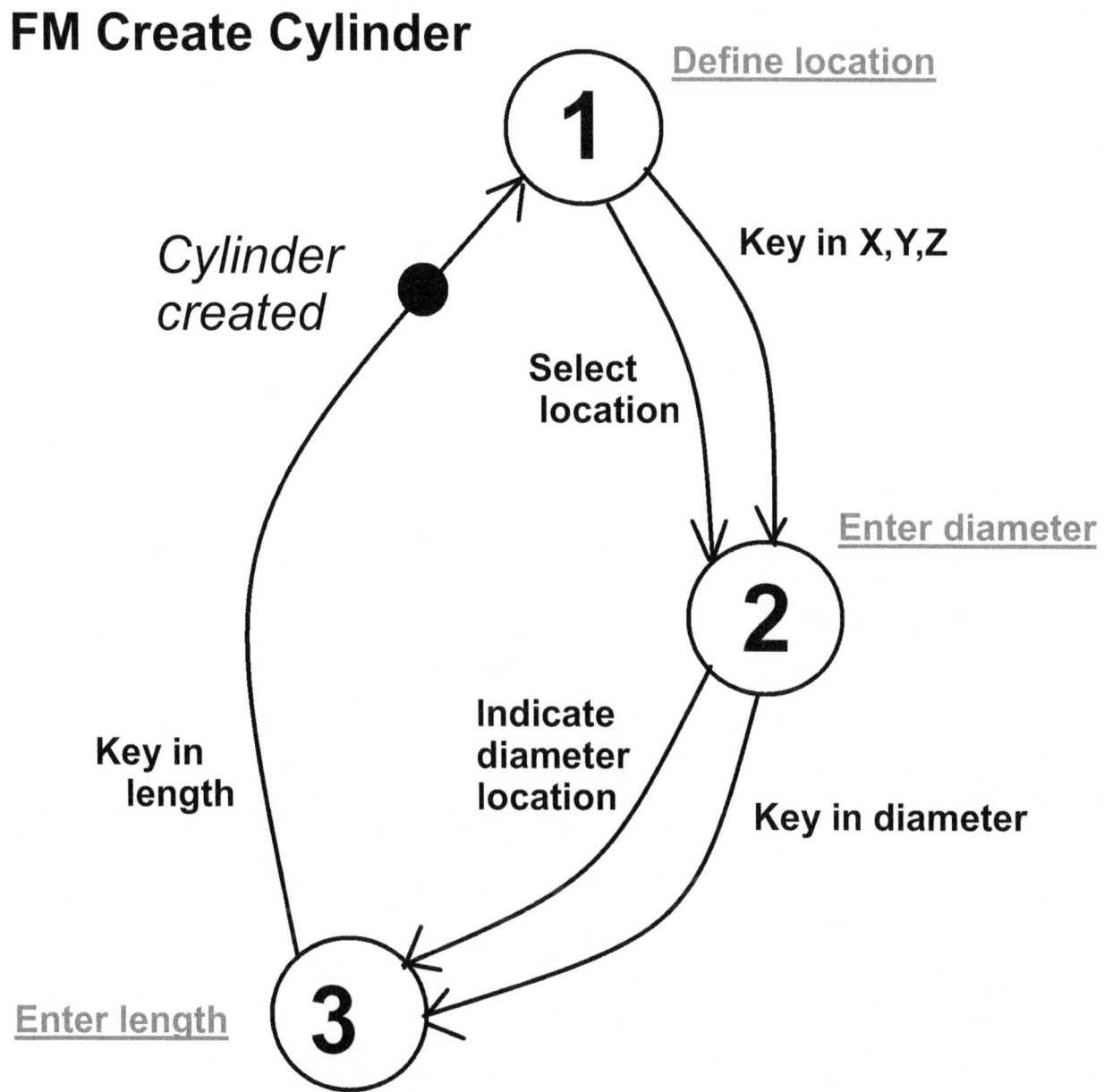

## 1-2. FM Class-Based Approach

**FUNCTION MODE (FM)** : At one point, FM programming has been changed to "FM class based approach" ………. All event handling is now controlled by EventForXXX methods of each FM class.

# EventForXXX   vs.   EventHandler (evt)     2022-11-11

**<GGlobal.h>  Message Types— name changed**

**Enum MSSG >>> EVENT (new)**

**msgType >>> evtType (new)**

Both are available. FM is free to choose which one to use. If EventHandler is used, you can decide which of the two case statements (CXS or EVT) will be "outer" and which is "inner" loop.

**(A):: EventHandler (evt)**

**Switch (csx)**

**case 1:** // — state 1

    **Switch (evt)**
    **case SEL:**

        ———
        ———
        **NXS (2); break**
    **case IND:**

        ———
        ———
        **NXS (2); break**

**case 2:** // — state 2

    **Switch (evt)**
    **case SEL:**

        ———
        ———
        **NXS (2); break**
    **case KY3:**

        ———
        ———
        **NXS (2); break**

**case 3:** // — state 3

    **Switch (evt)**
    **case DEFPT:**

        ———
        ———
        **NXS (2); break**
    **case ESC:**

        ———
        ———
        **NXS (2); break**

**(B):: EventHandler (evt)**

**Switch (evt)**

**case DEFPT:    // Same as ... EventForDEFPT**

    **Switch (cxs)**
    **case 1:**
       —————
       —————
    **NXS (2); break**
    **case 2:**
       —————
       —————
    **NXS (3); break**
    **case 3:**
       —————
       —————
    **NXS (1); break**

**case SEL:    // Same as ... EventForSEL**

    **Switch (cxs)**
    **case 1:**
    **case 2:**
       —————
       —————
    **NXS (3); break**
    **case 3:**
       —————
       —————
    **NXS (1); break**

**case KY3:    // Same as ... EventForKY3**

    **Switch (cxs)**
    **case 1:**
    **case 2:**
       —————
       —————
    **NXS (3); break**
    case 3:
       —————
       —————
    **NXS (1); break**

# FM Programming Framework

FSM Scheme (finite state machine) — CHART
    High Granularity --- Mouse move
FM Class hierarchy
FM Class derivation
FM initialization
FM exit scheme
Permanent/Temporary FM
Prompt messages (FM / Prompt / Info / Error )
Event Handling methods
   Event : SEL/IND/KEY/DEFPT/MMV/TOGGLE/REPEAT
   Standardized Event Processing Scheme
Prompt message generation scheme—standardized

Undo/Redo Support (multi-level)
## FUNCTION MODE (FM) : CLASS-BASED APPROACH

Gxxx.cpp

```
------------------------------------------------------------ Doc.h
CFM_baseP* m_pFM; // currently active FM
CFM_baseP* m_pFMprev; // previous FM
CFM_baseP* m_pFMT; // current temporary FM

int FM_mode; // permanemt FM
int FM_modePrev; // save
int cxs;
int nxs;
int pxs;

int FM_modeT; // temporary FM
int FM_modePrevT; // save
int cxsT;
int nxsT;
int pxsT;
------------------------------------------------------------ Doc.cpp
void CGDoc::OnCreateLine3d()
{ m_pFM = new CFM_createLine3d ( this ); }
void CGDoc::OnUpdateCreateLine3d(CCmdUI* pCmdUI)
{ m_pFM->UpdateFMmode ( pCmdUI, FM_CREATE_LINE_3D ); }
------------------------------------------------------------ Doc.cpp
void CGDoc::OnCreatePoint()
{ m_pFM = new CFM_createPoint ( this ); }
void CGDoc::OnUpdateCreatePoint(CCmdUI* pCmdUI)
{ m_pFM->UpdateFMmode ( pCmdUI, FM_CREATE_POINT ); }
------------------------------------------------------------ FM_base.h
class CFM_baseP
{
public:
int pxs, cxs;
CGDoc* m_pDoc;
FM_MODE m_FMmode;
UINT m_stringID;


// Operations ———————— Event Handler / Event Processing
public:
CFM_baseP ( CGDoc* pDoc ); // constructor
virtual ~CFM_baseP (); // destructor
```

# New — 2022-11-17
# Event Handler (EventForXXX) and Global Variables (member variables) Set

EventHandler(evt) & all EventForXXX() are all virtual functions declared in the FM base class. FM will handle only events it is interested in by providing implementation. All other events will be ignored (only an empty base class function is called). In addition, there are global variables used by each FM to keep some values between events (ex. m_pElemSaved).

```
void EventHandler(EVENT) {}   // qaz2022 new

void EventForSEL ( UINT_PTR, CPoint ) { m_bEventForDEFPT = true; }
    set by event: m_pElemSEL, m_elemTypeSEL, m_pt1SEL, m_pPt1SEL,

void EventForIND ( UINT_PTR, CPoint ) { m_bEventForDEFPT = true; }
    Variables set by event: m_ptIND, m_ptDEFPT,

void EventForKY3 ( UINT_PTR, CPoint ) { m_bEventForDEFPT = true; }
    Variables set by event: m_value1KEY, m_value2KEY, m_value3KEY

void EventForDEFPT ( UINT_PTR, CPoint ) {}   // 1999-6027
    Variables set by event: m_ptDEFPT,

void EventForKY2 ( UINT_PTR, CPoint ) {}
    Variables set by event: m_value1KEY, 2,

void EventForKY1 ( UINT_PTR, CPoint ) {}
    Variables set by event: m_value1KEY,

void EventForLBD ( UINT_PTR, CPoint ) {}
void EventForLBU ( UINT_PTR, CPoint ) {}
void EventForLB2 ( UINT_PTR, CPoint ) {}

void EventForRBD ( UINT_PTR, CPoint ) {}
void EventForRBU ( UINT_PTR, CPoint ) {}
void EventForRB2 ( UINT_PTR, CPoint ) {}

void EventForMMV ( CPoint, UINT_PTR, CPoint ) {}
    Variables set by event: m_eyePt, m_centerPt, m_upVec, m_viewAngle;

void EventForAWU ( UINT_PTR, CPoint ) {}
void EventForAWD ( UINT_PTR, CPoint ) {}
void EventForAWL ( UINT_PTR, CPoint ) {}
void EventForAWR ( UINT_PTR, CPoint ) {}

void EventForDNC ( UINT_PTR, CPoint ) {}
void EventForDNS ( UINT_PTR, CPoint ) {}
void EventForUPC ( UINT_PTR, CPoint ) {}
void EventForUPS ( UINT_PTR, CPoint ) {}

void EventForYES ( UINT_PTR, CPoint ) {}
```

```
void EventForEND     ( UINT_PTR, CPoint ) {}
void EventForTOGGLE  ( UINT_PTR, CPoint ) {}
void EventForREPEAT  ( UINT_PTR, CPoint ) {}
void EventForREPEAT2 ( UINT_PTR, CPoint ) {}
void EventForESC     ( UINT_PTR, CPoint ) {}
void EventForDEL     ( UINT_PTR, CPoint ) {}
void EventForGROUP () {}
void EventForLAYER () {}

void EventForMENU ( int item ) {   ClearTempAll ();   }

void EventForUNDO ( UNDO_EVT evt, int type, int index ) {}

void CallEventForDEFPT()      { m_bEventForDEFPT = true; }
void DoNotCallEventForLBD()   { m_bEventForLBD = false; }

    // EventForEXIT was introduced to take care of cleaning chores on exit
    // for FM.  Cannot do this in the base class destructor because if
    // KillAllUndos() is called from base class destructor, there is no
    // object-specific pointer to effect polymorphism for, say, EventForUNDO.
    // This is because by the time base destructor is called, a specific
    // object has been already destroyed.   1999-11-10.
void EventForEXIT () { KillAllUndos(); } // calls KillAllRedos() too
```

# Example FM

EXAMPLE:

virtual void InitializeFM ();

virtual void NXS ( int nxs );
void UpdateFMmode ( CCmdUI* pCmdUI, FM_MODE fm );
};
------------------------------------------------------------ FM_base.h
class CFM_baseT : public CFM_baseP
{
public:
// Operations
public:
virtual void EventForIND ( UINT, CPoint );
virtual void EventForKY3 ( UINT, CPoint );
virtual void EventForESC ( UINT, CPoint );
virtual void EventForEND ( UINT, CPoint );

virtual void InitializeFM ();
virtual void NXS (int nxs) ;
};
------------------------------------------------------------ FM_base.h
class CFM_createPoint : public CFM_baseP
{
public:
// Operations
public:
CFM_createPoint ( CGDoc* pDoc );
~CFM_createPoint ();
virtual void EventForIND ( UINT, CPoint );

```cpp
virtual void EventForKY3 ( UINT, CPoint );
virtual void InitializeFM ();
virtual void NXS (int nxs) ;
};
```
--------------------------------------------------------- FM_base.h
```cpp
class CFM_createLine3d : public CFM_baseP
{
public:
// Operations
public:
CFM_createLine3d ( CGDoc* pDoc );
~CFM_createLine3d ();

virtual void EventForSEL ( UINT, CPoint );
virtual void EventForIND ( UINT, CPoint );
virtual void EventForKY3 ( UINT, CPoint );
virtual void EventForEND ( UINT, CPoint );
virtual void InitializeFM ();
virtual void NXS (int nxs) ;
};
```
--------------------------------------------------------- FM_base.cpp
```cpp
CFM_baseP::CFM_baseP ( CGDoc* pDoc )
{
m_pDoc = pDoc;
////error ?? m_stringID = IDP_PROMPT_NOT_FOUND;
pxs = 0;
NXS ( 1 );

if ( m_pDoc->m_pFM != NULL ) delete m_pDoc->m_pFM; // Destructor of the previous FM
InitializeFM (); // New FM initialization

if ( m_pDoc->m_pFMT != NULL ) delete m_pDoc->m_pFMT;
}
```
--------------------------------------------------------- FM_base.cpp
```cpp
CFM_baseP::~CFM_baseP ( )
{
}
```
--------------------------------------------------------- FM_base.cpp
```cpp
void CFM_baseP::NXS ( int nxs )
{
pxs = cxs; cxs = nxs;

// Display prompt message
//-------------------------------------
// Convert string resource ID to a string
CString str;
//error ?? AfxFormatString1 ( str, m_stringID, " " );

// Display in the 2nd status bar
//-------------------------------------

////error ?? m_stringID = IDP_PROMPT_NOT_FOUND;
}
```
--------------------------------------------------------- FM_base.cpp
```cpp
void CFM_baseP::InitializeFM ()
{
}
/////////
void CFM_baseP::UpdateFMmode ( CCmdUI* pCmdUI, FM_MODE fm )
{
if ( m_FMmode == fm ) pCmdUI->SetCheck(1); else pCmdUI->SetCheck(0);
```

```cpp
}
//////////
void CFM_baseP::EventForSEL ( UINT nFlags, CPoint pt )
{
}
//////////
void CFM_baseP::EventForIND ( UINT nFlags, CPoint pt )
{
}
//////////
void CFM_baseP::EventForKY1 ( UINT nFlags, CPoint pt )
{
}
//////////
void CFM_baseP::EventForKY2 ( UINT nFlags, CPoint pt )
{
}
////////////////////////////////////////////////////////////
void CFM_baseP::EventForKY3 ( UINT nFlags, CPoint pt )
{
}
////////////////////////////////////////////////////////////
void CFM_baseP::EventForLBD ( UINT nFlags, CPoint pt )
{
}
////////////////////////////////////////////////////////////
void CFM_baseP::EventForLBU ( UINT nFlags, CPoint pt )
{
}
////////////////////////////////////////////////////////////
void CFM_baseP::EventForLB2 ( UINT nFlags, CPoint pt )
{
}
////////////////////////////////////////////////////////////
void CFM_baseP::EventForRBD ( UINT nFlags, CPoint pt )
{
}
////////////////////////////////////////////////////////////
void CFM_baseP::EventForRBU ( UINT nFlags, CPoint pt )
{
}
////////////////////////////////////////////////////////////
void CFM_baseP::EventForRB2 ( UINT nFlags, CPoint pt )
{
}
////////////////////////////////////////////////////////////
void CFM_baseP::EventForAWU ( UINT nFlags, CPoint pt )
{
}
////////////////////////////////////////////////////////////
void CFM_baseP::EventForAWD ( UINT nFlags, CPoint pt )
{
}
////////////////////////////////////////////////////////////
void CFM_baseP::EventForAWL ( UINT nFlags, CPoint pt )
{
}
////////////////////////////////////////////////////////////
void CFM_baseP::EventForAWR ( UINT nFlags, CPoint pt )
{
}
```

```
//////////////////////////////////////////////////////////////
void CFM_baseP::EventForDNC ( UINT nFlags, CPoint pt )
{
}
//////////////////////////////////////////////////////////////
void CFM_baseP::EventForDNS ( UINT nFlags, CPoint pt )
{
}
//////////////////////////////////////////////////////////////
void CFM_baseP::EventForUPC ( UINT nFlags, CPoint pt )
{
}
//////////////////////////////////////////////////////////////
void CFM_baseP::EventForUPS ( UINT nFlags, CPoint pt )
{
}
//////////////////////////////////////////////////////////////
void CFM_baseP::EventForYES ( UINT nFlags, CPoint pt )
{
}
//////////////////////////////////////////////////////////////
void CFM_baseP::EventForSPC ( UINT nFlags, CPoint pt )
{
}
//////////////////////////////////////////////////////////////
void CFM_baseP::EventForEND ( UINT nFlags, CPoint pt )
{
}
//////////////////////////////////////////////////////////////
void CFM_baseP::EventForESC ( UINT nFlags, CPoint pt )
{
}
//////////////////////////////////////////////////////////////
void CFM_baseP::EventForMMV ( CGView* pV, CPoint d, UINT nFlags, CPoint pt )
{
}
==========================================================================
```

# How FM/FMT are Managed---------------

```
////////////////////////////////FM Permanent /////////////////
void CGDoc::OnElemMirror()
{ m_pData->m_pFM = new CFM_elemMirror (m_pData); SetFocus(); }
void CGDoc::OnUpdateElemMirror(CCmdUI* pCmdUI)
{ m_pData->m_pFM->UpdateFMmode ( pCmdUI, FM_ELEM_MIRROR ); }
//////////////////////////////////////////////////////////////
CFM_baseP::CFM_baseP (CData* pData) : CFM_BASE (pData)
{
if ( m_pData->m_pFM != NULL ) // Destroy the previous FM
{ //////////////DELETE FM PERMANENT ////////////(3)
m_pData->m_pFM->EventForEXIT ();
delete m_pData->m_pFM;
}
if ( m_pData->m_pFMT != NULL ) // Destroy temporary FM
{ //////////////DELETE FM TEMPO ////////////(1)
m_pData->m_pFMT->EventForEXIT();
CFM_BASE* p = m_pData->m_pFMT;
```

```cpp
m_pData->m_pFMT = NULL; // Set NULL before deleting itself
delete p;
}}
///////////////////////////////FM Temporary //////////////////
void CGDoc::OnGroupSelect()
{ if (SetFMmodeT(FM_GROUP_SELECT)) m_pData->m_pFMT = new CFM_groupSelect(m_pData,
this); SetFocus();}
void CGDoc::OnUpdateGroupSelect(CCmdUI* pCmdUI)
{ UpdateFMmodeT ( pCmdUI, FM_GROUP_SELECT ); }
///////////////////////////////////////////////////////////////
BOOL CGDoc::SetFMmodeT ( FM_MODE fm )
{
if ( m_pData->m_pFMT == NULL )
// No FM-temp existed before, so create new one
return true; // m_pData->m_pFMT = new CFM_viewRotPerp ( this );
else
{ if ( m_pData->m_pFMT->m_FMmode == fm )
{ // FM-temp existed is the same one, so exit and go back to FM-perm
///////////////DELETE FM TEMPO ///////////(1)
m_pData->m_pFMT->EventForEXIT();
CFM_BASE* p = m_pData->m_pFMT;
m_pData->m_pFMT = NULL; // Set NULL before deleting itself
delete p;
//////////RESTORE FM PERMANENT ////////////(2)
// Since going back to FM-permanent, so restore prompt message (by NXS)
m_pData->m_pFM->NXS ( m_pData->m_pFM->cxs );
// Also restore submenu
m_pData->m_pFM->ShowSubmenu ();
// Restore key-in focus
CGView::GetMyActiveView()->SetFocus();
return false; // No FM-temp needed
}
else
{ // Different FM-temp requested, so delete old & create new one
///////////////DELETE FM TEMPO ///////////(1)
// Delete FM-temp
m_pData->m_pFMT->EventForEXIT();
CFM_BASE* p = m_pData->m_pFMT;
m_pData->m_pFMT = NULL; // Set NULL before deleting itself
delete p;
return true; // m_pData->m_pFMT = new CFM_viewRotPerp ( this );
}} // SetFocus();
///////////////////////////////////////////////////////////////
void CFM_baseT::EventForESC ( UINT nFlags, CPoint pt )
{ // Going back to FM-permanent, so delete this FM-temporary and restore
// prompt message (by NXS). Since we are deleting "this" object,
// make sure "delete this" is the very last statement.
//////////RESTORE FM PERMANENT ////////////(2)
m_pData->m_pFM->NXS ( m_pData->m_pFM->cxs );
m_pData->m_pFM->ShowSubmenu ();
// CGView::GetMyActiveView()->SetFocus(); // commented for view access
///////////////DELETE FM TEMPO ///////////(1)
m_pData->m_pFMT->EventForEXIT();
CFM_BASE* p = m_pData->m_pFMT;
m_pData->m_pFMT = NULL; // Set NULL before deleting itself
delete p;
///////////////////////////////////////////////////////////////
void CGDoc::OnGroupSelect()
{ // Get out of temporary FM Group and go back to FM-permanent
// if (SetFMmodeT(FM_ELEM_GROUP)) m_pData->m_pFMT = new CFM_elemGroup(this);}
// This OK icon should be enabled only when FM Group (temp) is active.
```

```
// And FM Group should be enabled only when qualifying FMs are active. // -------
if (NULL == m_pData->m_pFMT) return;
////////////////DELETE FM TEMPO ////////////(1)
m_pData->m_pFMT->EventForEXIT();
CFM_BASE* p = m_pData->m_pFMT;
m_pData->m_pFMT = NULL; // Set NULL before deleting itself
delete p;
/////////RESTORE FM PERMANENT ////////////(2)
m_pData->m_pFM->NXS ( m_pData->m_pFM->cxs );
m_pData->m_pFM->ShowSubmenu ();
CGView::GetMyActiveView()->SetFocus(); //
// Generate EventForGROUP for permanent FM
m_pData->m_pFM->EventForGROUP();
}
```

# 1-3. User Actions

## USER ACTIONS

In any interactive system, in the course of dialog discourse, there are a set number of actions the user can take at a given moment in the dialog, in order to provide input to the system. The system reacts to the user action, performs some tasks, and once again awaits for the next user action. The following is the list of typical actions.
1. Mouse input
2. Keyboard input
3. Touch screen input

### Mouse Buttons
Assuming a three-button mouse, the following actions are possible.
1. L-click / double-click
2. R-click / double-click
3. M-click / double-click
4. Mouse drag (without holding any button)
5. L-hold&drag (hold the button and drag)
6. R-hold&drag (hold the button and drag)
7. M-hold&drag (hold the button and drag)
8. L-click-while-R-hold
9. L-click-while-M-hold
10. R-click-while-L-hold
11. R-click-while-M-hold
12. M-click-while-L-hold
13. M-click-while-R-hold
14. L-hold&drag-while-R-hold
15. L-hold&drag-while-M-hold
16. R-hold&drag-while-L-hold
17. R-hold&drag-while-M-hold
18. M-hold&drag-while-L-hold
19. M-hold&drag-while-R-hold
14. L-hold&drag-while-R-hold
15. L-release (button just released)
16. R-release (button just released)
17. M-release (button just released)

The "click" means a single act of pushing a button down and then releasing (up) it again, without moving the mouse location too much. The system can discern the mouse motion between "mouse-down" point and "mouse-up" point in terms of pixel distance. The double-clicking is an act of clicking the same button twice in a rapid succession.

We can also consider a click or hold&drag of any mouse button while any keyboard key is being held.

**Numerical Key-ins**
1. Key 1 - Key-in of one value
2. Key 2 - Key-in of two values, separated by a comma
3. Key 3 - Key-in of three values, separated by two commas

**Alphabetic Key-ins**
Key-in of names...

**Special Keys**
Delete key
Esc key
Arrow keys
Page up/down
Space bar
End key
Home key

**Select / Indicate Consideration**
The "select" is an act of picking an existing geometry by a mouse button click. The "indicate", on the other hand, specifies a 3D coordinate by the same click action while pointing the mouse somewhere in the viewport void of any geometry. These are two conceptually distinct operations. Nonetheless, these operations are somewhat related, or similar. Indeed, we can think of an "indicate" as a selection of the construction plane. Usually, this dual assignment of the same mouse button for select and indicate presents no problem - unless some geometry is in front of the construction plane when the user wishes to "indicate". A solution is to allow a "forced" indicate by, say, holding the Shift key.

---

```
=========================== FM CLASS ====================================
/////////////////////////////////////////////////////////////
CFM_BASE* m_pFM;  // Currently active FM-permanent
CFM_BASE* m_pFMT; // Currently active FM-temporary

BOOL SetFMmodeForT ( FM_MODE fm );
void UpdateFMmodeForT ( CCmdUI* pCmdUI, FM_MODE fm );

/////////////////////////////////////////////////////////////
void CGDoc::OnCreatePoint()
{ m_pFM = new CFM_createPoint ( this ); }
void CGDoc::OnUpdateCreatePoint(CCmdUI* pCmdUI)
{ m_pFM->UpdateFMmode ( pCmdUI, FM_CREATE_POINT ); }
/////////////////////////////////////////////////////////////

/////////////////////////////////////////////////////////////
void CGDoc::OnViewRotPerp()
{ if ( SetFMmodeForT ( FM_VIEW_ROT_PERP ) )
m_pFMT = new CFM_viewRotPerp ( this ); }
void CGDoc::OnUpdateViewRotPerp(CCmdUI* pCmdUI)
{ UpdateFMmodeForT ( pCmdUI, FM_VIEW_ROT_PERP ); }
/////////////////////////////////////////////////////////////
BOOL CGDoc::SetFMmodeForT ( FM_MODE fm )
{
if ( m_pFMT == NULL )
// No FM-temp existed before, so create new one
return true; // m_pFMT = new CFM_viewRotPerp ( this );
else
{
```

```cpp
if ( m_pFMT->m_FMmode == fm )
{ // FM-temp existed is the same one, so exit and go back to FM-perm
delete m_pFMT;
m_pFMT = NULL;
// Restore FM-permanent prompt message
m_pFM->NXS ( m_pFM->cxs );
return false; // No FM-temp needed
}
else
{ // Different FM-temp requested, so delete old & create new one
delete m_pFMT;
return true; // m_pFMT = new CFM_viewRotPerp ( this );
}
}
}
/////////////////////////////////////////////////////////////////
void CGDoc::UpdateFMmodeForT ( CCmdUI* pCmdUI, FM_MODE fm )
{
if ( m_pFMT != NULL )
// If FM-temp exists, let it take care of update business
m_pFMT->UpdateFMmode ( pCmdUI, FM_VIEW_ROT_PERP );
else
// If FM-temp does not exist, always turn off display
pCmdUI->SetCheck(0);
}
/////////////////////////////////////////////////////////////////
```

=

**CFK_viewRotBase** (Base Class)  2000-12-8

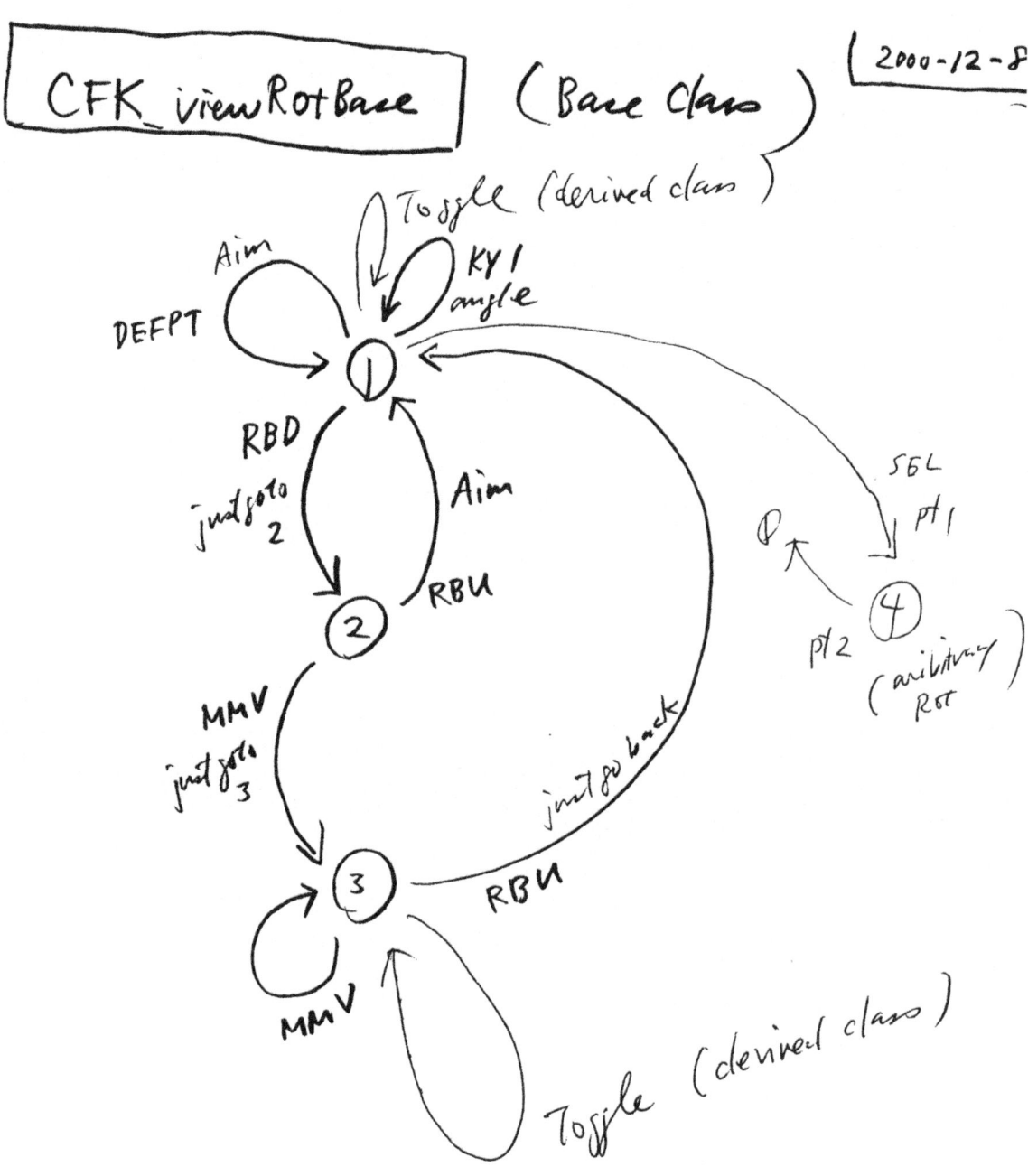

# FK create Line X  (polygon / Line 2D / Line 3D)   99-10-19

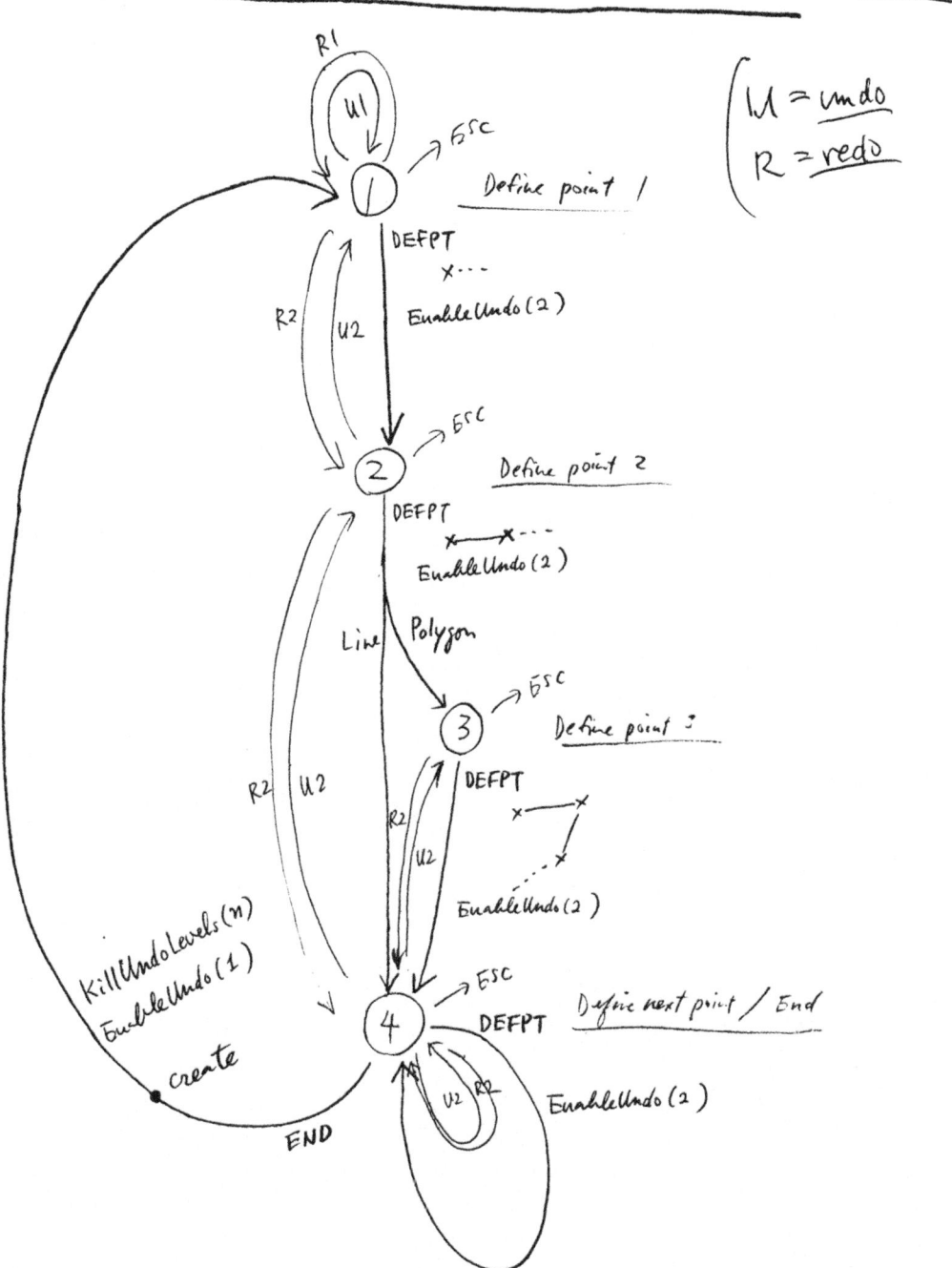

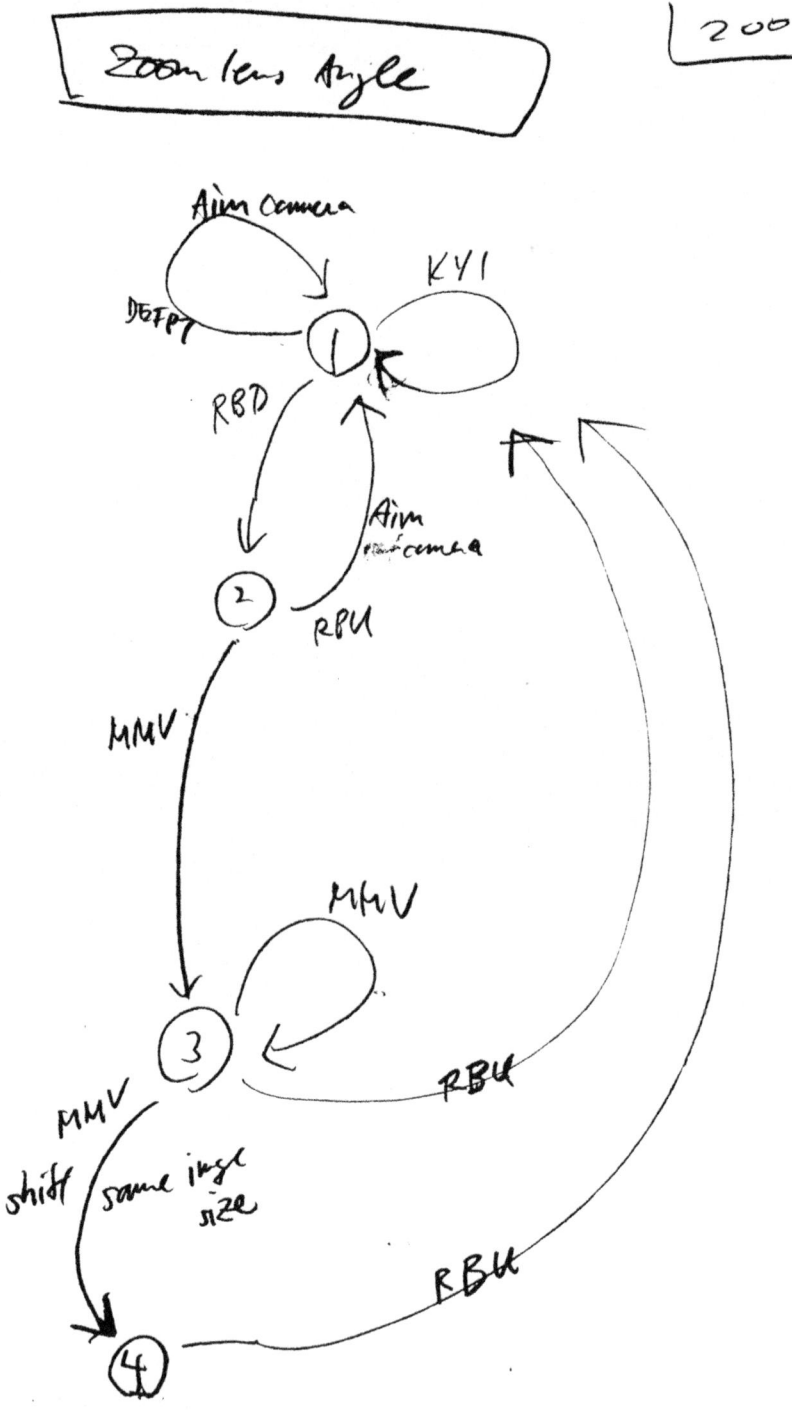

**Zoom camera move** | 2000-12

- Aim camera (loop at 1)
- DBFPT (at 1)
- 1 → 2: RBD
- 2 → 1: Aim camera, RBU
- 2 → 3: MMV
- 3 → 3: MMV (loop)
- 3 → 1: RBU

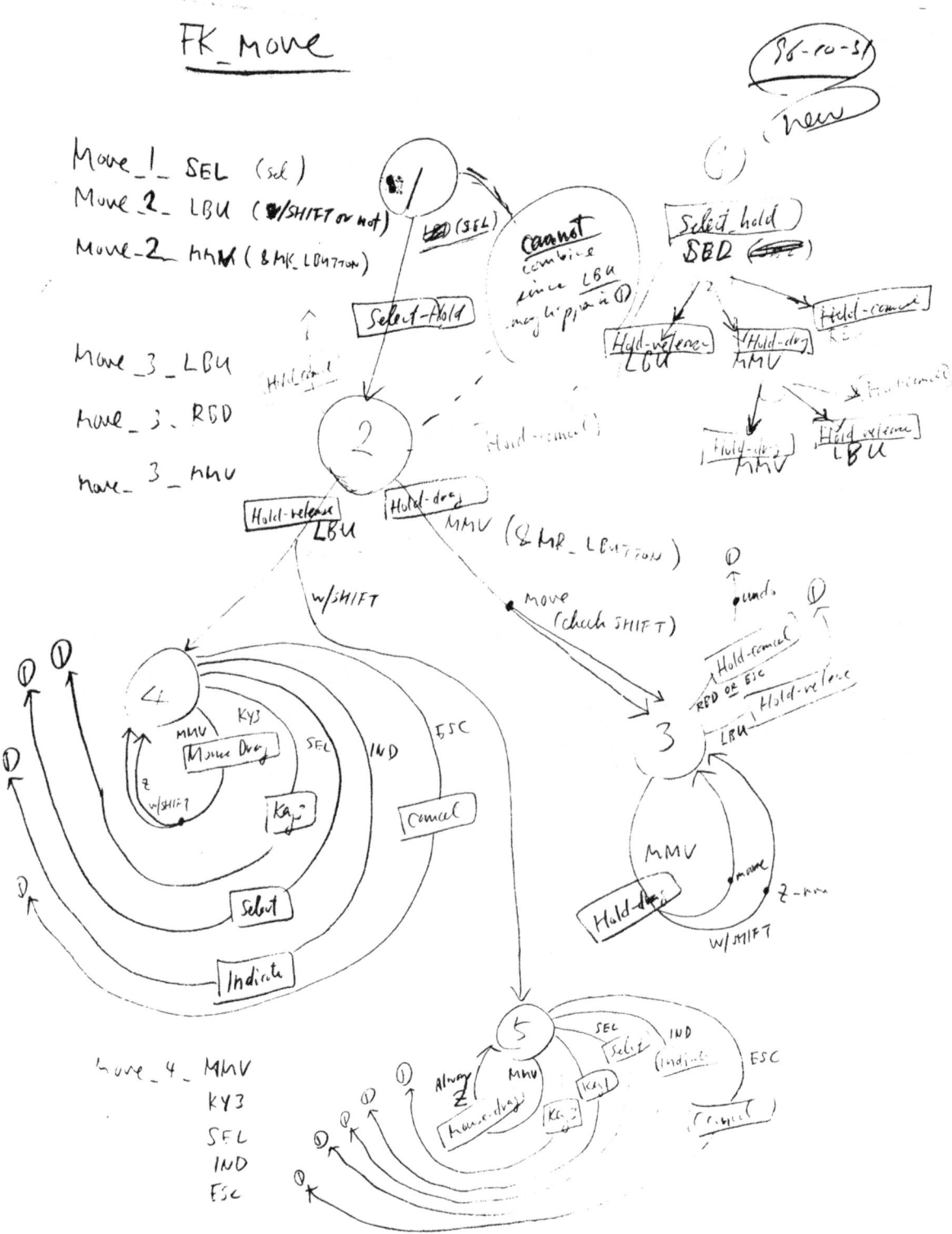

189

# FK elem Translate    98-5-15

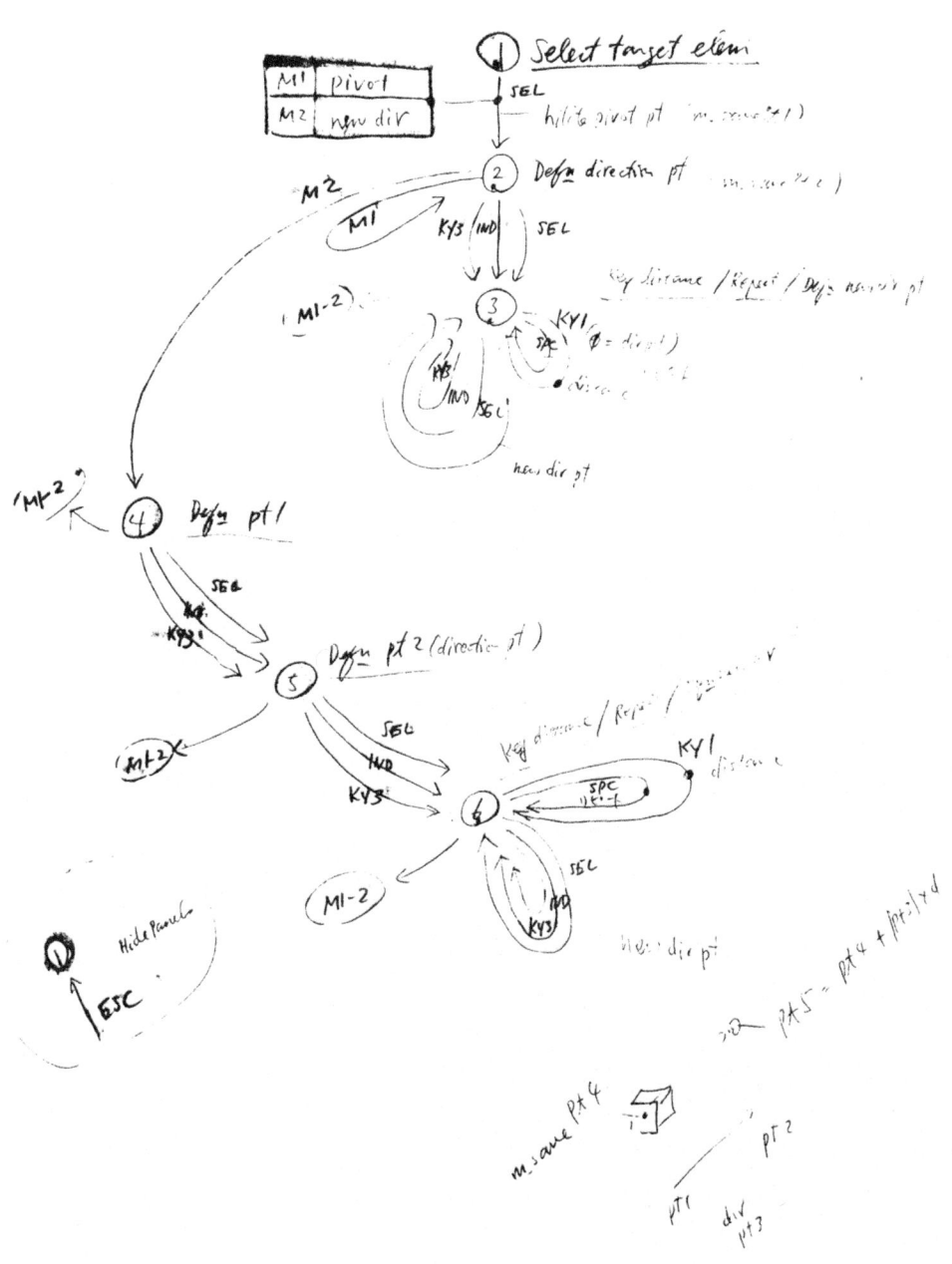

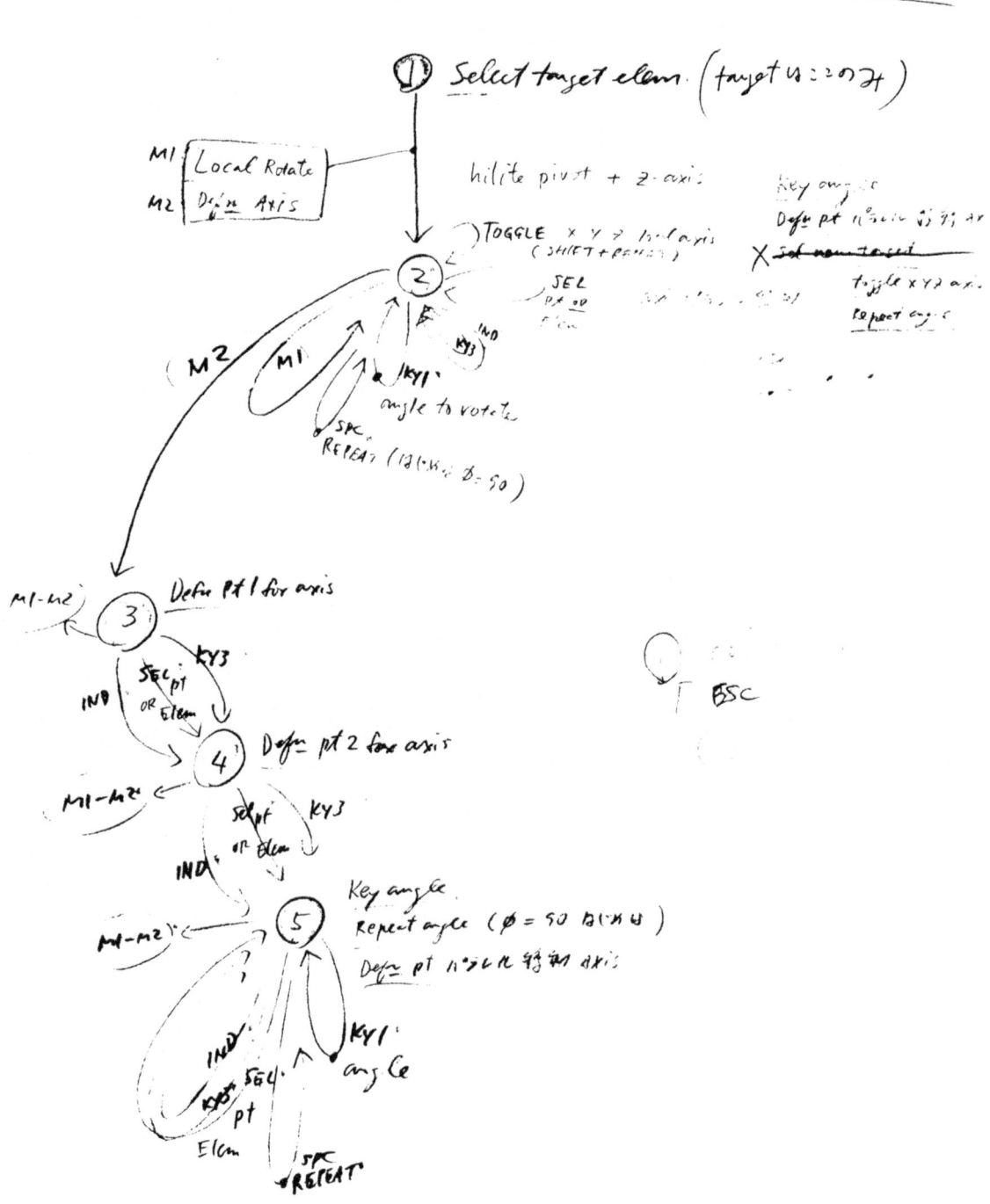

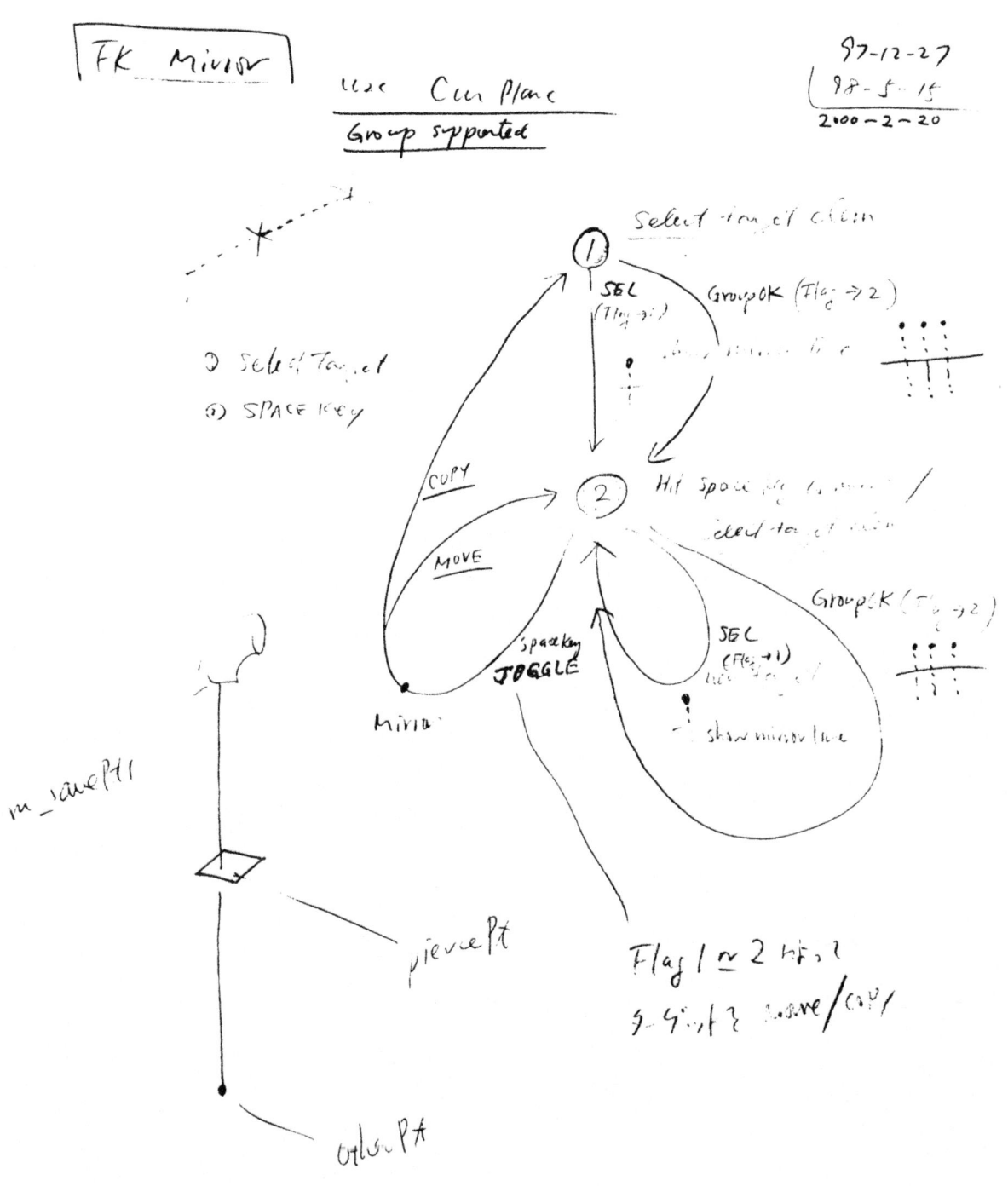

# 2. Programming Paradigm

1. How To Add New FM
2. Typical FM Structure
3. FM Overridables
4. Events
5. Attention Variables
6. Temporary Storage Between Attentions
7. FM Utilities
8. Submenus
9. System Feedback Message
10. Temporary Line / Rubberband
11. Group Operation
12. Event Control Issues
13. UNDO / REDO
14. Help

## 2-1. How To Add New FM

Define FM name in GGlobal.h.

```
    GGlobal.h
enum FM_MODE
{   FM_XXXX_XXXX,    (example)
    FM_CREATE_POINT,
    FM_ELEM_ANALYSIS,
}
```

Create FM_xxxx.h header file.  You must decide whether this FM is "*permanent*" or "*temporary*".

<u>*GFM_xxxx.h*</u>
class CFM_xxxx : public CFM_baseP      *or*      class CFM_xxxx : public  CFM_baseT  (or _doc)
(Copy from FM_template.h.)

Create FM_xxx.cpp implementation file.

<u>*GFM_xxxx.cpp*</u>
(Copy from FM_template.cpp.)

Define resource strings in *G.rc* (open with text format) and *Resource.h*.

*G.rc* (open with text format)
*Resource.h*
```
IDP_XXXX_FM .......... for FM mode
IDP_XXXX_1,2,3......... for prompt messages
IDSM_XXXX_1,2,3 ......for submenus
IDSF_XXXX_XXX ...... for system feedback messages
```

Add menu/icon to invoke this FM using Resource Editor. (See How to add menu/icon.)

Edit message handler in GDoc.cpp using Class Wizard.

*GDoc.cpp*
```
// for Permanent FM
//////////////////////////////////////////////////
void CGDoc::OnElemTranslate()
{   m_pData->m_pFM = new CFM_elemTranslate (m_pData);    InitializeFM();   }
void CGDoc::OnUpdateElemTranslate(CCmdUI* pCmdUI)
{   m_pData->m_pFM->UpdateFMmode (pCmdUI,         FM_ELEM_TRANSLATE);        }
//////////////////////////////////////////////////

// for Temporary FM
//////////////////////////////////////////////////
void CGDoc::OnCurPlaneRotXyzToggle()
{    if (SetFMmodeT(FM_CUR_PLANE_ROT_XYZ_TOGGLE))
       {m_pData->m_pFMT = new CFM_curPlaneRotXyzToggle(m_pData,this); InitializeFMT();}
}
void CGDoc::OnUpdateCurPlaneRotXyzToggle(CCmdUI* pCmdUI)
{   UpdateFMmodeT (pCmdUI, FM_CUR_PLANE_ROT_XYZ_TOGGLE); }
//////////////////////////////////////////////////
```

*BELOW IS THE SAME AS ABOVE   ???????*
==========================================================================

# HOW TO ADD NEW FM (FUNCTION MODE)

Gxxx.cpp

```
// GGlobal.h
enum FM_MODE // Both FM_mode & FM_modeT
{
FM_CREATE_EDGE,
FM_CUR_PLANE_ORIGIN,

// Resource.h
IDP_CREATE_EDGE_FM; // FM title on Desktop
IDP_CREATE_EDGE_1, // Prompt 1,2,3,...
IDP_CREATE_EDGE_2;
```

// G.rc (Search for "IDP_CREATE_EDGE_FM" in Find in Files and double-click
Define messages and tool tips...

// Create FM class (.h/.cpp)

// Add menu item to invoke this FM

// Add toolbar icon for short-cut

// Use ClassWizard to activate this menu

// GDoc.h
afx_msg OnCfdGridGeneration
afx_msg OnUpdateCfdGridGeneration
// GDoc.cpp
ON_COMMAND CfdGridGeneration
ON_UPDATE_COMMAND CfdGridGeneration
-----
OnCfdGridGeneration
OnUpdateCfdGridGeneration
//-------------- FM permanent
///////////////////////////////////////////////////////////////
void CGDoc::OnCreateEdge()
{ m_pFM = new CFM_createEdge( this ); SetFocus(); }
void CGDoc::OnUpdateCreateEdge(CCmdUI* pCmdUI)
{ m_pFM->UpdateFMmode ( pCmdUI, FM_CREATE_EDGE ); }
///////////////////////////////////////////////////////////////

//-------------- FM temporary
///////////////////////////////////////////////////////////////
void CGDoc::OnCurPlaneOrigin()
{ if (SetFMmodeT(FM_CUR_PLANE_ORIGIN)) m_pFMT = new CFM_curPlaneOrigin(this); SetFocus(); }
void CGDoc::OnUpdateCurPlaneOrigin(CCmdUI* pCmdUI)
{ UpdateFMmodeT ( pCmdUI, FM_CUR_PLANE_ORIGIN ); }
///////////////////////////////////////////////////////////////


# FM NAME CHANGE / ADD / STRING TABLE (MFC)

GDoc.h

   OnCreateMultiBox
   OnUpdateCreateMultiBox

GDoc.cpp

   ON_COMMAND_CREATE_MULTI_BOX
   ON_UPDATE_COMMAND_CREATE_MULTI_BOX

   void CGDoc::OnCreateMultiBox()
   { m_pData->m_pFM = new CFM_createMultiBox(m_pData); InitializeFM(); }
   void CGDoc::OnUpdateCreateMultiBox(CCmdUI* pCmdUI)
   { m_pData->m_pFM->UpdateFMmode (pCmdUI, FM_CREATE_MULTI_BOX); }

GGlobal.h

   FM_CREATE_MULTI_BOX

G.rc

   Toolbar...
   Menus...
   Dialogs...
   ID_CREATE_MULTI_BOX "Create Multi-Box\n Multi-Box"
   IDP_CREATE_MULTI_BOX_FM "Create Multi-Box"
   IDP_CREATE_MULTI_BOX_1 "prompt 1"

IDP_CREATE_MULTI_BOX_2 "prompt 2"

Resource.h

Must contain all symbols used in G.rc
-- Copy G/Resurce.h to A_Include/Resource.h

========================================================================

# FM Command

### 1) GFM_cfd.h / cpp --- FM Command Implementation

```
CFM_PipingAaa::CFM_PipingAaa (CData* pData) : CFM_baseP (pData) // constructor
{
    // Add FM entry_time initialization below
    m_FMmode = FM_PIPING_AAA; // See Effective C++ enum???
    m_stringFM = IDP_PIPING_AAA_FM;
    NXS (1);
    SetSubmenu ();
}
CFM_PipingAaa::~CFM_PipingAaa () // desctructor
{
}
void CFM_PipingAaa::InitializeFM ()
{
    // This is just a test (only works on menu, nut toolbar icons
    CMenu* pM = AfxGetMainWnd()->GetMenu();
    ASSERT_VALID (pM);
    pM->EnableMenuItem (ID_GROUP_SELECT, MF_BYCOMMAND | MF_ENABLED);
    pM->EnableMenuItem (ID_FILE_NEW, MF_BYCOMMAND | MF_ENABLED);
}
```

### 1) Define prompts in NXS() method in the commnad

```
void CFM_PipingAaa::NXS ( int nxs )
{
    switch ( nxs )
    {
    case 1: m_stringID = IDP_PIPING_AAA_1; break;
    case 2: m_stringID = IDP_PIPING_AAA_2; break;
    case 3: m_stringID = IDP_PIPING_AAA_3; break;
    }
    CFM_BASE::NXS ( nxs ); // Call base function at the end
}
void CFM_PipingAaa::SetSubmenu ( UINT )
{
    m_submenuType = A;
    m_submenuTotal = 4;
    m_submenu1 = IDSM_CREATE_POINT_1;
    m_submenu2 = IDSM_CREATE_POINT_2;
    ShowSubmenu ();
}
```

### 2) GDoc.h --- Message Map

```
afx_msg void OnPipingAaa();
```

afx_msg void OnUpdatePipingAaa();

### 3) GDoc.cpp --- Message Map

```
ON_COMMAND(ID_PIPING_AAA, OnPipingAaa)
ON_UPDATE_COMMAND_UI(ID_PIPING_AAA, OnUpdatePipingAaa)

void CGDoc::OnPipingAaa()
{ m_pData->m_pFM = new CFM_PipingAaa (m_pData); InitializeFM(); }
void CGDoc::OnUpdatePipingAaa(CCmdUI* pCmdUI)
{ m_pData->m_pFM->UpdateFMmode (pCmdUI, FM_PIPING_AAA); }
```

### 4) G\Resource.h --- Resource definition

### 2) Define ID in G\Resource.h

```
#define ID_PIPING_AAA 36420
#define ID_PIPING_BBB 36421
#define ID_PIPING_CCC 36422
```

Ensure a new number is used

`#define _APS_NEXT_COMMAND_VALUE 36493`

Copy this Resource.h file to A_Include folder.

### 5) G.rc --- Resource file

```
IDR_TOOLBAR12 TOOLBAR DISCARDABLE 16, 15    ---- For Toolbar
BEGIN
BUTTON ID_PIPING_AAA
BUTTON ID_PIPING_BBB
BUTTON ID_PIPING_CCC
END

POPUP "Piping"   ------- For menu
BEGIN
MENUITEM "AAA", ID_PIPING_AAA
MENUITEM "BBB", ID_PIPING_BBB
MENUITEM "CCC", ID_PIPING_CCC
END

STRINGTABLE DISCARDABLE    ------- For prompt message
BEGIN
IDP_PIPING_AAA_1 "1 Prompt One"
IDP_PIPING_AAA_2 "2 Prompt Two"
IDP_PIPING_AAA_3 "3 Prompt Three"
END
```

### 3) Define prompts in G.rc (use Find in Files search of ID)

```
STRINGTABLE DISCARDABLE
BEGIN
IDP_CFD_TEST_1 "Click Space-bar to make structured list"
IDP_CFD_TEST_2 "Click Tab-key to move grid plane"
IDP_CFD_TEST_3 "Key in number of grids"
END
```

```
/=======================================================================
```

# 2-2. Typical FM Structure

## FM prototype header file ---------------- GFM_xxxx.h

**GFM_xxxx.h**
```cpp
class CFM_elemTranslate : public CFM_baseP OR CFM_baseT
{
public:
        CFM_elemTranslate (CData* pData);
        ~CFM_elemTranslate ();

        virtual void InitializeFM ();
        virtual void NXS (int nxs) ;
        virtual void CommonTaskForNXS (int nxs) ;
        virtual void SetSubmenu ( UINT menuNo = 0 );
        virtual void EventForMENU ( UINT item );
        virtual void EventForEXIT ( );

        virtual void EventForDEFPT ( UINT, CPoint );
        virtual void EventForSEL ( UINT, CPoint );
        virtual void EventForIND ( UINT );
        virtual void EventForKY3 ( UINT );
        virtual void EventForMMV ( CPoint, UINT, CPoint );

        virtual void EventForTOGGLE ( UINT, CPoint );
        virtual void EventForREPEAT ( UINT, CPoint );
        virtual void EventForGROUP ();
        virtual void EventForUNDO ( UNDO_EVT, int type, int index );
        virtual void EventForESC ( UINT, CPoint );
protected:
        CPoint3D m_startPt;
        CPoint3D m_endPt;
        CPoint3D m_saveDir;
        double   m_saveLen;
protected:
        void TranslateOneElement();
        void TranslateGroupedElements();
};
```

## FM implementation -------------- GFM_xxxx.cpp

**GFM_xxxx.cpp**
```cpp
CFM_elemTranslate::CFM_elemTranslate (CData* pData)  // constructor
: CFM_baseP (pData)
{
        // Add FM entry_time initialization below
        m_FMmode = FM_ELEM_TRANSLATE;  // See Effective C++ enum???
        m_stringFM = IDP_ELEM_TRANSLATE_FM;
        SetSubmenu ();
        SystemFeedbackMessage1 (" Current plane for mouse-drag");
        NXS (1);
}
CFM_elemTranslate::~CFM_elemTranslate ()  // desctructor
{
        m_pData->m_bElemDynHilite = false;
        if (m_pElemSaved) m_pElemSaved->Unhighlight ();
}
void CFM_elemTranslate::InitializeFM ()
```

```
{
        // FM initialization that application can call anytime. Ex. After NXS(1).
        m_pData->m_bElemDynHilite = true;
        m_submenuMode = 1;
        m_pElemSaved = NULL;
}
void CFM_elemTranslate::NXS ( int nxs )
{
        switch ( nxs )
        {       case 1:  m_stringID = IDP_ELEM_TRANSLATE_1;           break;
                case 2:  m_stringID = IDP_ELEM_TRANSLATE_2;           break;
                case 3:  m_stringID = IDP_ELEM_TRANSLATE_3;           break;
        }
        CFM_BASE::NXS ( nxs ); // Call base function at the end
}
void CFM_elemTranslate::SetSubmenu ( UINT )
{       m_submenuType  = A;
        m_submenuTotal = 2;
        m_submenu1 = IDSM_MOVE_CUR_PLANE;
        m_submenu2 = IDSM_MOVE_LOCAL_PLANE;
        ShowSubmenu ();
}
void CFM_elemTranslate::EventForMENU ( UINT item )
{
        NXS (1);
        switch ( item )
        {       case 1:  SystemFeedbackMessage1 (" Current plane for mouse-drag"); break;
                case 2:  SystemFeedbackMessage1 (" Element plane for mouse-drag"); break;
        }
        CFM_BASE::EventForMENU ( item );  // ClearTempAll ();
}
void CFM_elemTranslate::EventForSEL ( UINT, CPoint pt)
{
        switch (cxs)
        {
        case 1:
                if ( m_elemTypeSEL == ET_POINT )        // Point not allowed as target element
                {
                        CallEventForDEFPT();  // force DEFPT event
                        break;
                }
                m_pElemSaved->Highlight ();
                m_startPt = m_pt1SEL;
                ClearTempAll();
                NXS (2);
                break;
        case 6:
                CallEventForDEFPT();  // force DEFPT event
                break;
        }
}
```

FM Programming Idioms

For each event processing, the following order should be used:

```
void EventForSEL
{.....
case 1:  ....
        SystemFeedbackMessageX()  ------           (A)
        TempLine / Rubberband() ----------         (B)
        InvalidateAllVpts() -----------------      (C)
        NXS (5) ------------------------------     (D)
}
```

## 2-3. FM Overridable

The list of virtual functions to be overridden by each FM:

```
virtual void InitializeFM () {}  // default is to do nothing
virtual void NXS ( int nxs = 0 );
virtual void CommonTaskForNXS ( int nxs = 0 ) {};
virtual void SetSubmenu ()
```

These will be described below. (See "Submenu" for SetSubmenu.)

InitializeFM()

This is where any FM initialization should be placed. (It is recommended that this function be used for initialization rather than FM constructor.) This virtual function is called by CGDoc <u>after</u> the FM is constructed.
CGDoc::InitializeFM () { SetFocus(); pFM->InitializeFM(); }

Therefore, there is no need for FM to call this function; just implement it.

NXS (int nxs)

FM uses this to go to the next screen. This has to be called even if FM stays in the same screen state so that the prompt message is displayed properly. Before using NXS(), FM must override it. This is where all the prompt messages for the FM are defined. Make sure to call the base class function at the end.

*Example:*
```
void CFM_elemTranslate::NXS ( int nxs )
{
    switch ( nxs )
    {       case 1:  m_stringID = IDP_ELEM_TRANSLATE_1;         break;
            case 2:  m_stringID = IDP_ELEM_TRANSLATE_2;         break;
            case 3:  m_stringID = IDP_ELEM_TRANSLATE_3;         break;
    }
    CFM_BASE::NXS ( nxs ); // Call base function at the end
}
```

CommonTaskForNXS()

There are situations where a set of some operations must be performed at a certain screen state. This function was introduced in order to avoid the code duplication in such cases. That is, if there are some tasks to be done whenever the user goes to state "n", implement it in this function.

*Example:*
```
void CFM_createLine::CommonTaskForNXS ( int nxs )
{
    switch ( nxs )
    {       case 1:
                    ClearTempAll ();
                    m_pointIndex = 0;
                    break;
    }
}
```

## 2-4. Event Handlers

The list of event notifications. All events are *virtual void* functions defined at CFM_BASE:: level:

```
EventForDEFPT ( UINT, CPoint ) {}
```

```
EventForSEL ( UINT, CPoint )    { m_bEventForDEFPT = true; }
EventForIND ( UINT, CPoint )    { m_bEventForDEFPT = true; }

EventForKY3 ( UINT, CPoint )    { m_bEventForDEFPT = true; }
EventForKY2 ( UINT, CPoint ) {}
EventForKY1 ( UINT, CPoint ) {}

EventForLBD ( UINT, CPoint ) {}
EventForLBU ( UINT, CPoint ) {}
EventForLB2 ( UINT, CPoint ) {}

EventForRBD ( UINT, CPoint ) {}
EventForRBU ( UINT, CPoint ) {}
EventForRB2 ( UINT, CPoint ) {}

EventForMMV ( CPoint, UINT, CPoint ) {}

EventForAWU ( UINT, CPoint ) {}
EventForAWD ( UINT, CPoint ) {}
EventForAWL ( UINT, CPoint ) {}
EventForAWR ( UINT, CPoint ) {}

EventForDNC ( UINT, CPoint ) {}
EventForDNS ( UINT, CPoint ) {}
EventForUPC ( UINT, CPoint ) {}
EventForUPS ( UINT, CPoint ) {}

EventForTOGGLE ( UINT, CPoint ) {}
EventForREPEAT ( UINT, CPoint ) {}
EventForREPEAT2( UINT, CPoint ) {} ??

EventForDEL ( UINT, CPoint ) {}
EventForEND ( UINT, CPoint ) {}
EventForESC ( UINT, CPoint ) {}
EventForYES ( UINT, CPoint ) {}

EventForMENU ( UINT item )   {   ClearTempAll (); }
EventForEXIT ()    { KillAllUndos(); } // calls KillAllRedos() too

EventForGROUP () {}

EventForUNDO ( UNDO_EVT evt, int type, int index ) {}
```

## 2-5. Attention Variables

All the variables here are set at each attention cycle.  Therefore, the values are good only right after the event is issued.

**Define Point à EventForDEFPT**

    CPoint3D               m_ptDEFPT;   //

**Select event— EventForSEL**

    CElemBase*             m_pElemSEL;

```
ELEM_TYPE           m_elemTypeSEL;
CPoint3D            m_pt1SEL;
CPoint3D            m_pt2SEL;
CPoint3D            m_pt3SEL;
CPoint3D            m_pt4SEL;
CPoint3D*           m_pPt1SEL;   // For nurbs control points
```

**Indicate event— EventForIND**

```
CPoint3D            m_ptIND;   // DOC needs this when free hand
CPoint3D            m_piercePt;   ???
```

**Key-in 3 event— EventForKY3**

```
CPoint3D            m_ptKEY3;
float               m_value1KEY, m_value2KEY, m_value3KEY;
CString             m_keyinString;
```

**Key-in 2 event— EventForKY2**

```
float               m_value1KEY, m_value2KEY
CString             m_keyinString;
```

**Key-in 1 event— EventForKY1**

```
float               m_value1KEY
CString             m_keyinString;
```

**Element Creation Time**

```
CElemBase*          m_pElemCur()
```

**Current Plane**

```
CCurPlane*          m_pCurPlane()
CMat4x4             m_mxCP;
CMat4x4             m_mxCPT;   // inverse by transpose
```

# 2-6. Temporary Storage Between Attentions

These variables are defined in the base for use in FM:

```
CElemBase*      m_pElemSaved;
CElemBase2D*    m_pElemSavedShape2d;
CElemExtrude*   m_pElemSavedExtrude;
CElemRevolve*   m_pElemSavedRevolve;
CElemElbow3d*   m_pElemSavedElbow3d;

CElemBase*      m_pElemDynHilite;

// ------------------------ Temporary storage between attentions
CPoint3D   m_savePt1;
CPoint3D   m_savePt2;
CPoint3D   m_savePt3;
CPoint3D   m_savePt4;
CPoint3D   m_savePt5;
CPoint3D   m_savePt6;
CPoint3D   m_savePt7;
CPoint3D   m_savePt8;
```

```
            CPoint3D  m_savePt9;
            CPoint3D  m_savePt10;

            float m_saveValue1;
            float m_saveValue2;
            float m_saveValue3;
            float m_saveValue4;

            CPoint3D* m_pControlPtCur;
```

## 2-7. FM Utilities

The list of all FM utility functions (other than EventForXXX):

```
            void CallEventForDEFPT ()       {m_bEventForDEFPT = true; }
            void DoNotCallEventForLBD ()    {m_bEventForLBD = false; }

            void ShowSubmenu ();
            void HideSubpanel () ;

//          void GetCurPlaneMatrix ( CMat4x4* pMxCP, CMat4x4* pMxCPT );
//          void UpdateCurPlaneMatrix ();
            void UpdateCurPlaneMatrixForFM ();

            CPoint3D CalcNormal (const CPoint3D&,const CPoint3D&,const CPoint3D&);

            void EnableUndo ( int i );
            void EnableRedo ( int i );

            void KillAllRedos ();
            void KillAllUndos ();
            void KillUndoLevels ( int number );

            int IncrementUndoLevel();
            int DecrementUndoLevel();

            int CyclicIncrement(int i, int max) { i++; if (i > max-1) i = 0; return i; }
            int CyclicDecrement(int i, int max) { i--; if (i < 0) i = max-1; return i; }

            void UndoElemCreate ( UNDO_EVT evt, int type, int index, CElemBase* pE = NULL );
            void UndoElemDelete ( UNDO_EVT evt, int type, int index, CElemBase* pE = NULL );
```

## 2-8. Submenus

Typically set submenus in FM constructor by calling SetSubmenu():

```
        CFM_elemTranslate::CFM_elemTranslate (CData* pData)  // constructor
        : CFM_baseP (pData)
        {
            // Add FM entry_time initialization below
            m_FMmode = FM_ELEM_TRANSLATE;  // See Effective C++  enum???
            m_stringFM = IDP_ELEM_TRANSLATE_FM;
            SetSubmenu ();
            SystemFeedbackMessage1 (" Current plane for mouse-drag");
            NXS (1);
```

}

Initialize an internal value, like m_submenuMode, below:

```
void CFM_elemTranslate::InitializeFM ()
{
    // FM initialization that application can call anytime. Ex. After NXS(1).
    m_submenuMode = 1;
}
```

Define a submenu FM needs in Setsubmenu()

```
void CFM_elemTranslate::SetSubmenu ( UINT ) // Texts ( UINT )
{
    m_submenuType  = A;
    m_submenuTotal = 3;
    m_submenu1 = IDSM_MOVE_CUR_PLANE;
    m_submenu2 = IDSM_MOVE_LOCAL_PLANE;
    m_submenu3 = IDSM_MOVE_SCREEN_PLANE;
    ShowSubmenu ();
}
```

Process submenu events in response to EventForMENU(). Make sure to call the base's EventForMENU() at the end.

```
void CFM_elemTranslate::EventForMENU ( UINT item )
{
    m_submenuMode = item;
    NXS (1);
    switch ( item )
    {
    case 1:  SystemFeedbackMessage1 (" Current plane for mouse-drag"); break;
    case 2:  SystemFeedbackMessage1 (" Element plane for mouse-drag"); break;
    case 3:  SystemFeedbackMessage1 (" Screen plane for mouse-drag"); break;
    }
    CFM_BASE::EventForMENU ( item );  // ClearTempAll ();
}
```

If a submenu needs to change dynamically in FM, simply change m_submenu1,2,3... and call Setsubmenu() when the update is needed.


NOTE:   SetSubmenu    ShowSubmenu()


## 2-9. System Feedback Message

All system feedback message strings will be placed in String Table Resource later.
There should be a message for all attentions.
To use SystemFeedbackMessage facility in FM, the following have to be done.

In *GFM_basc.h* define the SystemFeedbackMessageX() function you need:

```
CData::
    int         m_nSystemFeedback    ...      message id
    CString     m_msgSystemFeedback    ...      any general message string
    CElemBase*  m_pElemSystemFeedback   ...      element pointer
    UINT        m_stringSFM    ..............   string table resource
    CPoint3D    m_ptCamera    ................   3D point
    ...         ......                  ......
    void SystemFeedbackMessage0 () ---------------------- Clear Message
    {       // 0 - Clear the message
        m_pData->m_nSystemFeedback = 0;
```

```cpp
void SystemFeedbackMessage1 (CString str)   -------- 1. General Message
{       m_pData->m_nSystemFeedback = 1;
        m_pData->m_msgSystemFeedback = str;
void SystemFeedbackMessage2 ()   ------------------------ 2. Element Created
{       m_pData->m_nSystemFeedback = 2;
void SystemFeedbackMessage3 (CElemBase* pElem)  ------------- 3. Element Selected
{       m_pData->m_nSystemFeedback = 3;
        m_pData->m_pElemSystemFeedback = pElem;
void SystemFeedbackMessage4 (UINT id) -------------------- 4. General Message (String Table)
{       m_pData->m_nSystemFeedback = 4;
        m_pData->m_stringSFM = id;
void SystemFeedbackMessage7 (const CPoint3D& pt) -------- 7. Camera Rotating About xyz
{       m_pData->m_nSystemFeedback = 7;
        m_pData->m_ptCamera = pt;
void SystemFeedbackMessage8 (int n) ---------------------- 8. Total # of Elements
{       m_pData->m_nSystemFeedback = 8;
        m_pData->m_intSystemFeedback = n;
```

Add message id number used above in CGDoc::OnUpdatesystemFeedback() as below in GDoc.cpp:

```cpp
void CGDoc::OnUpdateSystemFeedback (CCmdUI* pCmdUI)
{
CString str, str2;
str.GetBuffer (128); // ... in case it's huge; the default is 128.
str2.GetBuffer (128); // ... in case it's huge; the default is 128.
CPoint3D a;

switch (m_pData->m_nSystemFeedback)
{
case 0: // Clear the area
        str.Format (" ");
        break;
case 1: // General message -- e.g. "Mirror done"
        str.Format (" " + m_pData->m_msgSystemFeedback);
        break;
case 2: // Element creation
        if (m_pData->m_pElemCur == NULL) return;
        a = m_pData->m_pElemCur->GetMxOrigin();
        str.Format (" " + m_pData->GetElemName (m_pData->m_pElemCur->m_elemType) +
                    " created at x=%5f y=%5f z=%5f", a.x, a.y, a.z);
        break;
case 3: // Element selection
        if (m_pData->m_pElemSystemFeedback == NULL) return;
        a = m_pData->m_pElemSystemFeedback->GetMxOrigin();
        str.Format (" " + m_pData->GetElemName(m_pData->m_pElemSystemFeedback->m_elemType) +
                    " x=%5f y=%5f z=%5f", a.x, a.y, a.z);
        break;
case 4: // General message using STRING ID
        // Convert string resource ID to a string
        AfxFormatString1 (str2, m_pData->m_stringSFM, " ");
        str.Format (" " + str2);
        break;
case 5: // Camera location
        a = m_pData->m_ptCamera;
        str.Format (" Camera at x=%5f y=%5f z=%5f", a.x, a.y, a.z);
        break;
        //////////////////////////////////////////////////////////
        // Above 100 is set by Doc or View directly, not by FM via SystemFeedbackMessage()
        //////////////////////////////////////////////////////////
case 100:// Camera lens angle (use m_viewAngle)
        {
        CGView* pV = (CGView*)GetActiveViewMyWay();
        str.Format (" Lens angle = %2f", pV->m_viewAngle);
        }
        break;
case 101:// Camera location (use m_eyePt)
        {
        CGView* pV = (CGView*)GetActiveViewMyWay();
```

```
        a = pV->m_eyePt;
        str.Format (" Camera at x=%2f y=%2f z=%2f", a.x, a.y, a.z);
        }
        break;
default:  // System feedback mode not defined
        str.Format (" Error System Feedback MSG");
        break;
}
pCmdUI->Enable (true);
pCmdUI->SetText (str);
}
```

Use SystemFeedbackMessageX() in the FM:

*Example:*
```
void CFM_elemTranslate::EventForDEFPT ( UINT, CPoint pt)
{
        switch (cxs)
        {
        case 4:
                SystemFeedbackMessage10 (m_endPt);
                SystemFeedbackMessage4 (IDSFM_REVOLVE_1);
                SystemFeedbackMessage3 (m_pElemSEL);
                NXS (7);
        }
}
```

If it is called from Doc/View, skip GFM_base.h and GDoc.cpp and set m_pData->m_nsystemFeedback directly. Use case 100 or above in this case.

*Example:*
```
void CGView::OnMMViewRotFree (CPoint delta)
{
        // System feedback - camera rotating about x= y= z=
        CGDoc* pDoc = GetDocument();
        pDoc->m_pData->m_nSystemFeedback = 102;
```

## 2-10. Temporary Line / Rubberband

### Temporary Element

### Definition

Temporary elements are displayed on the screen typically for the purpose of visual cues. As such, temporary elements are not persistent and will not be saved in the model. There are a few different kinds of temporary elements such as a point, line, circle and so forth. Some temporary elements are dynamic, rubber-banded to the cursor.

All temporary elements are unaffected by the OpenGL lights.

### Usage

In FM programming code:

```
InvalidateAllVpts ();
ClearTempAll ();
```

```
TempPoint ( RED, SOLID, pt );
TempLine ( GREEN, SOLID, pt1, pt2 );
TempLineNew ( GREEN, SOLID, pt1, pt2 );
TempCircleNew ( YELLOW, DASH, radius, origin, axisZ );
```
Temporary Lines for Visual Cue

```
TempPoint        ( G_COLOR a, G_STYLE b, const CPoint3D& c )
TempPointNew     ( G_COLOR a, G_STYLE b, const CPoint3D& c )
TempLine         ( G_COLOR a, G_STYLE b, const CPoint3D& c, const CPoint3D& d )
TempLineNew      ( G_COLOR a, G_STYLE b, const CPoint3D& c, const CPoint3D& d )
TempMultiLine1           ( G_COLOR a, G_STYLE b, const CPoint3D& c )
TempMultiLine1New    ( G_COLOR a, G_STYLE b, const CPoint3D& c )
TempMultiLine2           ( G_COLOR a, G_STYLE b, const CPoint3D& c )
TempMultiLine2New    ( G_COLOR a, G_STYLE b, const CPoint3D& c )
TempMultiLine3           ( G_COLOR a, G_STYLE b, const CPoint3D& c )
TempMultiLine3New    ( G_COLOR a, G_STYLE b, const CPoint3D& c )
TempArrow        ( G_COLOR a, G_STYLE b, const CPoint3D& c, const CPoint3D& d )
TempArrowNew         ( G_COLOR a, G_STYLE b, const CPoint3D& c, const CPoint3D& d )
TempCircle       ( G_COLOR a, G_STYLE b, float c, const CPoint3D& d,const CPoint3D& e )
TempCircleNew        ( G_COLOR a, G_STYLE b, float c, const CPoint3D& d,const CPoint3D& e )
TempArc          ( G_COLOR a, G_STYLE b, float c, const CPoint3D& d,
                     const CPoint3D& e,const CPoint3D& f,double g,double h )
TempArcNew       ( G_COLOR a, G_STYLE b, float c, const CPoint3D& d,
                     const CPoint3D& e,const CPoint3D& f,double g, double h )

ClearTempAll ()

ClearTempPoint ()
ClearTempLine ()
ClearTempMultiLineAll ()
ClearTempMultiLine1 ()
ClearTempMultiLine2 ()
ClearTempMultiLine3 ()
ClearTempCircle ()
ClearTempArrow ()

CircleFlatZ ( G_COLOR a, G_STYLE b, const CPoint3D& c, float d )
ClearTempCoordinate () { m_pData->ClearTempCoordinate (); }
```

Rubber banding

```
// This draws a rubberband from 3D point (pt) to the cursor w/o MMV
RubberBandSpecialLineBegin ( const CPoint3D& pt )
RubberBandSpecialLineEnd ()     // Need to call ClearTempAll() to clear

RubberBandSpecial2LinesBegin ( const CPoint3D& a, const CPoint3D& b )
RubberBandSpecial2LinesEnd ()

RubberBand2d ( G_COLOR b, G_STYLE c, int d, CPoint2D e[] )
RubberBand3d ( G_COLOR a, G_STYLE b, int c, CPoint3D d [] )

ClearRubberBand2d ()
ClearRubberBand3d ()
```

## 2-11. Group Operation

The Group FM is a temporary FM. In the Group FM, when the user clicks **Group OK** icon, the control exits the temporary Group FM and returns to the permanent FM.  At the same time the the current (permanent) FM is notified with the event **EventForGROUP()**.

*Example:*
```
void CFM_elemDelete::EventForGROUP ()
{
        switch (cxs)
        {
        case 1:
                {
                int n = 0;
                for (POSITION pos = GetFirstElemPos(); pos != NULL;)
                {
                        n++;
                        CElemBase* pElem = GetNextElem(pos);
                        if (pElem->GetGroup()) pElem->Hide();
                }
                EnableUndo(2);
                }
        }
        NXS (1);  // back to nxs = 1
        InvalidateAllVpts();
}
```

# 2-12.  Event Control Issues

EventForDEFPT à CallEventForDEFPT()

EventForLBD à DoNotCallEventForLBD()


# 2-13.  UNDO / REDO

```
/////////////////////////////////////////////////////////////
void CFM_elemTranslate::EventForUNDO ( UNDO_EVT evt, int type, int index )
{
// The i is an undo-type number.  The evt is an event type which is one
// of the following:
switch (type)
{
case 1:  // Single element (move/copy)
        {
                switch (evt)
                {
                case ENABLE_UNDO:
                        // Increment AFTER
                        // Keep the original location
                        m_pElemUndoPrev [index] = m_pElemPrev,
                        m_pElemUndo [index]     = m_pElemSaved;
                        m_undoPreviousPt [index] = m_previousPt;
                        m_undoStartPt [index]   = m_startPt;
                        m_undoEndPt [index]     = m_endPt;
                        m_bUndoCopyMove [index]  = m_pData->m_bCopyMove;
                        break;
                case UNDO_EVENT:
                        // Decrement BEFORE
                        m_pElemSaved = m_pElemUndo [index];
                        m_startPt    = m_undoPreviousPt [index];
                        m_endPt      = m_undoStartPt [index];
                                if (m_bUndoCopyMove [index])
                        {       // Copy -- Hide temporarily
                                m_pElemUndo [index]->Hide ();
```

```
                        m_pElemSaved = m_pElemUndoPrev [index];
                    }
                    else
                    {       // Move -- Put element to the saved location
                            m_pElemUndo [index]->SetMxOrigin (m_startPt);
                    }
                    TempPointNew (RED, SOLID, m_startPt);
                    TempLineNew ( RED, SOLID, m_startPt, m_endPt );
                    SystemFeedbackMessage1 (" UNDO done");
                    break;
                case REDO_EVENT:
                    // Increment AFTER
                    m_pElemSaved = m_pElemUndo [index];
                    m_previousPt = m_undoPreviousPt [index];
                    m_startPt    = m_undoStartPt [index];
                    m_endPt      = m_undoEndPt [index];
                    if (m_bUndoCopyMove [index])
                    {       // Copy -- Hide temporarily
                            m_pElemUndo [index]->Show ();
                    }
                    else
                    {       // Move -- Put element to the saved location
                            m_pElemUndo [index]->SetMxOrigin (m_startPt);
                    }
                    TempPointNew (RED, SOLID, m_startPt);
                    TempLineNew ( RED, SOLID, m_startPt, m_endPt );
                    SystemFeedbackMessage1 (" REDO done");
                    break;
                case KILL_REDO:
                    // Target element is merely being hidden, so it must be really deleted now
                    if (m_bUndoCopyMove [index])
                    {       // Copy -- Delete permanently
                            m_pData->DeleteElem ( m_pElemUndo [index] );
                    }
                    break;
                case KILL_UNDO:
                    // Nothing to do since the target element is being shown as the result of
                    // the previous undo
                    break;
                }
        }
        break;
    case 2: // Group elements (move/copy)
        {
                switch (evt)
                {
                case ENABLE_UNDO:
                    // Increment AFTER
                    // Keep the original location
                    m_pElemUndoPrev [index] = m_pElemPrev;
                    m_pElemUndo [index]     = m_pElemSaved;
                    m_undoPreviousPt [index] = m_previousPt;
                    m_undoStartPt [index]    = m_startPt;
                    m_undoEndPt [index]      = m_endPt;
                    m_bUndoCopyMove [index] = m_pData->m_bCopyMove;
                    m_undoSaveDir [index]    = m_saveDir;
                    m_undoSaveLen [index]    = m_saveLen;
                    break;
                case UNDO_EVENT:
                    // Decrement BEFORE
                    {
                    m_pElemSaved = m_pElemUndo [index];
                    m_startPt    = m_undoPreviousPt [index];
                    m_endPt      = m_undoStartPt [index];
                    m_saveDir    = m_undoSaveDir [index];
                    m_saveLen    = m_undoSaveLen [index];
                    int n = 0;
                    for (POSITION pos = GetFirstElemPos(); pos != NULL; )
```

```cpp
            {
                CElemBase* pElem = GetNextElem(pos);
                if (pElem->GetGroup())
                {
                    // If copy mode, create clone first
                    if (m_bUndoCopyMove [index])
                    {       // Temporarily hide grouped elements
                            pElem->Hide();
                    }
                    else
                    {       // Translate the original, grouped one (not cloned one)
                            pElem->Translate (m_saveDir, - m_saveLen );
                    }
                    n++;
                }
            }
            // # elems in grouped moved to x= y= z=
            SystemFeedbackMessage11 (n, m_endPt);

            TempPointNew (RED, SOLID, m_startPt);
            TempLineNew ( RED, SOLID, m_startPt, m_endPt );
            SystemFeedbackMessage1 (" UNDO group done");
            break;
        }
case REDO_EVENT:
        // Increment AFTER
        {
        m_pElemSaved  = m_pElemUndo [index];
        m_previousPt  = m_undoPreviousPt [index];
        m_startPt     = m_undoStartPt [index];
        m_endPt       = m_undoEndPt [index];
        m_saveDir     = m_undoSaveDir [index];
        m_saveLen     = m_undoSaveLen [index];

        int n = 0;
        for (POSITION pos = GetFirstElemPos(); pos != NULL; )
        {
                CElemBase* pElem = GetNextElem(pos);
                if (pElem->GetGroup())
                {
                        if (m_bUndoCopyMove [index])
                        {
                                pElem->Show();
                        }
                        else
                        {       // Translate the original, grouped one (not cloned one)
                                pElem->Translate (m_saveDir, m_saveLen );
                        }
                        n++;
                }
        }
        // # elems in grouped moved to x= y= z=
        SystemFeedbackMessage11 (n, m_endPt);

        TempPointNew (RED, SOLID, m_startPt);
        TempLineNew ( RED, SOLID, m_startPt, m_endPt );
        SystemFeedbackMessage1 (" REDO group done");
        break;
        }
case KILL_REDO:
        // Target element is merely being hidden, so it must be really deleted now
        if (m_bUndoCopyMove [index])
        {       // Copy -- Delete permanently
                m_pData->DeleteElem ( m_pElemUndo [index] );
        }
        break;

case KILL_UNDO:
```

```
                                // Nothing to do since the target element is being shown as the result of
                                // the previous undo
                                break;
                }
        }
        break;
}
InvalidateAllVpts();
}
```

## 2-14. Help

==========================================================================

# 3. FM Examples

## Ex.1 — FM Program Example —include Undo/Redo

Gxxx.cpp

```
// ------------------------------------------------------------------ //
// new F K C R E A T E L I N E X //
// ------------------------------------------------------------------ //

CFM_createLineX::CFM_createLineX ( CGDoc* pDoc ) // constructor
: CFM_baseP ( pDoc )
{
// Add FM entry_time initialization below
m_FMmode = FM_CREATE_LINE_X; // See Effective C++ enum???
m_stringFM = IDP_CREATE_LINE_FM;
InitializeFM ();
NXS (1);
ShowSubmenu (A);
}
/////////////////////////////////////////////////////////////
CFM_createLineX::~CFM_createLineX () // desctructor
{
RubberBandSpecialLineEnd ();
}
////////////////////////////////////////////////qaz///////////////////////
void CFM_createLineX::InitializeFM ()
{
// FM initialization that application can call anytime. Ex. After NXS(1).

// Matrix created and saved here based on cur.plane
// --- so, if cur.plane is changed during this FM, we are in trouble...
m_vcMatrixM = CMat4x4 ( m_pDoc->m_pCurPlane->GetMxAxisX(),
m_pDoc->m_pCurPlane->GetMxAxisY(),
m_pDoc->m_pCurPlane->GetMxAxisZ(),
m_pDoc->m_pCurPlane->GetMxOrigin() );
m_vcMatrixT = m_vcMatrixM.InverseByTranspose();
m_index = 0;
m_mode = LINE2D;
}
/////////////////////////////////////////////////////////////
void CFM_createLineX::NXS ( int nxs )
{
switch ( nxs )
{
case 1: m_stringID = IDP_CREATE_LINE_1; break;
case 2: m_stringID = IDP_CREATE_LINE_2; break;
case 3: m_stringID = IDP_CREATE_LINE_3; break;
}
CFM_BASE::NXS ( nxs ); // Call base function at the end
}
/////////////////////////////////////////////////////////////
void CFM_createLineX::CommonTaskForNXS ( int nxs )
{
```

```cpp
switch ( nxs )
{
case 1:
ClearTempAll ();
m_pointIndex = 0;
RubberBandSpecialLineEnd ();
InvalidateAllVpts ();
break;
}
}
/////////////////////////////////////////////////////////////////
void CFM_createLineX::SetSubmenuTexts ( UINT )
{
m_submenuTotal = 3;
m_submenu1 = IDSM_CREATE_POLYGON;
m_submenu2 = IDSM_CREATE_LINE_2D;
m_submenu3 = IDSM_CREATE_LINE_3D;
}
/////////////////////////////////////////////////////////////////
void CFM_createLineX::EventForMENU ( UINT item )
{
switch ( item )
{
case 1: m_stringFM = IDP_CREATE_POLYGON_FM;
ShowSubmenu (A);
m_mode = POLYGON;
break;
case 2: m_stringFM = IDP_CREATE_LINE_FM;
ShowSubmenu (A);
m_mode = LINE2D;
break;
case 3: m_stringFM = IDP_CREATE_LINE_3D_FM;
ShowSubmenu (A);
m_mode = LINE3D;
break;
}
NXS (1);
}
/////////////////////////////////////////////////////////////////
void CFM_createLineX::EventForDEFPT ( UINT, CPoint)
{
switch (cxs)
{
case 1: case 2: case 3: case 4:
{
CPoint3D ptFinal = m_ptDEFPT;
// project if 2D or polygon
if ( m_mode == POLYGON || m_mode == LINE2D )
{
// Now project onto current plane - show visual cue line
CPoint3D transformed = m_vcMatrixT.vM ( m_ptDEFPT ); // = [V] x [M]
transformed.z = 0.0f; // PROJECT !!!
ptFinal = m_vcMatrixM.vM ( transformed ); // = [V] x [M]
}
m_pointArray [ m_pointIndex++ ] = ptFinal;
// Set ref pt (since ref pt automatically set is m_ptDEFPT
m_ptReference = ptFinal;

VisualCueTempLines ();
if ( m_mode != LINE3D ) TempLine ( YELLOW, DASH, ptFinal, m_ptDEFPT );
RubberBandSpecialLineBegin ( ptFinal );
```

```
EnableUndo (2);

if ( 4 == cxs ) NXS (4);
else if ( 2 == cxs && m_mode != POLYGON ) NXS (4);
else NXS ( cxs + 1 );

InvalidateAllVpts ();
break;
}
}
}
////////////////////////////////////////////////////////////////
void CFM_createLineX::VisualCueTempLines()
{
ClearTempLine(); // To avoid temp array overflow
// ClearTempAll(); // erases key-in visual cue
TempPointNew ( RED, SOLID, m_pointArray [0] );
for ( int i = 1; i < m_pointIndex; i++ )
{
TempPoint ( RED, SOLID, m_pointArray [i] );
TempLine ( GREEN, DASH, m_pointArray [i], m_pointArray [i-1] );
}
}
////////////////////////////////////////////////////////////////
void CFM_createLineX::EventForEND ( UINT, CPoint)
{
switch (cxs)
{
case 4:
if ( m_mode == POLYGON )
m_pDoc->CreatePolygon ( m_pointIndex, m_pointArray );
else if ( m_mode == LINE2D )
m_pDoc->CreateLine ( m_pointIndex, m_pointArray );
else if ( m_mode == LINE3D )
m_pDoc->CreateLine3D ( m_pointIndex, m_pointArray );

// Remove all the previous entries for undo-item 2item 2 undoa
BackUndoLevels (m_pointIndex);
EnableUndo (1);
NXS (1);

RubberBandSpecialLineEnd ();
ClearTempAll ();
InvalidateAllVpts ();
break;
}
}
////////////////////////////////////////////////////////////////
void CFM_createLineX::EventForESC ( UINT, CPoint)
{
switch (cxs)
{
case 1: case 2: case 3: case 4:
KillAllRedos();
NXS (1);
break;
}
}
////////////////////////////////////////////////////////////////
//void CFM_createLineX::EventForUNDO ( int item, UNDO_EVT evt, int count )
```

```cpp
void CFM_createLineX::EventForUNDO ( int item, UNDO_EVT evt )
{
// The item is an undo-able item number. The evt is an event type which is one
// of the following:

int MAX = MAX_UNDO_LEVEL;
switch (item)
{
case 1:
switch (evt)
{
case UNDO_EVENT:
// Decrement BEFORE
m_level = m_index = CyclicDecrement (m_index, MAX);
m_pElemArr[m_index]->Hide();
NXS (1);
InvalidateAllVpts();
break;
case REDO_EVENT:
// Increment AFTER
m_pElemArr[m_index]->Show();
m_level = m_index = CyclicIncrement (m_index, MAX);
NXS (1);
InvalidateAllVpts();
break;
case ENABLE_UNDO:
// Increment AFTER
m_pElemArr [m_index] = m_pElemCur;
m_index = CyclicIncrement (m_index, MAX);
break;
case KILL_REDO:
// Do not change m_index (use local index, m_level)
m_pDoc->DeleteElem ( m_pElemArr [m_level] );
m_level = CyclicIncrement (m_level, MAX);
break;
}
break;

case 2:
switch (evt)
{
case UNDO_EVENT:
{
m_pointIndex--;
m_ptReference = m_pointArray [m_pointIndex - 1];
ClearTempAll ();
VisualCueTempLines();
RubberBandSpecialLineBegin ( m_pointArray [m_pointIndex - 1] );
InvalidateAllVpts();
if (m_pointIndex > 3) NXS (4);
else if (m_pointIndex == 2 && m_mode != POLYGON) NXS (2);
else NXS (m_pointIndex + 1);
break;
}
case REDO_EVENT:
{
m_pointIndex++;
m_ptReference = m_pointArray [m_pointIndex - 1];
VisualCueTempLines();
RubberBandSpecialLineBegin ( m_pointArray [m_pointIndex - 1] );
InvalidateAllVpts();
```

```
if (m_pointIndex > 3) NXS (4);
else if (m_pointIndex == 2 && m_mode != POLYGON) NXS (2);
else NXS (m_pointIndex + 1);
break;
}
case KILL_REDO:
// m_pDoc->DeleteElem ( m_pElemCur );
// InvalidateAllVpts();
break;
}
break;
}
}
```

# Ex.2 — FM Create Point

Gxxx.cpp

```
CFM_createPoint::CFM_createPoint ( CGDoc* pDoc ) // constructor
: CFM_baseP ( pDoc )
{
m_FMmode = FM_CREATE_POINT; // See Effective C++ enum???

// Add FM entry_time_only initialization below

}
//////////////////////////////////////////////////////////////
CFM_createPoint::~CFM_createPoint () // desctructor
{
}
//////////////////////////////////////////////////////////////
void CFM_createPoint::InitializeFM ()
{
// FM initialization that application can call anytime. Ex. After NXS(1).

}
//////////////////////////////////////////////////////////////
void CFM_createPoint::NXS ( int nxs )
{
switch ( nxs )
{
case 1: m_stringID = IDP_CREATE_POINT_1; break;
case 2: m_stringID = IDP_CREATE_POINT_2; break;
};
CFM_baseP::NXS ( nxs ); // Call base function at the end
}
//////////////////////////////////////////////////////////////
void CFM_createPoint::EventForIND ( UINT, CPoint)
{
switch (cxs)
{
case 1:
if ( ! m_pDoc->m_bWhenIND ) return; // No piercing of CP
m_pDoc->CreatePoint (m_pDoc->m_ptIND);
break;
}
}
//////////////////////////////////////////////////////////////
```

```cpp
void CFM_createPoint::EventForKY3 ( UINT, CPoint)
{
CPoint3D pt;
switch (cxs)
{
case 1:
pt = m_pDoc->GetKeyCoordinate (); // Input m_value1KEY,2,3
m_pDoc->CreatePoint (pt);
NXS (2);
break;
case 2:
pt = m_pDoc->GetKeyCoordinate (); // Input m_value1KEY,2,3
m_pDoc->CreatePoint (pt);
break;
}
}
```

# Ex.3 — FM Create Line3D

Gxxx.cpp

```cpp
CFM_createLine3d::CFM_createLine3d ( CGDoc* pDoc ) // constructor
: CFM_baseP ( pDoc )
{
m_FMmode = FM_CREATE_LINE_3D; // See Effective C++ enum???

// Add FM entry_time_only initialization below

}
//////////////////////////////////////////////////////////////
CFM_createLine3d::~CFM_createLine3d () // desctructor
{
}
//////////////////////////////////////////////////////////////
void CFM_createLine3d::InitializeFM ()
{
// FM initialization that application can call anytime. Ex. After NXS(1).
m_pDoc->m_pointIndex = 0;

}
//////////////////////////////////////////////////////////////
void CFM_createLine3d::NXS ( int nxs )
{
switch ( nxs )
{
case 1: m_stringID = IDP_CREATE_POINT_1; break;
case 2: m_stringID = IDP_CREATE_POINT_2; break;
};

CFM_baseP::NXS ( nxs ); // Call base function at the end
}
//////////////////////////////////////////////////////////////
void CFM_createLine3d::EventForIND ( UINT, CPoint)
{
switch (cxs)
{
case 1:
if ( ! m_pDoc->m_bWhenIND ) return; // No piercing of CP
```

```
// save as pt1 for line
m_pDoc->m_pointArray [ m_pDoc->m_pointIndex++ ] = m_pDoc->m_ptIND;
// SetRubberBandAnchorAllVpts ( m_savePt1 );
// was-- m_pRubberBandLine = new CRubberBandLineAllVpts
// ( &dc, pView, this, m_savePt1, this );
NXS (2);
m_pDoc->TempPoint ( RED, SOLID, m_pDoc->m_ptIND );
m_pDoc->TempMultiLine1 ( RED, SOLID, m_pDoc->m_ptIND );
m_pDoc->InvalidateAllVpts ();
break;
case 2:
if ( ! m_pDoc->m_bWhenIND ) return; // No piercing of CP
// save as pt1 for line
m_pDoc->m_pointArray [ m_pDoc->m_pointIndex++ ] = m_pDoc->m_ptIND;
// SetRubberBandAnchorAllVpts ( m_savePt1 );
// was-- m_pRubberBandLine = new CRubberBandLineAllVpts
// ( &dc, pView, this, m_savePt1, this );
NXS (2);
m_pDoc->TempPoint ( RED, SOLID, m_pDoc->m_ptIND );
m_pDoc->TempMultiLine1 ( RED, SOLID, m_pDoc->m_ptIND );
m_pDoc->InvalidateAllVpts ();
break;
}
}
/////////////////////////////////////////////////////////////
void CFM_createLine3d::EventForSEL ( UINT, CPoint)
{
}
/////////////////////////////////////////////////////////////
void CFM_createLine3d::EventForKY3 ( UINT, CPoint)
{
CPoint3D pt;
switch (cxs)
{
case 1:
pt = m_pDoc->GetKeyCoordinate (); // Input m_value1KEY,2,3
m_pDoc->m_pointArray [ m_pDoc->m_pointIndex++ ] = pt;

// CleanRubberBandRelics(); // erase previous rubber-band first
// SetRubberBandAnchorAllVpts ( m_savePt1 );
NXS (2);
m_pDoc->TempPoint ( RED, SOLID, pt );
m_pDoc->TempMultiLine1 ( RED, SOLID, pt );
m_pDoc->InvalidateAllVpts ();
break;
case 2:
pt = m_pDoc->GetKeyCoordinate (); // Input m_value1KEY,2,3
m_pDoc->m_pointArray [ m_pDoc->m_pointIndex++ ] = pt;

// CleanRubberBandRelics(); // erase previous rubber-band first
// SetRubberBandAnchorAllVpts ( m_savePt1 );
NXS (2);
m_pDoc->TempPoint ( RED, SOLID, pt );
m_pDoc->TempMultiLine1 ( RED, SOLID, pt );
m_pDoc->InvalidateAllVpts ();
break;
}
}
/////////////////////////////////////////////////////////////
void CFM_createLine3d::EventForEND ( UINT, CPoint)
{
```

```cpp
    CPoint3D pt;
    switch (cxs)
    {
    case 2:
    // End the current multi-line creation
    m_pDoc->CreateLine3D ( m_pDoc->m_pointArray [0] ); // CreateLine

    // CleanRubberBandRelics();
    NXS (1);
    m_pDoc->m_pointIndex = 0;
    m_pDoc->ClearTempAll ();
    //m_skipViewing = true; // Do not route this event to VW-mode
    break;
    }
}
```

---------------------------------------------------------------H1doc.h
```cpp
void CreateLine3D (const CPoint3D& pt3d1)
{ CreateAndDisplay (ET_LINE_3D, pt3d1);};
```
---------------------------------------------------------H1docFM_kernel.cpp
```cpp
void CGDoc::CreateAndDisplay (ELEM_TYPE type,
const CPoint3D& pt, // origin point
const CPoint3D& dir, // direction vector
const CPoint3D& ori, // orientation vector
float height, float width, float length )
{
// This function creates a new element and then displays it

// 1. Create C++ object (only persistent data set)
CElemBase1D* pE = m_pElemCur =
NewElem ( type, pt, dir, ori, height, width, length );

if (pE == NULL) return; // New elem creation failed

// 2. Add to the list
m_elemList.AddTail (pE);
SetModifiedFlag();

// 3. Generate vertices
pE->GenerateVertices();

// 4. Create OpenGL calls and save them in a "master" display list
HGLRC hRC = wglGetCurrentContext(); // just a test

/VERIFY (wglMakeCurrent(m_master_hDC,m_master_hRC));
glNewList ((GLuint)pE, GL_COMPILE);
pE->CreateGLcalls ();
glEndList ();
/VERIFY (wglMakeCurrent (NULL, NULL));

// 5. Display the element
for (POSITION pos = GetFirstViewPosition(); pos != NULL;)
{
CGView* pView = (CGView*) GetNextView (pos);
if (!pView->IsKindOf(RUNTIME_CLASS(CGView))) continue; // Whoops!
pView->Invalidate(); // Calls OnDraw();
}
}
```
---------------------------------------------------------H1docFM_kernel.cpp
```cpp
CElemBase1D* CGDoc::NewElem ( ELEM_TYPE elemType, const CPoint3D& pt,
const CPoint3D& dir, const CPoint3D& ori,
```

```
float height, float width, float length )
{
CElemBase1D* pElem;
switch (elemType)
{
case ET_LINE: pElem = new CElemLine (this, pt); break;
case ET_LINE_3D: pElem = new CElemLine3d (this, pt); break;
}}
---------------------------------------------------------------H1elem1.cpp
CElemLine3d::CElemLine3d (CGDoc* pDoc, CPoint3D pt)
: CElemBase3D (pt)
{
m_totalVertex = pDoc->m_pointIndex;
m_pVertex3D = new CPoint3D [ m_totalVertex ];
CPoint3D delta = pDoc->m_pointArray [0];
for (int i = 0; i < m_totalVertex; i++)
{
// translate the first pt (pivot) to local origin
m_pVertex3D [i] = pDoc->m_pointArray [i] - delta;
};
m_mxOrigin = delta;
}
---------------------------------------------------------------H1elem1.cpp
int CElemLine3d::GenerateVertices ()
---------------------------------------------------------------H1elem1.cpp
void CElemLine3d::CreateGLcalls ()
{
glBegin ( GL_LINE_STRIP );
for ( int i = 0; i < m_totalVertex; i++ )
glVertex3f (m_pVertex3D[i].x,m_pVertex3D[i].y,m_pVertex3D[i].z);
glEnd();
}
```

SUMMARY:
CreateLine3D > CreateAndDisplay > NewElem > CElemLine3D / GenerateVertices / CreateGLcalls

# Ex.4 — Create 2D Shape / Modify

Gxxx.cpp

```
void CFM_createShape2d::EventForKY3 ( UINT, CPoint)
{
CPoint3D pt;
switch (cxs)
case 1:
case 2:
pt = m_pDoc->GetKeyCoordinate (); // Input m_value1KEY,2,3
CreateShape2d ( m_FMmode, pt );
NXS (2);
break;
//////////////////////////////////////////////////////////////
void CFM_createShape2d::CreateShape2d ( FM_MODE fm, const CPoint3D& pt )
{
ELEM_TYPE et;
switch ( fm )
case FM_CREATE_BOX: et = ET_BOX; break;
case FM_CREATE_CIRCLE: et = ET_CIRCLE; break;
case FM_CREATE_ELLIPSE: et = ET_ELLIPSE; break;
case FM_CREATE_CAP: et = ET_CAP; break;
```

```cpp
case FM_CREATE_DISH: et = ET_DISH; break;
case FM_CREATE_ELBOW: et = ET_ELBOW; break;
case FM_CREATE_SHAPE_I: et = ET_SHAPE_I; break;
case FM_CREATE_SHAPE_L: et = ET_SHAPE_L; break;
case FM_CREATE_SHAPE_V: et = ET_SHAPE_V; break;
m_pDoc->CreateAndDisplay ( et, pt, m_pCurPlane->GetMxAxisZ(),
m_pCurPlane->GetMxAxisY(), 1.0f, 1.0f );
/////////////////////////////////////////////////////////////
void CGDoc::CreateAndDisplay (ELEM_TYPE type,
const CPoint3D& pt, // origin point
const CPoint3D& dir, // direction vector
const CPoint3D& ori, // orientation vector
float height, float width, float length )
{
// This function creates a new element and then displays it
// 1. Create C++ object (only persistent data set)
CElemBase1D* pE = NewElem ( type, pt, dir, ori, height, width, length );
if (pE == NULL) return; // New elem creation failed
// Save in FM class
m_pFM->m_pElemCur = pE;
// 2. Add to the list
m_elemList.AddTail (pE);
SetModifiedFlag();
// 3. Generate vertices
pE->GenerateVerticesAndCreateGLcalls ();
// 5. Display the element
for (POSITION pos = GetFirstViewPosition(); pos != NULL;)
{
CGView* pView = (CGView*) GetNextView (pos);
if (!pView->IsKindOf(RUNTIME_CLASS(CGView))) continue; // Whoops!
// pView->Invalidate(); // Calls OnDraw();
pView->Invalidate(false); // Calls OnDraw();
/////////////////////////////////////////////////////////////
void CElemBase1D::GenerateVerticesAndCreateGLcalls ()
{
// Combination of the two functions
GenerateVertices();
/VERIFY (wglMakeCurrent(m_master_hDC,m_master_hRC));
glNewList ((GLuint)this, GL_COMPILE);
CreateGLcalls ();
glEndList ();
/VERIFY (wglMakeCurrent (NULL, NULL));
}
/////////////////////////////////////////////////////////////
void CFM_createShape2d::EventForKY2 ( UINT, CPoint)
{
switch (cxs)
case 2: // Modify width and height
m_pElemCur->SetWidth ( m_value1KEY );
m_pElemCur->SetHeight ( m_value2KEY );
m_pElemCur->GenerateVerticesAndCreateGLcalls ();
m_pDoc->InvalidateAllVpts ();
NXS (2);
break;
```

OLD EXAMPLE????

Keep this below — must change to new scheme!!

# Ex.5 — How to Create 2D Line

Gxxx.cpp

```
------------------------------------------------------H1docFM_elem.cpp
OLDDDDDDDDDDDD
void CGDoc::CreateLine_1_IND (UINT, CPoint)
{
if ( ! m_bWhenIND ) return; // No piercing of CP
m_pointArray [ m_pointIndex++ ] = m_ptIND;
NXS (2);
}
------------------------------------------------------H1docFM_elem.cpp
void CGDoc::CreateLine_1_KY3 (UINT, CPoint)
{
CPoint3D ppp ( m_value1KEY, m_value2KEY, m_value3KEY );
// Now project onto current plane - show visual cue line

/////////////////////////////////////////
// Apply inverse transformation to bring vertices to local coordinate
CMat4x4 mmm ( m_pCurPlane->m_mxAxisX, m_pCurPlane->m_mxAxisY,
m_pCurPlane->m_mxAxisZ, m_pCurPlane->m_mxOrigin );
CMat4x4 ttt = mmm.InverseByTranspose();
CPoint3D transformed = ttt.vM ( ppp ); // = [V] x [M]
transformed.z = 0.0f; // PROJECT !!!
CPoint3D projected = mmm.vM ( transformed ); // = [V] x [M]
m_pointArray [ m_pointIndex++ ] = projected;
//------------------------------------------------------TEMPORARY
// visual cue between original pt and projected pt
m_ptVis1 = ppp;
m_ptVis2 = projected;
//------------------------------------------------------TEMPORARY
/////////////////////////////////////////
NXS (2);
}
------------------------------------------------------H1docFM_elem.cpp
void CGDoc::DrawVisCueFmFrame ( )
{
glBegin (GL_LINES);
glColor3f ( 1.0f, 0.0f, 0.0f );
glVertex3f ( m_ptVis1.x, m_ptVis1.y, m_ptVis1.z );
glVertex3f ( m_ptVis2.x, m_ptVis2.y, m_ptVis2.z );
glEnd ();
}
------------------------------------------------------H1docFM_elem.cpp
void CGDoc::CreateLine_2_IND (UINT, CPoint)
{
if ( ! m_bWhenIND ) return; // No piercing of CP
m_pointArray [ m_pointIndex++ ] = m_ptIND;
NXS (2);
}
------------------------------------------------------H1docFM_elem.cpp
void CGDoc::CreateLine_2_KY3 (UINT, CPoint)
{
CPoint3D ppp ( m_value1KEY, m_value2KEY, m_value3KEY );
/////////////////////////////////////////
// Apply inverse transformation to bring vertices to local coordinate
```

```cpp
        CMat4x4 mmm ( m_pCurPlane->m_mxAxisX, m_pCurPlane->m_mxAxisY,
        m_pCurPlane->m_mxAxisZ, m_pCurPlane->m_mxOrigin );
        CMat4x4 ttt = mmm.InverseByTranspose();
        CPoint3D transformed = ttt.vM ( ppp ); // = [V] x [M]
        transformed.z = 0.0f; // PROJECT !!!
        CPoint3D projected = mmm.vM ( transformed ); // = [V] x [M]
        m_pointArray [ m_pointIndex++ ] = projected;
        //----------------------------------------------------------TEMPORARY
        // visual cue between original pt and projected pt
        m_ptVis1 = ppp;
        m_ptVis2 = projected;
        //----------------------------------------------------------TEMPORARY
        /////////////////////////////////////
        NXS (2);
        }
        ----------------------------------------------------------H1docFM_elem.cpp
        void CGDoc::CreateLine_2_END (UINT, CPoint)
        {
        CreateLine ( m_pointArray [0] ); // CreateLine
        NXS (1);
        }
        ----------------------------------------------------------------H1doc.h
        void CreateLine (const CPoint3D& pt3d1)
        { CreateAndDisplay (ET_LINE, pt3d1);};

        ----------------------------------------------------------H1docFM_kernel.cpp
        void CGDoc::CreateAndDisplay (ELEM_TYPE type,
        const CPoint3D& pt, // origin point
        const CPoint3D& dir, // direction vector
        const CPoint3D& ori, // orientation vector
        float height, float width, float length )
        {
        // This function creates a new element and then displays it

        // 1. Create C++ object (only persistent data set)
        CElemBase1D* pE = m_pElemCur =
        NewElem ( type, pt, dir, ori, height, width, length );

        if (pE == NULL) return; // New elem creation failed

        // 2. Add to the list
        m_elemList.AddTail (pE);
        SetModifiedFlag();

        // 3. Generate vertices
        pE->GenerateVertices();

        // 4. Create OpenGL calls and save them in a "master" display list
        HGLRC hRC = wglGetCurrentContext(); // just a test

        VERIFY (wglMakeCurrent(m_master_hDC,m_master_hRC));
        glNewList ((GLuint)pE, GL_COMPILE);
        pE->CreateGLcalls ();
        glEndList ();
        VERIFY (wglMakeCurrent (NULL, NULL));

        // 5. Display the element
        for (POSITION pos = GetFirstViewPosition(); pos != NULL;)
        {
        CGView* pView = (CGView*) GetNextView (pos);
        if (!pView->IsKindOf(RUNTIME_CLASS(CGView))) continue; // Whoops!
```

```cpp
pView->Invalidate(); // Calls OnDraw();
}
}
```
---------------------------------------------------------H1docFM_kernel.cpp
```cpp
CElemBase1D* CGDoc::NewElem ( ELEM_TYPE elemType, const CPoint3D& pt,
const CPoint3D& dir, const CPoint3D& ori,
float height, float width, float length )
{
CElemBase1D* pElem;
switch (elemType)
{
case ET_LINE: pElem = new CElemLine (this, pt); break;
case ET_LINE_3D: pElem = new CElemLine3d (this, pt); break;
}}
```
---------------------------------------------------------H1elem1.cpp
```cpp
CElemLine::CElemLine (CGDoc* pDoc, CPoint3D pt)
: CElemBase3D (pt)
{
m_totalVertex = pDoc->m_pointIndex;
m_pVertex2D = new CPoint2D [ m_totalVertex ];

// Copy into Line object even if it is available in Doc, since we dont
// want to access Doc from GenerateVertices

m_pVertex3D = new CPoint3D [ m_totalVertex ];
for ( int i = 0; i < m_totalVertex; i++ )
m_pVertex3D [i] = pDoc->m_pointArray [i];

// Need identical transformation as the current plane
m_mxOrigin = pDoc->m_pointArray [0]; // pDoc->m_pCurPlane->m_mxOrigin;
m_mxAxisX = pDoc->m_pCurPlane->m_mxAxisX;
m_mxAxisY = pDoc->m_pCurPlane->m_mxAxisY;
m_mxAxisZ = pDoc->m_pCurPlane->m_mxAxisZ;
}
```
---------------------------------------------------------H1elem1.cpp
```cpp
int CElemLine::GenerateVertices ()
{
// Create 2d vertices at origin transformed from the original loc
// Convert to origin using CP

// Apply inverse transformation to bring vertices to local coordinate
CMat4x4 mmm ( m_mxAxisX, m_mxAxisY, m_mxAxisZ, m_mxOrigin );
CMat4x4 ttt = mmm.InverseByTranspose();
CPoint3D transformed;

for ( int i = 0; i < m_totalVertex; i++ )
{
transformed = ttt.vM ( m_pVertex3D [i] ); // = [V] x [M]
m_pVertex2D [i].x = transformed.x ;
m_pVertex2D [i].y = transformed.y ;
}
return m_totalVertex;
}
```
---------------------------------------------------------H1elem1.cpp
```cpp
void CElemLine::CreateGLcalls ()
{
glBegin ( GL_LINE_STRIP );
for ( int i = 0; i < m_totalVertex; i++ )
glVertex3f ( m_pVertex2D[i].x, m_pVertex2D[i].y, 0.0f );
glEnd();
}
```

# Part V

# WPF

1. General
2. C# Note
3. WPF Note
4. WPF 3D Note
5. Progress Report

# G-System . CAD
**Computer-Aided Design Software**

---

## C# / WPF / WPF3D / DirectX
Visual Studio 2010 Express / .NET / Windows 7

---

The WPF/C# conversion effort of the current G-System (VC++/MFC/OpenGL) has officially begun on March 10, 2011.
Below is my working document for this endeavor.

# 1. General

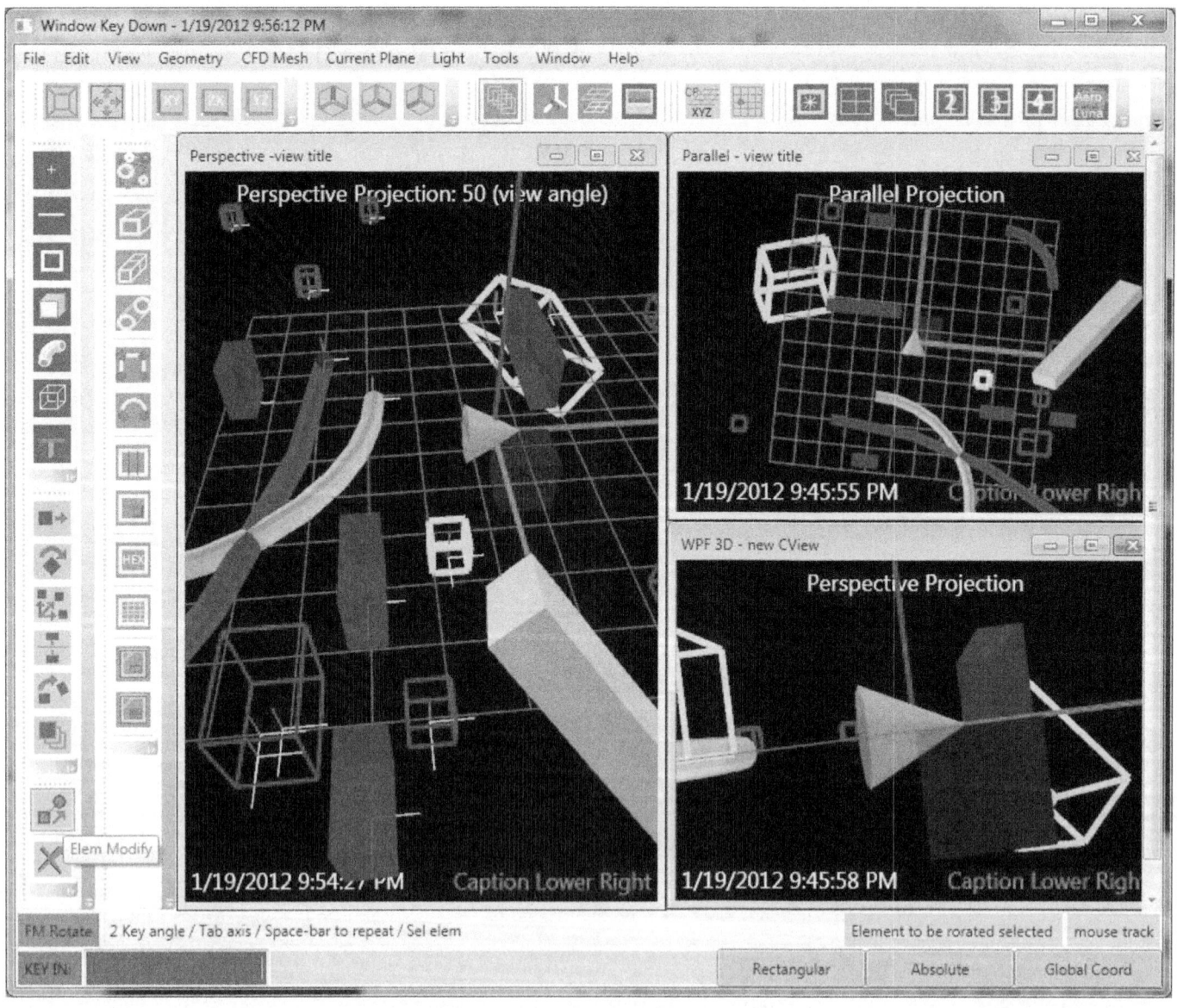

Window Key Down - 6/29/2011 5:57:38 PM
File Edit View Geometry CFD Mesh Current Plane Light Tools Window Help
ABC CBS NBC
WPF 3D - new CView
Perspective Projection
6/29/2011 5:57:26 PM
Caption Lower Right
WPF 3D - new CView
Perspective Projection
6/29/2011 5:57:11 PM
FM Cfd Grid Generation
2 Space-bar to move / Tab for IJK / Key in number of grids per region
mouse track
KEY IN:
10
X = 1, Y = 0, Z = 2
Rectangular
Absolute
Global Coord

Window Key Down - 6/28/2011 1:26:48 AM
File Edit View Geometry CFD Mesh Current Plane Light Tools Window Help
ABC CBS NBC
WPF 3D - new CView
Perspective Projection
Trans
Rot
Scale
Mirro
Jump
Mod
CFD Grid Generation
Caption Lower Right
vew modelso X
Perspective Projection
6/28/2011 1:26:11 AM
Caption Lower Righ
FM Cfd Ibitsu
5 Space-bar to move grid plane / Tab to toggle IJK
mouse track
KEY IN:
Rectangular
Absolute
Global Coord

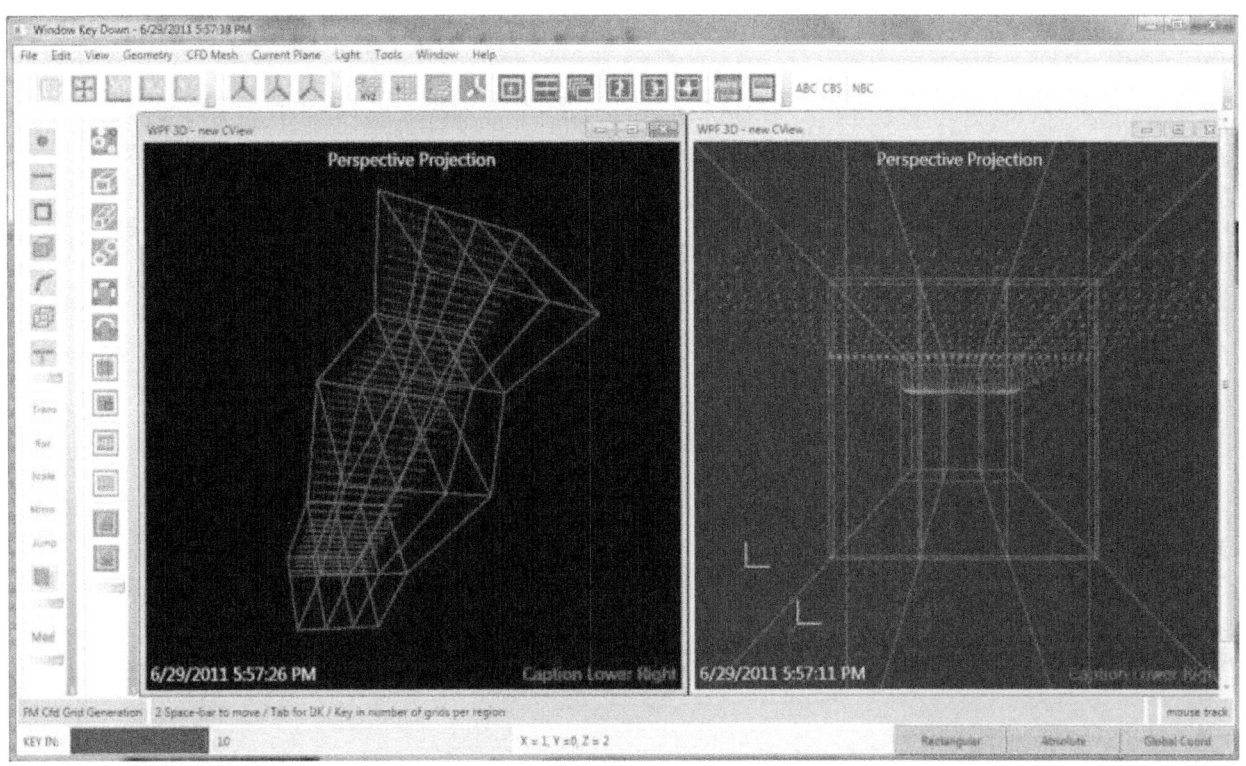

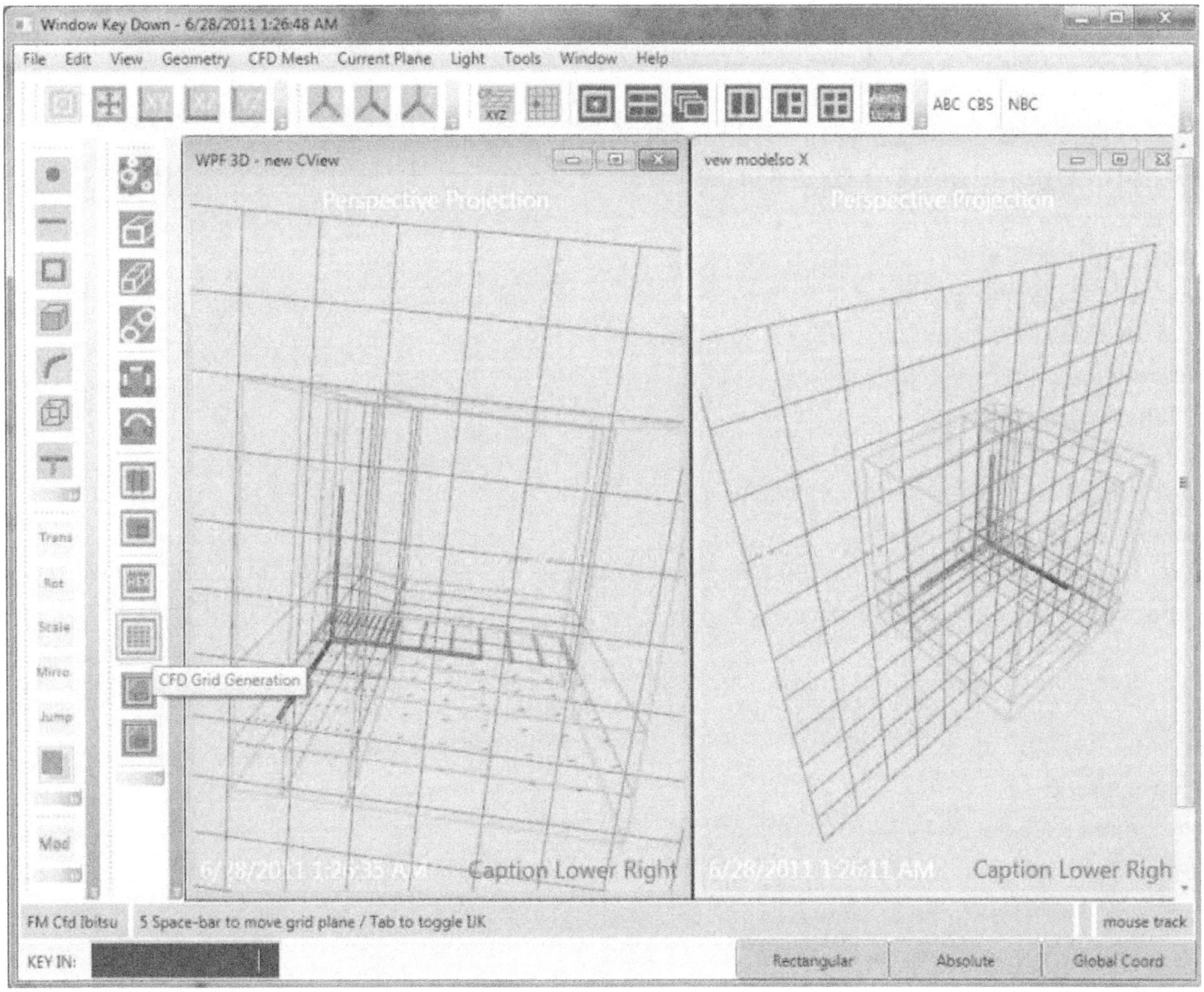

# 1. Summary

2011-March-05

The G-System is a desktop CAD software written in roughly 50K lines of C++ code.
It is based on MFC (Microsoft Foundation Class) utilizing MDI (Multiple Document Interface) architecture.
Graphics rendering is done by OpenGL.
The current version is based on Visual Studio 2008 (VC++) on Windows 7.

Now, I am going to port the system into C# / WPF / DirectX on .Net platform.
The IDE is Visual Studio 2010 Express (free) using WPF/C# on Windows 7.

    **OLD SYSTEM :: VC++ / MFC / OpenGL (~50K lines of C++ code)**
    **NEW SYSTEM :: C# / WPF / WPF 3D (DirectX)**

Roughly speaking, GUI changes from MFC to WPF. Rendering changes from OpenGL to WPF 3D (or DirectX).
The rest, after C# porting is done, should work like a charm - maybe.

# 2. Issues / Consideration

2011-March-05

**Document/View Architecture**   **Doc class / View class**
    MFC Document/View architecture paradigm must be handled by WPF paradigm.

  **View (viewport) creation & management :**  **Create - Resize/Move - Delete**
    CView + MdiChild: OnInitialUpdate (MFC), ...

  **Event-handling / routing mechanism :**  **L-button / R-button / Mouse Move / Keyin**
    Menu event, Mouse event, Keyboard event, ....  Event handling by WPF

  **Real-time view rotation :** O

  **Selection - Hit Test :** O

  **Project (DLL) Dependency :** O

  **FM Programming Paradigm :** O

  **Permanent/Temporary FM :** O

  **Prompt message :** O

  **OnDraw : Invalidate()**

  **Draw on all viewports :** O

  **Persistent Data : m_elemList <>**

  **Desktop design : Menu creation, Toolbar creation, Icons,.....**

  **MDI windows : WPF MdiChild windows**

  **Graphics Rendering : WPF 3D - GenerateVertices/CreateGLcalls**
    OpenGL calls must be converted to WPF 3D/DirectX calls

  **OpenGL display list :** O

  **Current Plane :** O

  **CDialog boxes : Replaced by WPF user controls**

# 3. VS - Old VC++ ::  VC++ / MFC / OpenGL     2011-March-10

## Solution "GS" / 12 projects --- Visual Studio 2008 Professional / VC++ (~50K lines of VC++/MFC code)

    GDoc (2100) / GDoc_1
       GFM_viewing (1980)
       GFM_linking  (300)
       GFM_base_doc

       GElemLink  (500)
       GElemLight  (400)

       DialogBoxes..... (xxxx)

    GView - graphic (4700)
    GView2 - text info
    GView3 - text info

    GData -  (2000) --- goes to Doc?

    GElement - base class (1100)
    GElem1 - general elements (1900 + 560)
    GElemCfd - cfd (5300)
    GElemPipe - piping (2800) --- delete

    GFM_base (750)
    GFM_element - creation (3600)
    GFM_editing - edit (4500)
       Dialogs...
    GFM_cfd - meshing (5000)
    GFM_piping (3000) --- delete

    GUtil - math utility (1800)

# 4. VS— New C# ::  C# / WPF / WPF 3D / DirectX     2011-June-10

## Solution "G-CS" / 9 projects --- Visual Studio 2010 Express / C# / WPF

    **GProject_Main / exe**  (WPF Application)
       Control   ns_Main          ........ *ns_ for name space
          TutorialControl1.xaml / cs
          TutorialControl2.xaml / cs
          TutorialControl3.xaml / cs
       - - - - -
          GView.xaml / cs   ns_Main   *class* CView ......... Keep this here for now

       MainWindow.xaml / cs   *class* MainWindow   ns_Main
       GDoc.cs ns_Main *class* CDoc

       GFM_viewing.cs    ns_Main   *class* CFM_viewing
       GFM_linking.cs    ns_Main   *class* CFM_linking
       GFM_base_doc.cs   ns_Main   *class* CFM_base_doc

       GElemLink.cs   ns_Main   *class* CElemLink
       GElemLight.cs   ns_Main   *class* CElemLight

**GProject_View**          (WPF User Control)
    Control
        GView.xaml / cs  *class* CView..... Kept in GProject_Main for now
        GView2.xaml / cs  *class* CView2

**GProject_Dialog**          (WPF User control)
    Control
        GDialog1.xaml / cs
        GDialog2.xaml / cs
        - - - - -

**GProject_FM_command**          (Class Library)
    GFM_base.cs   ns_FM_command   *class* CFM_base
    GFM_element.cs
    GFM_editing.cs
    GFM_cfd.cs

**GProject_Data**          (Class Library)
    GData.cs   ns_Data   *class* CData

**GProject_Element**          (Class Library)
    GElement.cs   ns_Element   *class* CElemBase, CElemBase1D/2D/3D, ...Elbow3D..

**GProject_Utility**          (Class Library)
    GUtility.cs   ns_Utility   *class* CPoint2D, CPoint3D, CViewMatrix, ...

                       **/ dll**   (Class Library)
    GGlobal.cs   ns_Global   *class* G

**WPF.MDI**
    MdiChild.cs   WPF.MDI
    MdiContainer.cs   WPF.MDI

-------------------------------------------------- future consideration
                **/ exe**
    GMySQL.cs   ns_DB2

**GProject_Controller**
    GController.cs   ns_Controller

# 5. Menu Structure of G-C# System

2011-June-03

## File
New
Open
Close
-----
Save
Save As...
-----
Document Name...
-----
Exit

## Edit
Undo
Redo
-----
Cut
Copy
Paste
-----
FM Delete
FM Hide
Show All
-----
FM Translate
FM Rotate
FM Scale
FM Mirror
FM Jump
-----
Copy Mode
-----
FM Modify
-----
Color
Line Width
Material
Layer
-----
FM Group
-----
FM Change Color
FM Change Layer
-----
FM Copy Window
FM Paste Window

## View

Perspective Projection
-----
Display
  Shaded
  Wireframe
Clipping Planes
  Near Plane
  Far Plane
-----
Preset Views
  Ortho XY
  Ortho XZ
  Ortho YZ
  Iso X
  Iso Y
  Iso Z
View Setting
  Snap to Current Plane
  Define by 3 Points
Pan Mode
  Same Camera Orientation
  Turn Camera Head
Rotate
  Rotate XYZ Axis
  Rotate Screen
  Rotate Arbitrary Axis
Lens Angle
Zoom
  By Lens Angle
  By Camera Move
  Zoom Box
Fit All
-----
Toolbar
-----
Properties...

## Geometry
FM Point
FM Line
FM Rectangle
FM Circle
FM Box / Pyramid
FM Cylinder / Cone
FM Elbow
-----
FM Revolve
FM Extrude
FM Sweep / Transverse
FM Transit
-----
FM Text

## CFD
FM Domain
FM Multi-Box Domain
FM Multi-Cylinder Domain
-----
FM Line Edge
FM Arc Edge
-----
Structure Domain
-----
FM Slice
FM Insert
-----
FM Grid Generation
-----
Output Domain File
Output Grid File

## Current Plane

Preset Planes
  XY Plane
  XZ Plane
  YZ Plane
Plane Setting
  Move Origin
  Set Normal
  On Element
  Define by 3 Points
Rotate
-----
Grid Snap
-----
Properties...

## Light
New Light
Move Light
Delete Light
Named Light
-----
Properties...

## Tools

Coordinate Key-in Mode
  Rectangular
  Cylindrical
  Spherical
-----
Global
Current Plane
-----
Absolute
Relative
-----
FM Analysis
-----
Setting
Customize...
Options...

## Window
New Viewport
-----
Tile
Cascade
-----
2-Viewport Layout
3-Viewport Layout
4-Viewport Layout
-----
Window Theme
  Aero
  Luna
  Generic

Help
User Guide
Documentation
-----
About G-System
-----
Tutorial Examples...

# 6. Critical Data Flow and Organization    2011-March-22

---

**MainWindow.xaml.cs** - Main WPF application window

&lt;Member data&gt;
```
public CDoc pDoc;
```

&lt;Constructor&gt;
```
pDoc = new CDoc (this);
```

&lt;View creation - Menu: New Window&gt;
```
private void miNewWindow_Click (object sender, RoutedEventArgs e)
{
    CView pV = new CView (pDoc, pDoc.m_pData);
    pDoc.m_viewList.Add (pV);

    MdiChild mdiView = new MdiChild()
    {
        Title = "WPF 3D - CView",
        Content = pV,
        Width = 400, Height = 400,
    };
    Canvas.SetLeft (mdiView, 400);
    Canvas.SetTop (mdiView, 250);
    Container.Children.Add (mdiView);     // (1) Save in container
    pDoc.m_mdiViewList.Add (mdiView);     // (2) Save in view list

    m_mdiViewList.Add (mdiView;
    m_viewList.Add (pV);
    this.cameraControl2 = pV;
}
```

&lt;FM command initiation&gt;
```
private void miFMPoint_Click(object sender, RoutedEventArgs e)
{
    // FM Point...
}
```

---

**GDoc.cs** - Document class

&lt;Member data&gt;
```
public CData m_pData;
public CView m_pVptCur = new CView(); // viewport currency

public List<MdiChild> m_mdiViewList = new List<MdiChild>();
public List<CView> m_viewList = new List<CView>(); // not needed?

public CFM_base m_pFM;
public CFM_base m_pFMT;

public CView m_pViewEvent = new CView(); // view of event-origin
```

&lt;Constructor&gt;
```
public CDoc (Window window)
{
    this.window = window;
    m_pData = new CData();
```

```
        // Create default view -- cannot ??
        // vw.Owner = this;
        // window.Show();
    }

<FM command - default FM is Point creation>
    m_pFM = m_pFMM = null; // This will be deleted unless null
    m_pFM = new CFM_createPoint (m_pData);
```

---

**CView.xaml.cs** - View class

```
<Member data>
    public CData m_pData;
    public CDoc m_pDoc;

<Constructor>
    InitializeComponent();  // WPF
    this.m_pDoc = pDoc;
    this.m_pData = pData;
    InitialViewDefault();

<Event generation>
    private void UserControl_PreviewMouseLeftButtonDown (object sender, MouseButtonEventArgs e)
    {
        // This is where an event is issued to the active FM command
        CFM_base m_pFM = m_pDoc.GetActiveFM();
        m_pFM.EventForSEL(1, null);
        m_pFM.EventForDEFPT(1, null);
        m_pFM.EventForIND(1, null);
        m_pFM.EventForKY1(1, null);
        m_pFM.EventForKY2(1, null);
        m_pFM.EventForKY3(1, null);
        m_pFM.EventForLBD(1, null);
        m_pFM.EventForLBU(1, null);
        m_pFM.EventForLB2(1, null);
    }

    private void UserControl_PreviewMouseRightButtonDown (object sender, MouseButtonEventArgs e)
    {
        // Real-time view manipulation.... no event issued to FM commands
        this.myCamera.Position = new Point3D(cameraPosX, cameraPosY, cameraPosZ);
    }
```

---

**CData.cs** - Data class - primary repository of Doc's data

```
<Member data>
    public List<object> m_elemList = new List<object>();
    public List<object> m_lightList = new List<object>();
    public List<object> m_viewMatrixList = new List<object>(); // View Matrix
    public List<object> m_curPlaneList = new List<object>(); // Current Planes
```

---

**CFM_Command.cs** - FM commands...

```
<Member data>
    public CDoc pDoc;xxxxxxxxxxx
```

```
<Constructor>
    pDoc = new CDoc (this);xxxxxxxxxxxxxxxx

<View creation - Menu: New Window>
    private void miNewWindow_Click (objectxxxxxxxxxxxxxxxx sender, RoutedEventArgs e)
    {
        CView pV = new CView (pDoc, pDoc.m_pData);xxxxxxxxxxxxxxxxx
        pDoc.m_viewList.Add (pV);
```

# 7. How to add a New Project to My G_CS Solution     2011-March-12

**How to add a new project - Class Library (GUtility)** - Visual Studio 2010 / Visual C# Express

1. R-click Add > New Project > **Class Library**, Name GUtility
2. Replace a newly provided xxx.cs with your own GUtility.cs code. Add namespace GUtility.
3. R-click References folder of Main project. Click Add References. Select Project tab. Select GUtility project and OK.
4. Use "using GUtility" in Main.cs.

**How to add a new project - WPF project (GView)** - Visual Studio 2010 / Visual C# Express

1. R-click Add > New Project > **WPF Application**, Name GProjectView
2. Remove App.xaml & MainWindow.xaml - we don't need them.
3. Add "Controls" folder under this project.
4. R-click the project and select Properties. Application Tab-->Output type: **Class library**.
   This will set this project as DLL (Choosing **Window Application** will set it as EXE).

**How to add a UserControl in Controls folder of a project** - Visual Studio 2010 / Visual C# Express

1. R-click the Controls folder of a project. Add > User Control... Select UserControl (WPF). Enter name GView
2. Replace a newly provided xaml.cs with your own GView.cs code. Add namespace GView.

**How to add references to a project - in order to use "using xxx"** - Visual Studio 2010 / Visual C# Express

1. R-click References folder of the Project and click Add Reference... In the Project tab, select all projects this project is dependent on OK.

**Note on "cyclic" dependency of Projects** - Visual Studio 2010 / Visual C# Express

1. You must not create a cyclic dependency on other projects when "adding references" on Reference folder of the project.
2. If two entities (files) depend on each other (cyclically), they must be placed in the same namespace (project).


# 8. How to Integrate 3DTools to the Solution     2012-Jan-06

1. In VS2010 Solution Explorer, R-click 3DTools(unavailable), and removed it from the solution first.

2. In Windows Explorer, copy 3DTools folder (that contains 3DTools.csproj) to the same folder that contains my.solution file as well as all the Project folders.

3. In VS2010 Solution Explorer, R-click Solution and Add--> Existing Project... Select 3DTools.csproj that was copied above.

4. Then for all Projects that need this 3DTools, R-click and Add Reference... and select 3DTools & OK.

# 9. C# GElement Hierarchy      2011-March-15

```csharp
abstract class CELemBase
{
    public abstract CElemBase Clone();
    public abstract void GenerateVertices();
    public abstract int CreateGLcalls();

    public virtual CPoint3D GetMxOrigin();
    public virtual CPoint3D GetMxAxisX();
    public virtual CPoint3D oid GetMxAxisY();
    public virtual CPoint3D GetMxAxisZ();

    public virtual void SetMatrix(CViewMatrix mx) { }
    public virtual CViewMatrix GetMatrix() { return new CViewMatrix(); }

    public virtual void SetMxOrigin(double x, double y, double z) { }
    public virtual void SetMxAxisX(double x, double y, double z) { }
    public virtual void SetMxAxisY(double x, double y, double z) { }
    public virtual void SetMxAxisZ(double x, double y, double z) { }

    public virtual void Translate();
    public virtual void Rotate();
    public virtual void Scale();
    public virtual void Mirror();
    public virtual void Jump();

    public virtual void ApplyMatrixToModelMx();
    public virtual void GetModelMxAs3x4();
    public virtual void GetMinMaxForAbsoluteXYZ();
    public virtual void HighlightVolumeColor()
}

public abstract class CELemBase1D : CElemBase
{
    // - public override CElemBase Clone();
    // - public override void GenerateVertices();
    // - public override int CreateGLcalls();

    public override void GetMxOrigin();
    public override void SetMxOrigin(double x, double y, double z) { }

    public override void Translate();
    public override void Rotate();
    public override void Scale();
    public override void Mirror();
    public override void Jump();

    public override void ApplyMatrixToModelMx();
    public override void GetModelMxAs3x4();
    public override void GetMinMaxForAbsoluteXYZ();

    public virtual void MakeHomegeneousMatrix16();
}

public abstract class CELemBase2D : CElemBase1D
{
    public override CElemBase Clone();
```

```
    public override void GenerateVertices();
    public override void CreateGLcalls();
    public override void GetMxOrigin();
    public override void GetMxAxisX();
    public override void GetMxAxisY();
    public override void GetMxAxisZ();
    public override void Translate();
    public override void Rotate();
    public override void Scale();
    public override void Mirror();
    public override void Jump();
    public override void ApplyMatrixToModelMx();
    public override void GetModelMxAs3x4();
}
```

---

```
public abstract class CElemBase3D : CElemBase2D
{
    public override CElemBase Clone();
    public override int GenerateVertices();
    public override void CreateGLcalls();
}
```

---

```
public class CElemElbow3D : CElemBase3D
{
    public override CElemBase Clone();
    public override int GenerateVertices();
    public override void CreateGLcalls();
}
```

# 10. Simple Scenario to Kick Off This Conversion  2011-March-24

## Scenario

**(1) Start Application**
MainWindow::constructor
pDoc = new CDoc(this);
// Create a default view - same as New Window
miNewWindow_Click(null, null);

**(2) Enter FM-command: CreateBox**
MainWindow::miFMbox_Click
pDoc.OnFMCreateBox()
===>     GDoc::OnFMCreateBox()
         m_pFM = new CFM_createBox (m_pData)
         InitializeFM()

**(3) In FM_createBox, click Viewport --> This "creates" a new box**
GView::UserControl_PrevMouseLeftButtonDown
CFM_base pFM = m_pdoc.GetActiveFM()
pFM.EventForDEFPT (1, null) ------------------ CREATE BOX
(A)==>  GFM_createBox::EventForDEFPT ()
        CElemBase pE = new CElemBox()
        m_pData.m_elemList.Add (pE)
        InvalidateAllVpts()??
m_pDoc.**OnDraw_WPF** (this.myViewport, allVpts)  ------> (C) ON DRAW

**(4) In FM_createBox, click model --> This "modifies" the box**
GView::Model_PrevMouseLeftButtonDown

```
CFM_base pFM = m_pdoc.GetActiveFM()
pFM.EventForSEL (1, null) -------------------- MODIFY BOX
(B)==> GFM_createBox::EventForSEL ()
        //////////// - test of MODIFY box
        CElemBox pE = m_pData.m_elemList[0] as CElemBox;
        // Modify some elem attributes...
        pE.m_width *= 2;
m_pDoc.OnDraw_WPF (this.myViewport, allVpts)  ------> (C) ON DRAW


(C) GDoc::OnDraw_WPF (vpt, allVpts)
    foreach (CView pV in m_viewList)
    foreach (CElem pE in m_pData.m_elemList)
        pE.DrawElemOneVpt (out n3, out vec3) ------> (D) DRAW ELEM ONE VPT
        (D)==> GElem::DrawElemOneVpt (out n3, out vec3, ...)
            // Elem's own ViewMatrix...
            CreateVertices()  // -- no change needed
            CreateGLcalls_WPF (out n3, out vec3)
        MesgGeometry3D mesh = new...
          mesh.TriangleINDEX
        pV.MyViewport.Children.Add (model)
```

**(5) R-click the viewport --> Real-time View rotation**
GView::UserControl_PrevMouseRightButtonDown
myCamera.Position
myCamera.LookDirection
myCamera.FieldOfView

**(6) R-click the model --> Just a Test to add geometry**
GView::Model_PrevMouseRightButtonDown
m_pDoc.OnDraw_WPF_TEST  (this.myViewport, allVpts)


# 11. How to create a new element      2011-March-27

## CElemBox:: example

```
////////////////////////////////////////////////////////////////
public CElemBox(G.COLORREF color, int layer, CPoint3D pt, CPoint3D dir,
CPoint3D ori, double height, double width) : base(color, layer, 1, pt, dir, ori, height, width)
{
    m_elemType = G.ELEM_TYPE.ET_BOX;
    m_totalVertex = 4;
}
////////////////////////////////////////////////////////////////
public override int GenerateVertices() // public virtual???????
{
    double w = m_width / 2.0f;
    double h = m_height / 2.0f;

    m_pVertex2D = new CPoint2D [m_totalVertex ];
    CPoint2D pt0 = new CPoint2D(w, h);   m_pVertex2D[0] = pt0;
    CPoint2D pt1 = new CPoint2D(w, -h);  m_pVertex2D[1] = pt1;
    CPoint2D pt2 = new CPoint2D(-w, -h); m_pVertex2D[2] = pt2;
    CPoint2D pt3 = new CPoint2D(-w, h);  m_pVertex2D[3] = pt3;
    return 4; // ?
}
////////////////////////////////////////////////////////////////
public override void CreateGLcalls_WPF(out int n3, out CPoint3D[,] vec3)
{
```

```
    // Create calls to OpenGL using vertices in m_generatedPts[i] qaz
    n3 = 2; // 2 triangles
    vec3 = new CPoint3D[3, 100];

    vec3[0, 0] = new CPoint3D(m_pVertex2D[0].x, m_pVertex2D[0].y, 0.0f);
    vec3[0, 1] = new CPoint3D(m_pVertex2D[1].x, m_pVertex2D[1].y, 0.0f);
    vec3[0, 2] = new CPoint3D(m_pVertex2D[2].x, m_pVertex2D[2].y, 0.0f);

    vec3[1, 0] = new CPoint3D(m_pVertex2D[2].x, m_pVertex2D[2].y, 0.0f);
    vec3[1, 1] = new CPoint3D(m_pVertex2D[3].x, m_pVertex2D[3].y, 0.0f);
    vec3[1, 2] = new CPoint3D(m_pVertex2D[0].x, m_pVertex2D[0].y, 0.0f);

    ApplyMatrixToVec(n3, ref vec3);

    //2011-3-14 was CreatePolygonWithNormal (4, vertex, 3,2,1,0);
}
```

## CElemBase2D::

```
///////////////////////////////////////////////////////////
public void ApplyMatrixToVec(int n3, ref CPoint3D[,] vec3)
{
    // Apply elem's matrix to each vertex... m_matrix
    for (int i = 0; i < n3; i++)
    {
        vec3[0, i] = m_matrix.TransformPoint(vec3[0, i]);
        vec3[1, i] = m_matrix.TransformPoint(vec3[1, i]);
        vec3[2, i] = m_matrix.TransformPoint(vec3[2, i]);
    }
}
```

## CElemBase::

```
///////////////////////////////////////////////////////////
public void DrawElemOneVpt_WPF(out int n3, out CPoint3D[,] vec3)
{
    GenerateVertices();
    CreateGLcalls_WPF(out n3, out vec3); // Apply Elem's own matrix, etc.....
}
```

## CDoc::

```
///////////////////////////////////////////////////////////
public void OnDraw_WPF(Viewport3D vpt, bool bOneVptOnly = false) // 2011-3-22
{
    // In the VC++ G system, CView::OnDraw drew everything:
    // - DrawAllElems
    // - DrawCurPlane
    // - DrawAllTempElems
    // - DrawRubberband3D
    // - DrawZoomBox
    // - DrawRubberband2D
    // So, we have to do the same here....
    /////////////////////////////////////////////////
    //---------- DrawAllElems --------------------
    /////////////////////////////////////////////////
    // Most cases require all viewports to be updated
    foreach (CView pV in m_viewList)
    {
        foreach (CElemBase1D pE in m_pData.m_elemList)
        {
```

```
        Colors color;
        int n3 = 0;
        CPoint3D[,] vec3 = new CPoint3D[3, 100];
        pE.DrawElemOneVpt_WPF(out n3, out vec3);
        ///////////////////////////////////// Create model
         MeshGeometry3D mesh = new MeshGeometry3D();
        ///////////////////////////////////// Create model
        for (int i = 0; i < n3; i++)
        {
            int ii = i * 3;
            Point3D pp0 = new Point3D(vec3[0, i].x, vec3[0, i].y, vec3[0, i].z);
            Point3D pp1 = new Point3D(vec3[1, i].x, vec3[1, i].y, vec3[1, i].z);
            Point3D pp2 = new Point3D(vec3[2, i].x, vec3[2, i].y, vec3[2, i].z);
            mesh.Positions.Add(pp0);
            mesh.Positions.Add(pp1);
            mesh.Positions.Add(pp2);
            mesh.TriangleIndices.Add(ii);
            mesh.TriangleIndices.Add(ii + 2);
            mesh.TriangleIndices.Add(ii + 1);
            Vector3D norml = CalculateNormal(pp2, pp1, pp0); // bad - (pp0, pp1, pp2);
            mesh.Normals.Add(norml);
            mesh.Normals.Add(norml);
            mesh.Normals.Add(norml);
        }
        Material matl = new DiffuseMaterial(new SolidColorBrush(Colors.Yellow));
        GeometryModel3D geo = new GeometryModel3D(mesh, matl);
        ModelVisual3D model = new ModelVisual3D();
        model.Content = geo;
        /////////////////////////////// Add model to viewport
        if (bOneVptOnly)
        {
            vpt.Children.Add(model); // This vpt only
            //------------------------------------------------- Lihgt
            // vpt.Children.Add(model4light); // add light
            break;
        }
        pV.myViewport.Children.Add(model);
        /////////////////////////////// Add model to viewport
    }
    //-------------------------------------------------------------- Lihgt
    ModelVisual3D model4light = new ModelVisual3D();
    DirectionalLight light = new DirectionalLight();
    light.Color = Colors.White; // Green; // White;
    light.Direction = new Vector3D(11, -21, -111);//(-1, 1, -5);
    model4light.Content = light;
    pV.myViewport.Children.Add(model4light); // add light
    //-------------------------------------------------------------- Lihgt
}
```

# 12. VIew Creation / Initialization / OnSize()    2011-May-26

```
///////////////////////////////////////////////////////////////
Main :: miNewWindow_Click (object sender, RoutedEventArgs e)
{
    //------------------------------------------- A NEW VIEWPORT
    CView pV = new CView(pDoc, pDoc.m_pData);
    pDoc.m_viewList.Add(pV);
```

```
//----------------------------------------------- MDI Creation
   MdiCild mdiView = new MdiChild()

//----------------------------------------------- OnInitialUpdate
   pV.OnInitialUpdate ();
// In MFC's Doc/View architecture, OnInitialUpdate is called immediately after the view is attached
// to the document. This is where the view's initialization should be done.
```

///////////////////////////////////////////////////////////////
**CView :: constructor**
{
   //-------------- mainly member data initialization

///////////////////////////////////////////////////////////////
**CView :: OnInitialUpdate ()**
{
   //-------------- initialization
   OnSize (**mdi.Width, mdi.Height**)
   Setup2Projection ()
   Setup2UpVector ()
   Setup3Light ()

///////////////////////////////////////////////////////////////
**CView :: OnSize (x, y)**
{
   //----------------------------------------------- A NEW VIEWPORT
   m_pixSizeX, Y
   UpdateOrthoSizeGivenNewPerspectiveSetting ()
   --->   Setup1ViewAspectRatio ()

# 13. Menu: Window --> New Window (viewport)         2011-March-29

## New Viewport Creation - MainWindow::
///////////////////////////////////////////////////////////////
   **private void miNewWindow_Click(object sender, RoutedEventArgs e)**
{
   //----------------------------------------------- CREATE A NEW VIEWPORT
   // (1) Create a CView instance...
   CView pV = new **CView**(pDoc, pDoc.m_pData);
   pDoc.m_viewList.Add(pV);

   // (2) Create an Mdi instance...
   MdiCild mdiView = new **MdiChild**()
   { Title = "WPF 3D - CView",
     Content = pV,
     Width = 600, MinWidth = 150,
     Height = 400, MinHeight = 150,
     MinimizeBox = true, MaximizeBox = true,
   };
   Canvas.SetLeft(mdiView, 600);
   Canvas.SetTop(mdiView, 150);
   // Save in 2 places: (1) Mdi Container (2) data member
   Container.Children.Add(mdiView);
   pDoc.m_mdiViewList.Add(mdiView);
   pDoc.m_viewList.Add(pV);

   // (3) Initialize view attributes...
   pV.**OnInitialUpdate**(600, 400);

```
// In MFC's Doc/View architecture, OnInitialUpdate is called immediately after the view is attached
// to the document. This is where the view's initialization should be done.

// (4) Camera setup...

    pV.Setup2Projection();
    pV.Setup2UpVector();
    -- pV.myCamera.Position = new Point3D(-20, 0, 0);
    -- pV.myCamera.LookDirection = new System.Windows.Media.Media3D.Vector3D(1, 0, 0);
    -- pV.myCamera.UpDirection = new System.Windows.Media.Media3D.Vector3D(0, 0, 1);
    -- pV.myCamera.FieldOfView = 30;
    -- pV.myCamera.NearPlaneDistance = 0.1;
    -- pV.myCamera.FarPlaneDistance = 200;

// (5) Lighting...

    ModelVisual3D model4light = new ModelVisual3D();
    DirectionalLight light = new DirectionalLight();
    light.Color = Colors.White; // Green;
    light.Direction = new Vector3D(1, -21, -111);
    model4light.Content = light;
    pV.myViewport.Children.Add(model4light); // add light to vpt
    //----------------------------------------------- CREATE A NEW VIEWPORT
}
```

# 14. WPF Rendering Flow : OnDraw_WPF     2011-May-26

## (A) Create a New Element

```
/////////////////////////////////////////////////////////////////
CView::UserControl_PreviewMouseLeftButtonDown (object sender, MouseButtonEventArgs e)
{
    CFM_base pFM = m_pDoc.GetActiveFM ();

    pFM.EventForIND ();

    m_pDoc.OnDraw_WPF (m_pData.m_OnDrawFlag, this);
}
/////////////////////////////////////////////////////////////////
CFM_createBox3d::EventForIND ()
{
    //----------------------------------------------- CREATE A NEW ELEMENT
    // Clear this list every time
    m_pData.m_elemNewlyCreatedList.Clear ();

    CElemBase pE1 = new CElemBox3d(G.COLORREF.A, layer, m_ptIND, new CPoint3D(1, 0, 0), new CPoint3D
(1, 0, 1), 0.1, 0.1, 0.5);
    m_pData.m_elemList.Add (pE1);
    m_pData.m_elemNewlyCreatedList.Add (pE1);
    CElemBase pE2 = new CElemBox3d(G.COLORREF.A, layer, m_ptIND, new CPoint3D(-1, 0, 0), new
CPoint3D(1, 0, 1), 0.1, 0.1, 0.5);
    m_pData.m_elemList.Add (pE2);
    m_pData.m_elemNewlyCreatedList.Add (pE2);

    m_pData.m_OnDraw_flag = 1; // Draw only newly created elements on all vpts
}
/////////////////////////////////////////////////////////////////
CDoc::OnDraw_WPF (int flag, CView pVOnlyOne = null)
{
    ---------------------------------------------------------
    // flag = 1: Draw only newly created elems in all vpts
    {
```

```
            foreach (CView pV in m_viewList)
            {
                DrawNewlyCreatedElems (pV);
                //------------------ Draw Axis axes
                //------------------ Draw Current plane
            }
        --------------------------------------------------------
        // flag = 2: Undraw an elem in all vpts
        {
            foreach (CView pV in m_viewList)
            {
                UndrawThisElem (pV, m_pData.m_pElemUndraw);
            }
        --------------------------------------------------------
        // flag = 3: Draw all elems in only one vpt
        {
            DrawAllElems (pVOnlyOne);
            //------------------ Draw Axis axes
            //------------------ Draw Current plane
}
////////////////////////////////////////////////////////////
CDoc::DrawAllElems (CView pV)
{
    foreach (CElemBase1D pE in m_pData.m_elemList)
    {
        DrawElemOneVpt (pE, pV);
    }
}
////////////////////////////////////////////////////////////
CDoc::DrawNewlyCreatedElems (CView pV)
{
    foreach (CElemBase1D pE in m_pData.m_elemNewlyCreatedList)
    {
        DrawElemOneVpt (pE, pV);
    }
}
////////////////////////////////////////////////////////////
CDoc::UndrawThisElem (CView pV, CElemBase pElemToDelete)
{
    int index = 0;
    foreach (CElemBase pE in pV.m_elemList)
    {
        if (pE == pElemToDelete)
        {
            index = 1;
            ModelVisual3D model = pV.m_modelVisual3DList (index);
            pV.myViewport.Children.Remove (model);
            break;
        }
    }
}
////////////////////////////////////////////////////////////
CDoc::DrawElemOneVpt (CElemBase pE, CView pV)
{
    Colors color;
    int n3 = 0;
    CPoint3D[,] vec3 = new CPoint3D[3, 100];
    pE.GenerateVerticesAndCreateWPFcalls (out n3, out vec3);

    MeshGeometry3D mesh = new MeshGeometry3D();
    for (int i = 0; i < n3; i++)
```

```
{
    Point3D pp0 = new Point3D(vec3[0, i].x, vec3[0, i].y, vec3[0, i].z);
    mesh.Positions.Add (pp0,,,,);
    mesh.TriangleIndices.Add (ii,,,,);
    Vector3D norml = CalculateNormal(pp0, pp1, pp2);
    mesh.Normals.Add (norml,,,,);
}
Material mat = new DiffuseMaterial(new SolidColorBrush(Colors.LightBlue));
GeometryModel3D geo = new GeometryModel3D(mesh, mat);
ModelVisual3D model = new ModelVisual3D ();
model.Content = geo;
pV.myViewport.Children.Add (model); // Add model to viewport

// Save for future delete...
pV.m_modelVisual3DList.Add (model);
pV.m_elemList.Add (pE);
}
```

## (B) Delete an Element

```
//////////////////////////////////////////////////////////////
CView::UserControl_PreviewMouseLeftButtonDown (object sender, MouseButtonEventArgs e)
{
    //-------------------------------------------------- GET CURRENT FM
    CFM_base pFM = m_pDoc.GetActiveFM ();

    pFM.EventForIND ();

    m_pDoc.OnDraw_WPF (m_pData.m_OnDrawFlag, this);
}
//////////////////////////////////////////////////////////////
CFM_createBox3d::EventForIND ()
{
    // ---- Identify the element to be deleted

    //-------------------------------------------------- REMOVE THIS ELEM FROM ELEM LIST
    m_pData.m_elemList.Remove (pElemToDelete);

    m_pData.m_OnDraw_flag = 2; // Undraw an element on all vpts

    m_pData.m_pElemUndraw = pElemToDelete;
}
//////////////////////////////////////////////////////////////
CDoc::OnDraw_WPF (int flag, CView pVOnlyOne = null)
{
    // flag = 1: Draw only newly created elems in all vpts
    {
        foreach (CView pV in m_viewList)
        {
            DrawNewlyCreatedElems (pV);
            //------------------ Draw Axis axes
            //------------------ Draw Current plane
        }
    }
    // flag = 2: Undraw an elem in all vpts
    {
        foreach (CView pV in m_viewList)
        {
            UndrawThisElem (pV, m_pData.m_pElemUndraw);
        }
    }
```

```
    // flag = 3: Draw all elems in only one vpt
    {
        DrawAllElems (pVOnlyOne);
        //------------------ Draw Axis axes
        //------------------ Draw Current plane
    }
}
///////////////////////////////////////////////////////////////
CDoc::UndrawThisElem (CView pV, CElemBase pElemToDelete)
{
    int index = 0;
    foreach (CElemBase pE in pV.m_elemList)
    {
        if (pE == pElemToDelete)
        {
            index = 1;
            ModelVisual3D model = pV.m_modelVisual3DList (index);
            pV.myViewport.Children.Remove (model);
            break;
        }
    }
}
```

## (C) When a New Viewport Popped
```
///////////////////////////////////////////////////////////////
MainWindow::miNewViewport_Click(object sender, RoutedEventArgs e)
{
    //------------------------------------------------ GET CURRENT FM
    // (1) Create a CView instance ---------------------- CREATE NEW VIEWPORT
    CView pV = new CView (pDoc, pDoc.m_pData);
    pDoc.m_viewList.Add (pV);

    // (2) Create an Mdi instance ---------------------- CREATE MDI INSTANCE
    MdiChild mdiChd = new MdiChild()
    Canvas.SetLeft(mdiChd, 600);
    Canvas.SetTop(mdiChd, 150);

    // Save in 2 places: (1) Mdi Container (2) data member
    Container.Children.Add(mdiChd);
    pDoc.m_mdiViewList.Add(mdiChd);
    pV.m_mdiChild = mdiChd;

    // (3) Initialize view attributes...
    pV.OnInitialUpdate(); // ((int)mdiWidth, (int)mdiHeight);

    // (4) Camera setup ---------------------------------- CAMERA
    pV.Setup2Projection();
    pV.Setup2UpVector();

    // (5) Lighting ---------------------------------------- LIGHT
    ModelVisual3D model = new ModelVisual3D();
    DirectionalLight lightDir = new DirectionalLight();
    AmbientLight lightAmb = new AmbientLight();
    PointLight lightPnt = new PointLight();
    pV.myViewport.Children.Add(model); // add light to vpt

    // (6) Draw all elements -------------------------- DRAW ELEMENTS
    pDoc.OnDraw_WPF (3, pV); // Draw all elemes in one vpt
}
///////////////////////////////////////////////////////////////
```

```
CDoc::OnDraw_WPF (int flag, CView pVOnlyOne = null)
{
    // flag = 1: Draw only newly created elems in all vpts
    {
        foreach (CView pV in m_viewList)
        {
            DrawNewlyCreatedElems (pV);
            //------------------ Draw Axis axes
            //------------------ Draw Current plane
        }
    }
    // flag = 2: Undraw an elem in all vpts
    {
        foreach (CView pV in m_viewList)
        {
            UndrawThisElem (pV, m_pData.m_pElemUndraw);
        }
    }
    // flag = 3: Draw all elems in only one vpt
    {
        DrawAllElems (pVOnlyOne);
        //------------------ Draw Axis axes
        //------------------ Draw Current plane
    }
}
//////////////////////////////////////////////////////////////
CDoc::DrawAllElems (CView pV)
{
    foreach (CElemBase1D pE in m_pData.m_elemList)
    {
        DrawElemOneVpt (pE, pV);
    }
}
//////////////////////////////////////////////////////////////
CDoc::DrawElemOneVpt (CElemBase pE, CView pV)
{
    Colors color;
    int n3 = 0;
    CPoint3D[,] vec3 = new CPoint3D[3, 100];
    pE.GenerateVerticesAndCreateWPFcalls (out n3, out vec3);

    MeshGeometry3D mesh = new MeshGeometry3D();
    for (int i = 0; i < n3; i++)
    {
        Point3D pp0 = new Point3D(vec3[0, i].x, vec3[0, i].y, vec3[0, i].z);
        mesh.Positions.Add (pp0,,,,);
        mesh.TriangleIndices.Add (ii,,,,);
        Vector3D norml = CalculateNormal(pp0, pp1, pp2);
        mesh.Normals.Add (norml,,,,);
    }
    Material mat = new DiffuseMaterial(new SolidColorBrush(Colors.LightBlue));
    GeometryModel3D geo = new GeometryModel3D(mesh, mat);
    ModelVisual3D model = new ModelVisual3D ();
    model.Content = geo;
    pV.myViewport.Children.Add (model); // Add model to viewport

    // Save for future delete...
    pV.m_modelVisual3DList.Add (model);
    pV.m_elemList.Add (pE);
}
```

# 15. Function Mode (FM) Messages Printing Mechanism

2011-June-04

////////////////////////////////////////////////////////////////////////////////////////
## CDoc::

---
```
public FMPrintMessagesDelegate FMPrintMessages;
```
---
```
public CDoc (Window window, FMPrintMessagesDelegate d)
{
   this.window = window;
   this.FMPrintMessages = d;
   m_pFM = new CFM_createPoint (m_pData, FMPrintMessages);
   OnNewDocument();
}
```
---
```
public void OnCreatePoint()
{ m_pFM = new CFM_createPoint (m_pData, FMPrintMessages); InitializeFM(); }
```

////////////////////////////////////////////////////////////////////////////////////////
## CFM_base::

---
```
public delegate void FMPrintMessagesDelegate ();   // delegate declaration
```
---
```
public int pxs;
public int cxs;
public FMPrintMessagesDelegate FMPrintMessages;   // save as data member
public string m_promptMessage;
```
---
```
public CFM_base (CData pData, FMPrintMessagesDelegate d)
{
   m_pData = pData;
   this.FMPrintMessages = d;
   pxs = 0;
   cxs = 1;
}
```
---
```
public virtual void NXS ( int nxs = 0 )
{
   int n = ( 0 == nxs ) ? cxs : nxs;
   pxs = cxs; cxs = n;
   // Invoke delegate
   this.FMPrintMessages ();
   CommonTaskForNXS ( nxs );
}
```
---
```
public void FM_command (string s)
{ m_pData.FM_command = s; }
public void SystemFeedbackMessage (string s)
{ m_pData.FM_systemFeedback = s; }
public void PromptMessage (string s)
{ m_pData.FM_prompt = s; }
public void KeyinEchoMessage (string s)
{ m_pData.FM_keyinEcho = s; }
```
---
```
public CFM_baseP (CData pData, FMPrintMessagesDelegate d) : base (pData, d)
public CFM_baseT (CData pData, FMPrintMessagesDelegate d) : base (pData, d)
```

```
/////////////////////////////////////////////////////////////////////////////////////////
CFM_createPoint::     -- example --
-------------------------------------------------------------------------------
public CFM_createPoint (CData pData, FMPrintMessagesDelegate d) // constructor
     : base (pData, d)
{
   FM_command ( "FM Create Point" );
   NXS (1);
   SetSubmenu();
}
-------------------------------------------------------------------------------
public override void InitializeFM ()
{
}
-------------------------------------------------------------------------------
public override void NXS (int nxs)
{
   switch (nxs)
   {
      case 1:
         PromptMessage ( "Indicate to create a point" );
         break;
      case 2:
         PromptMessage ( "Indicate to create another point" );
         break;
      case 3:
         PromptMessage ( "Indicate to create yet another point )";
         break;
   }
   base.NXS (nxs);  // Call base function at the end
}
-------------------------------------------------------------------------------
public override void EventForIND ()
{
   m_pData.m_elemNewlyCreatedList.Clear ();
   switch (nxs)
   {
      case 1:
         CElemBase pE1 = new CElemBox3d ( ... , m_ptIND, ... );
         m_pData.m_elemList.Add (pE1);
         m_pData.m_elemNewlyCreatedList.Add (pE1);
         SystemFeedbackMessage ( "Box 3D created successfully" );
         NXS (2);
         break;
      case 2:
         . . . . .
         break;
      case 3:
         . . . . .
         break;
   }
   m_pData.m_OnDraw_flag = 1;  // 1 = DrawAllElems, 2 = UndrawThisElem
}
```

# 16. Element Creation Paradigm        2011-June-10

In this WPF system, the following element creation paradigm has been established.

Whenever a new element is to be created, this paradigm must be followed:

```
/////////////////////////////////////////////////////////
CView::UserControl_PreviewMouseLeftButtonDown (object sender, MouseButtonEventArgs e)
{
    CFM_base pFM = m_pDoc.GetActiveFM ();
    pFM.EventForIND ();
    m_pDoc.OnDraw_WPF (m_pData.m_OnDrawFlag, this);
}

/////////////////////////////////////////////////////////
CFM_createElbow::EventForIND ()
{
    m_pData.CreateElbow (m_ptIND, 3, 5);
    NXS (2);
    InvalidateAllVpts_WPF (1);   // Draw newly created elems in all viewports
}

/////////////////////////////////////////////////////////
CData::CreateElbow (pt, a, b)
{
    m_feedbackMessage = 1;
    FactoryForElemOnCP (ET_ELBOW, pt, a, b);
}

/////////////////////////////////////////////////////////
CData::FactoryForElemOnCP  / FactoryForCloneElem / FactoryForDittoElem
{
    pE = NewElem (type, pt, CurPlane.X, CurPlane.Y, a, b, c, d)
    RegisterNewElem (pE);
}

/////////////////////////////////////////////////////////
CData::NewElem  (type, pt, CurPlane.X, CurPlane.Y, a, b, c, d)
{
    switch (type)
    {
        case ET_POINT:
            pE = new CElemPoint (---);
        case ET_ELBOW:
            pE = new CElemElbow (---);
        case ET_BOX:
            pE = new CElemBox (---);
    }
}

/////////////////////////////////////////////////////////
CData::RegisterNewElem (pE)    /    RegisterNewDitto (pE))
{
    m_pElemCur = pE;
    m_elemList.Add (pE);
    m_elemNewlyCreatedList.Add (pE);  // Cleared in OnDraw_WPF
}

/////////////////////////////////////////////////////////
CFM_base::InvalidateAllVpts_WPF (flag)
{
    m_pData.m_OnDraw_flag = flag;  // 1 = DrawAllElems, 2 = UndrawThisElem
```

}

////////////////////////////////////////////////////////////////

# 17. Visual Cue Display Scheme (1) --- Temporary Element / Lines  2011-June-19

Temp elem (lines) are used in FM command for visual cues...

```
////////////////////////////////////////////////////////////////
CDoc::OnDraw_WPF
{
    DrawAllElems (pV);
    DrawAbsoluteAxes (pV);
    DrawCurPlane (pV);
    DrawTempElem (pV);

    // Clear this list everytime
    m_pData.m_elemNewlyCreatedList.Clear();
}
CDoc::DrawTempElem (CView pV)
{
    // Make sure to remove first...
    ScreenSpaceLines3D line1 = pV.m_tempLineWPF1;
    line1.Points.Clear (); // importnt to clear
    pV.myViewport.Children.Remove(line1);

    ScreenSpaceLines3D line2 = pV.m_tempLineWPF2;
    line2.Points.Clear (); // importnt to clear
    pV.myViewport.Children.Remove(line2);

    //------------------------------------------------ Line 1
    foreach (CPoint3D p in m_pData.m_tempLineWPFArraySingle1)
    {
        line1.Points.Add(pp1);
        line1.Points.Add(pp2);
    }
    foreach (CPoint3D p in m_pData.m_tempLineWPFArrayMulti1)
    {
        line1.Points.Add(pp1);
        line1.Points.Add(pp2);
    }
    line1.Thickness = m_pData.m_tempLineWPFThickness1;
    line1.Color = Colors.BlueViolet;
    pV.myViewport.Children.Add(line1);
    //------------------------------------------------ Line 2
    //------------------------------------------------ Line 3
}

////////////////////////////////////////////////////////////////
CView::
{
    // IMPORTANT NOTE: These have to be declared here in View; cannot be in Doc
    // (nor in Data, for Data has no scope for Lines3D). If declared in Doc,
    // an exception is raised when there are more than one viewport, because
    // one instance of ScreenSpaceLines3D cannot be added to myViewport
    // of multiple Views. < 2011-6-19>
```

```csharp
    // Temporary lines used by FM commands...
    public ScreenSpaceLines3D m_tempLineWPF1 = new ScreenSpaceLines3D();
    public ScreenSpaceLines3D m_tempLineWPF2 = new ScreenSpaceLines3D();
    public ScreenSpaceLines3D m_tempLineWPF3 = new ScreenSpaceLines3D();

    // Current plane & Keyin coordinnates...
    public ScreenSpaceLines3D m_visualCueCurPlane = new ScreenSpaceLines3D();
    public ScreenSpaceLines3D m_visualCueCoordRCS = new ScreenSpaceLines3D();

    // Absolute axes (RGB)...
    public ScreenSpaceLines3D m_visualCueAbsAxisR = new ScreenSpaceLines3D();
    public ScreenSpaceLines3D m_visualCueAbsAxisG = new ScreenSpaceLines3D();
    public ScreenSpaceLines3D m_visualCueAbsAxisB = new ScreenSpaceLines3D();

    // Visual cues for real-time viewing...
    public ScreenSpaceLines3D m_visualCueViewing1 = new ScreenSpaceLines3D();
    public ScreenSpaceLines3D m_visualCueViewing2 = new ScreenSpaceLines3D();
    public ScreenSpaceLines3D m_visualCueViewing3 = new ScreenSpaceLines3D();
    public ScreenSpaceLines3D m_visualCueViewing4 = new ScreenSpaceLines3D();
    public ScreenSpaceLines3D m_visualCueViewing5 = new ScreenSpaceLines3D();
}

////////////////////////////////////////////////////////////
CData::
{
    //----------------------------------------- temp line 1
    public List<CPoint3D> m_tempLineWPFArraySingle1 = new List<CPoint3D>();
    public List<CPoint3D> m_tempLineWPFArrayMulti1 = new List<CPoint3D>();
    public int m_tempLineWPFColor1 = 1;
    public int m_tempLineWPFThickness1 = 1;
    //----------------------------------------- temp line 2
    public List<CPoint3D> m_tempLineWPFArraySingle2 = new List<CPoint3D>();
    public List<CPoint3D> m_tempLineWPFArrayMulti2 = new List<CPoint3D>();
    public int m_tempLineWPFColor2 = 1;
    public int m_tempLineWPFThickness2 = 1;

////////////////////////////////////////////////////////////
CFM_base::TempLineWPFClear1, 2, 3 ()
{
    m_pData.m_tempLineWPFArraySingle1.Clear ();
    m_pData.m_tempLineWPFArrayMulti1.Clear ();
}
CFM_base::TempLineWPFStart1, 2, 3 (color, thickness)
{
    m_pData.m_tempLineWPFColor1 = color;
    m_pData.m_tempLineWPFThickness1 = color;
}
CFM_base::TempLineWPF1, 2, 3 (p1, p2)
{
    m_pData.m_tempLineWPFArraySingle1.Add (p1);
    m_pData.m_tempLineWPFArraySingle1.Add (p2);
}
CFM_base::TempLineWPFArray1, 2, 3 (int flag, CPoint3D[] pArray)
{
    foreach (CPoint3D p in pArray) m_pData.m_tempLineWPFArrayMulti1.Add (p);
    if (flag == 1) m_pData.m_tempLineWPFArrayMulti1.Add(pArray[0]);
}


////////////////////////////////////////////////////////
CFM_createBox::EventForIND ()
{
```

```
    case 1:
        TempLineWPFClearAll();
        // TempLineWPFClear1();
        // TempLineWPFClear2();

        m_pData.CreateBox(m_ptIND, 1.0, 0.5);
        SystemFeedbackMessage("Box created by IND");

        int color = 1;
        int thickness = 5;
        TempLineWPFStart1 (color, thickness);

        TempLineWPF1 (p1, m_ptIND);
        TempLineWPF1 (p2, m_ptIND);

        CPoint3D[] pArray = {new CPoint3D(0, -1, -1),new CPoint3D(0, -1, -3),new CPoint3D(0, -2, -5) };
        TempLineWPFArray1 (1, pArray); // flag = 1 : close loop

        NXS(2);
        break;

    InvalidateAllVpts_WPF (1);
}
```

# 18. Visual Cue Display Scheme (2) --- Viewing Free Rot/Pan/Zoom   2011-June-19

Users: View::BeginRealTimeFreeRotation / FreePan / FreeZoom
       View::UserControl_PrevMouseRightButtonUp()

```
//////////////////////////////////////////////////////////
CView::
{
    public ScreenSpaceLines3D m_visualCueViewing1 = new ScreenSpaceLines3D();
    public ScreenSpaceLines3D m_visualCueViewing2 = new ScreenSpaceLines3D();
    public ScreenSpaceLines3D m_visualCueViewing3 = new ScreenSpaceLines3D();
    public ScreenSpaceLines3D m_visualCueViewing4 = new ScreenSpaceLines3D();
    public ScreenSpaceLines3D m_visualCueViewing5 = new ScreenSpaceLines3D();
}
CView:: VisualCueViewingClear1()
{
    this.myViewport.Children.Remove (m_visualCueViewing1);
    m_visualCueViewing1.Points.Clear ();
}
CView:: VisualCueViewingStart1 (Color color, int thickness)
{
    m_visualCueViewing1.Color = color;
    m_visualCueViewing1.Thickness = thickness;
}
CView:: VisualCueViewingPoint1 (p1, p2)
{
    ViewingVisCuePoint1 (pp1, pp2);
}
CView:: VisualCueViewingEnd1 ()
{
    this.myViewport.Children.Add (m_visualCueViewing1);
}
```

# 19. Visual Cue Display Scheme (3) --- Key-in Coordinate Rect/Cyl/Sph    2011-June-20

Visual cue for the key-in coordinate is issued by Main:: **txtKeyinPad_TextChanged(**

```
/////////////////////////////////////////////////////////////
CView::
{
    public ScreenSpaceLines3D m_visualCueCoordRCS = new ScreenSpaceLines3D();
}
/////////////////////////////////////////////////////////////
CDoc:: DrawCoordinateRCS (CView pV)
{
    // Clear first....
    ClearCoordianteRCS ()
    ScreenSpaceLines3D line= pV.m_visualCueCoordRCS;

    line.Thickness = width;
    line.Color = c;

    line.Points.Add(p0);
    line.Points.Add(p1);

    pV.myViewport.Children.Add (line);
}
CDoc:: ClearCoordianteRCS(CView pV) // One viewport
{
    pV.myViewport.Children.Remove (pV.m_visualCueCoordRCS);
    m_visualCueCurPlane.Points.Clear (); // importnt to clear
}
/////////////////////////////////////////////////////////////
Main:: txtKeyinPad_TextChanged(object sender, TextChangedEventArgs e)
{
    try
    {
        // Clear temp display... only after ENTER
        m_pDoc.ClearCoordianteRCS(); // All vpts
        m_pDoc.m_pFM.m_ptKEY3 = m_pDoc.GetKeyCoordinate();

/////////////////////////////////////////////////////////////
CDoc:: GetKeyCoordinate()
{
    DrawCoordinateRCS(); // All vpts
    return ptAbs;
}
```

# 20. Visual Cue Display Scheme (4) --- Current Plane    2011-June-20

Current plane must be redrawn every time....

```
/////////////////////////////////////////////////////////////
CView::
{
    public ScreenSpaceLines3D m_visualCueCurPlane = new ScreenSpaceLines3D();
}
```

```
///////////////////////////////////////////////////////////
CDoc:: OnDraw_WPF
{
    DrawAllElems (pV);
    DrawAbsoluteAxes (pV);
    DrawCurPlane (pV);
    DrawTempElem (pV);
}
CDoc:: DrawCurPlane (CView pV)
{
    // Clear first....
    ClearCurPlane(pV);

    ScreenSpaceLines3D line= pV.m_visualCueCurPlane;
    line.Thickness = width;
    line.Color = c;

    line.Points.Add(p0);
    line.Points.Add(p1);

    pV.myViewport.Children.Add (line);
}
CDoc:: ClearCurPlane(CView pV) // One viewport
{
    pV.myViewport.Children.Remove(pV.m_visualCueCurPlane);
    pV.m_visualCueCurPlane.Points.Clear();
}
///////////////////////////////////////////////////////////
CDoc:: OnCurPlaneXy/Xz/Zy()
{
    m_pData.m_pCurPlane.SetPresetPlaneXY();
    DrawCurPlane(); // All vpts
}
```

# 21. Event Generation Sites        2011-June-21

Events are generated from two places: MainWindow and CView.

## Main Window
```
///////////////////////////////////////////////////////////
```
1. **Menu Event**

   Main:: **miOrthoXY_Click ()**
           ----------> Doc:: OnOrthoUtilityXY ()
   Main:: **miOrthoXZ_Click ()**
           ----------> Doc:: OnOrthoUtilityXZ ()
   Main:: **miCreateBox_Click ()**
           ----------> Doc:: OnFMCreateBox () ---> m_pFM = new CFM_createBox
   Main:: **miElemRotate ()**
           ----------> Doc:: OnFMElemRotate () --->  m_pFM = new CFM_elemRotate

```
///////////////////////////////////////////////////////////
```
2. **Key Event**

   Main:: **Window_PreviewKeyDown ()**

           BEFORE_EventForInitialize ()
           ----------> View:: OnMMZoomLensAngle (delta);
           ----------> View:: OnMMPanTurnHead (delta);

----------> View:: OnMMZoomMoveCamera (delta);
----------> FM:: EventForESC ()
----------> FM:: EventForDEL ()
----------> FM:: EventForTAB ()
----------> FM:: EventForSPACE ()
----------> FM:: EventForARROW
AFTER_EventForOnDraw ()

////////////////////////////////////////////////////////////////
## 3. Coordinate Key-in Event

**Main:: txtKeyinPad_TextChanged (txtKeyinPad_PreviewKeyDown)**

BEFORE_EventForInitialize ()
----------> FM:: EventForKEY3 ()
----------> FM:: EventForKEY2 ()
----------> FM:: EventForKEY1 ()
----------> FM:: EventForDEFPT ()
AFTER_EventForOnDraw ()

////////////////////////////////////////////////////////////////
**Main:: private CView BEFORE_EventForInitialize()**
{
    m_pDoc.m_pData.**m_OnDraw_flag** = 0;
    CView pV = GetActiveViewport ();   // Initialize flag to 0 before EventForXXX
    m_pDoc.**m_pViewEvent** = pV;   // view pointer of event-origin
    return pV;
}
**Main:: private void AFTER_EventForOnDraw()**
{
    m_pDoc.**OnDraw_WPF** ();   // All vpts
    txtKeyinPad.Focus();
}


# CView
////////////////////////////////////////////////////////////////
## 1. Mouse Button Down / Up Event

**View:: UserControl_PreviewMouseLeftButtonDown**
BEFORE_EventForInitialize ()
BeginRealTimeFreeRotation (p)
----------> FM:: EventForLBD ()
----------> FM:: EventForDEFPT ()
AFTER_EventForOnDraw ()
**View:: UserControl_PreviewMouseLeftButtonUp**
BeginRealTimeFreePan (p)
BeginRealTimeFreeZoom (p)
----------> FM:: EventForLBU ()
**View:: UserControl_PreviewMouseRightButtonDown**
BEFORE_EventForInitialize ()
----------> FM:: EventForRBD ()
AFTER_EventForOnDraw ()
**View:: UserControl_PreviewMouseRightButtonUp**
----------> FM:: EventForRBU ()
**View:: UserControl_PreviewMouseDoubleClick**
----------> FM:: EventForLB2 ()
----------> FM:: EventForRB2 ()

////////////////////////////////////////////////////////////////

## 2. Mouse Move Event

**View:: UserControl_PreviewMouseMove**
    ----------> FM:: EventForMMV ()
    ----------> OnMMPanSameOrien ()
    ----------> OnMMPanTurnHead ()
    ----------> OnMMZoomLensAngle ()
    ----------> OnMMZoomMoveCamera ()

////////////////////////////////////////////////////////////////////

## 3. Viewport Size Changed Event

**View:: UserControl_SizeChanged**
    SetVptPixelSizeXYandRatio();
    Setup2Projection();
    Setup2UpVector();
    UpdateVptExtentAndSizes();

////////////////////////////////////////////////////////////////////

```
View:: private void BEFORE_EventForInitialize ()
{
    m_pDoc.m_pData.m_OnDraw_flag = 0;  // Initialize flag to 0 before EventForXXX
    m_pDoc.m_pViewEvent = this;  // view pointer of event-origin
}
View:: private void AFTER_EventForOnDraw ()
{
    m_pDoc.OnDraw_WPF (this);
    lblViewCaption2.Content = DateTime.Now.ToString();
}
```

# 22. WPF 3D Rendering Scheme Revisited     2011-December-30

```
public void OnDraw_WPF(CView pVOnlyOne = null)
{
    // This is always called after EventForXXX. FM processing the EventForXXX
    // sets the flag via ....

    if (bAllElems)
    { //------------------(1)---------------------- All elems
        foreach (CElemBase1D pE in m_pData.m_elemList)
        {
            // Check each elem's render capability...
            SetRenderFlags(flag, pE, out nWire, out nShade);
            if (nShade > 0) geo = CreateGeometryModel3D(pE); // Common for Draw & Modify
            if (nWire > 0) pE.GenerateVerticesAndCreateWPFcalls(out n2, out vec2, out n3, out vec3, out segArray);
            if (bAllVpts)
            { // ---------------------------- All vpts
                foreach (CView pV in m_viewList)
                {
                    Render(pE, pV, geo, n2, vec2, n3, vec3, segArray, nShade, nWire, bModify, bDelete);
                    DrawTempElemOneVpt(pV);
```

-------------------------------------------------

```
public GeometryModel3D CreateGeometryModel3D(CElemBase pE)
{
```
-------------------------------------------------

```
public void Render(CElemBase pE, CView pV,
```

```csharp
GeometryModel3D geo, int n2, CPoint3D[,] vec2, int n3, CPoint3D[,] vec3, int[] segArray,
uint nShade, uint nWire, bool bModify, bool bDelete = false)
{
    // This is the low-level WPF3D renderer. The value of nShade and nWire controls
    // the rendering. 1 for single-render-object, 2 for multi-render-objects. Either 1 or 2
    ------------------------------------------------------------------

    ///////////////////////////////////////////////////77/////////
    public void CREATE_SINGLE_SHADE(CElemBase pE, CView pV, GeometryModel3D geo)
    {
        ModelVisual3DG model = new ModelVisual3DG();
        model.Content = geo;
        //---------------------------- Apply "Transform" property
        CViewMatrix m = pE.GetMatrix(); // elem's own matrix
        Matrix3D mx = new Matrix3D(m.Xx, m.Xy, m.Xz, 0, m.Yx, m.Yy, m.Yz, 0, m.Zx, m.Zy, m.Zz, 0, m.Ox, m.Oy, m.Oz, 1);
        MatrixTransform3D tran = new MatrixTransform3D(mx);
        //---------------------------- Apply "Transform" property
        model.Transform = tran;
        pV.myViewport.Children.Add(model);
        model.m_pElem = pE; // save "data structure" pointer in "render"
        pE.m_singleShadeDict.Add(pV, model); // save "render" side pointer
    }
    public void MODIFY_SINGLE_SHADE(CElemBase pE, CView pV)
    {
        ModelVisual3D model = pE.m_singleShadeDict[pV];
        //--- GeometryModel3D geo = CreateGeometryModel3D(pE);
        //--- model.Content = geo;
        // This modify only works for "Transform" property change...
        CViewMatrix m = pE.GetMatrix(); // elem's own matrix
        Matrix3D mx = new Matrix3D(m.Xx, m.Xy, m.Xz, 0, m.Yx, m.Yy, m.Yz, 0, m.Zx, m.Zy, m.Zz, 0, m.Ox, m.Oy, m.Oz, 1);
        MatrixTransform3D tran = new MatrixTransform3D(mx);
        model.Transform = tran;
    }
    public void DELETE_SINGLE_SHADE(CElemBase pE, CView pV)
    {
        ModelVisual3D model = pE.m_singleShadeDict[pV];
        pV.myViewport.Children.Remove(model);
    }
    public void HIDE_SINGLE_SHADE(CElemBase pE, CView pV)
    public void UNHIDE_SINGLE_SHADE(CElemBase pE, CView pV)
    ///////////////////////////////////////////////////77/////////
    public void CREATE_MULTI_SHADE(CElemBase pE, CView pV, int[] segArray, CPoint3D[,] vec2)
    public void MODIFY_MULTI_SHADE(CElemBase pE, CView pV)
    public void DELETE_MULTI_SHADE(CElemBase pE, CView pV)
    public void HIDE_MULTI_SHADE(CElemBase pE, CView pV)
    public void UNHIDE_MULTI_SHADE(CElemBase pE, CView pV)
    ///////////////////////////////////////////////////77/////////
    public void CREATE_SINGLE_WIRE(CElemBase pE, CView pV, int n2, CPoint3D[,] vec2)
    public void MODIFY_SINGLE_WIRE(CElemBase pE, CView pV)
    public void DELETE_SINGLE_WIRE(CElemBase pE, CView pV)
    public void HIDE_SINGLE_WIRE(CElemBase pE, CView pV)
    public void UNHIDE_SINGLE_WIRE(CElemBase pE, CView pV)
    ///////////////////////////////////////////////////77/////////
    public void CREATE_MULTI_WIRE(CElemBase pE, CView pV, int[] segArray, CPoint3D[,] vec2)
    public void MODIFY_MULTI_WIRE(CElemBase pE, CView pV)
    public void DELETE_MULTI_WIRE(CElemBase pE, CView pV)
    public void HIDE_MULTI_WIRE(CElemBase pE, CView pV)
    public void UNHIDE_MULTI_WIRE(CElemBase pE, CView pV)
```

# 23. Free View Rotation Schemes  2012-February-02

## 1. Delta Rotation
////////////////////////////////////////////////////////////
Use cursor's X Y delta. Location-transparent. Always 3D rotation.

## 2. Trackball
////////////////////////////////////////////////////////////
If Pt.1 is within CircleA, initiate 3D rotation. If outside, initiate 2D rotation. CircleA is 90% of the screen.
Once initiated, the rotation mode remains in effect until the mouse button is released.

## 3. Trackball
////////////////////////////////////////////////////////////
If Pt.1 is within CircleA, initiate 3D rotation. If outside, see if Vector1-2 goes through CircleB. If it does, 3D, else 2D.
CircleA is 50% of the screen. CircleB is the same as CircleA or smaller.
Once initiated, the rotation mode remains in effect until the mouse button is released.

# 2. C# Note

## Important C# Features

### 1. Mouse Wheel Event Handler          2011-Dec-29

```
///////////////////////////////////////////////////77/////////
  public CView(CDoc pDoc, CData pData) // constructor
  {
    InitializeComponent(); // to show geometry defined in XAML
    this.MouseWheel += new MouseWheelEventHandler(CView_MouseWheel);
    InitialViewDefault();
  }


///////////////////////////////////////////////////77/////////

  void CView_MouseWheel(object sender, MouseWheelEventArgs e)
  {
    double factor = 0.6;

    double xxx = factor;
    double yyy = factor;
    if (e.Delta < 0) {xxx = yyy = -xxx; }
    Point p = new Point(xxx, yyy);
    OnMMZoomMoveCamera(p);
  }
```

### 2. Dictionary          2011-Dec-15

Dictionary<string, int> dic = new Dictionary<string, int>();

dic.Add ("cat", 2);

dic.Add ("dog", 3);

dic ["cat"] = 1;  // changing value

dic ["tree"] = 3; // if a key does not exist, it will be added

if (dic.ContainsKey ("dog") == true ) ...

if (dic.ContainsValue (3) == false) ...

int value = dic ["dog"];

foreach (var p in dic)
{
   Conslole.WriteLine ("{0}, {1}", p.Key, p.Value);
}

dic.Remove ("cat");

```
dic.Remove ("myDog"); // do nothing

dic.Clear(); // empty all

int size = dic.Count;
```

# 3. Lambda Expression     2011-July-31

1) **=>** ... This is the Lambda operator. It is pronounced as "goes to".

2) The left side of the Lambda operator is INPUT and the right side is the EXPRESSION.

**delegate int Del (int i);**
**Del myDelegate = x => x * x;**
**int y = myDelegate (5);**

Lambdas can refer to "outer variables" that are in scope in the enclosing method or type in which the lambda is defined. Variables that are captured in this manner are stored for use in the lambda expression even after variables go out of scope. An outer variable must be assigned before it can be used in a lambda expression...

```
/////////////////////////////////////////////////////
public delegate bool D1 ();
public delegate bool D2 ( int i );

public class LambdaTest
{
    public D1 myDelegateA;
    public D2 myDelegateB;

    public void Testing(int val)
    {
        int j = 0;

        // Initialize a delegate with Lambda expression...
        myDelegateA = () => { j = 10; return j > val; };

        // Initialize another delegate with Lambda expression...
        myDelegateB = (x) => { return x == j; };

        // Check the value of "j" before calling delegates...
        Console.WriteLine("j = {0}", j);   // j = 0

        // Invoke the first delegate...
        bool b = myDelegateA();
        Console.WriteLine("j = {0} b = {1}", j, b);   // j = 10, b = true (val = 5)
    }
}
static void MainC()
{
    LambdaTest test = new LambdaTest();
    test.Testing(5);
```

```csharp
        // Invoke the second delegate with 9...
        bool b = test.myDelegateB(9);

        Console.WriteLine("b = {0}", b);   // j = 10, x = 9, so b = false
    }
```

# 4. Two Kinds of Equality                2011-June-29

1) Reference equality ---  also known as "identity".
   Two references point to the same object.

2) Value equality ---  generally understood meaning of equality.
   Two objects contain the same values.

If two objects have reference equality, they also have value equality, but the opposite is not always true.

For reference types  (*a la* class objects), by default, the operator == and Equals() test for reference equality. Therefore, reference types
   typically need not override the default implementation of operator ==  and Equals(), if reference equality is what is needed.

For value-type objects  (*a la* struct objects), and even for reference-type objects, if value equality is desired,
   you must override the default implementation of System.Object.Equals().
   You must also provide an overloaded operator == for struct (which does not come with overloaded operator== at all),
   and override the default overloaded operator == for class.

///////////////////////////////////////////////

```csharp
class Point2D : System.Object
{
    public readonly int x, y;
    public Point2D (int x, int y)  //constructor
    {
        this.x = x;  this.y = y;

    }

    public override bool Equals (System.Object obj)

    {

        // If parameter is null return false.

        if (obj == null) return false;
```

```csharp
    // If parameter cannot be cast to Point return false.
    Point2D p = obj as Point2D;
    if ((System.Object)p == null) return false;
    // Return true if the fields match:
    return (x == p.x) && (y == p.y);
}

public bool Equals (Point2D p)
{
    // If parameter is null return false:
    if ((object)p == null) return false;
    // Return true if the fields match:
    return (x == p.x) && (y == p.y);
}

public override int GetHashCode ()   // Better to override GetHasCode also:
{
    return x ^ y;
}
}
/////////////////////////////////////////////////////

class Point3D : Point2D
{
    public readonly int z;
    public Point3D (int x, int y, int z)
    : base (x, y)
    {
        this.z = z;
    }
    public override bool Equals (System.Object obj)
    {
        // If parameter cannot be cast to Point3D return false:
        Point3D p = obj as Point3D;
        if ((object) p == null) return false;
        return base.Equals (obj) && z == p.z; // Must call base class Equals…
    }
```

```csharp
public bool Equals (Point3D p)
{
    // Return true if the fields match:
    return base.Equals ((Point2D)p) && z == p.z;
}
public override int GetHashCode()
{
    return base.GetHashCode() ^ z;
}

public static bool operator == (Point3D a, Point3D b)
{
    // If both are null, or both are same instance, return true.
    if (System.Object.ReferenceEquals (a, b)) return true;
    // If one is null, but not both, return false.
    if (((object) a == null) || ((object) b == null)) return false;
    // Return true if the fields match:
    return a.x == b.x && a.y == b.y && a.z == b.z;
}

public static bool operator != (Point3D a, Point3D b)
{
    return ! (a == b);
}
```

////////////////////////////////////////////////

```csharp
Point3D a1 = new Point3D (1, 1, 1);

Point3D a2 = new Point3D (1, 1, 1);

bool b1 = a1.Equals (a2);   // ---------------- TRUE

bool b2 = (a1 == a2);   // ---------------- TRUE

bool b3 = (System.Object.ReferenceEquals (a1, a2) );  // ------------- FALSE
```

# 5. System.Object.Equals      2011-June-27      (p.254)

Equals() returns "true" only if two objects being compared reference the same object instance in memory.

However, if you want Equals() to return true when the two variables being compared contain the same values,
you must override Equals() as below:

```csharp
public override bool Equals (object obj)  // Overriding Equals() method
{
    return obj.ToString () == this.ToString ();
}
```

VALUE-EQUALITY vs. REFERENCE-EQUALITY

FOR VALUE-TYPE & REFERENCE-TYPE...

bool bFlag = x.Equals (y);

# 6. Clearing Array Element Values    2011-June-27

## Clearing Array Element Values

An array has a fixed size.  Once created, the size cannot be changed.

Clear() will set the value of each element in the array to a default value (0 for int, false for bool, null for nullables ...)

```
//////////////////////////////////////////

int [] arr1 = { 1, 2, 3, 4, 5 };

Array.Clear (arr);   // all set to 0

Array.Clear (arr, start, number);   // Set to 0 the "number" of elements starting from index "start"
```

# 7. C# Array Passing as Arguments    2011-June-27

Once created, an array can be passed as an input / output argument of a method...

## Passing an array to a method

```
//////////////////////////////////////////

static void SendArray (int [] myArr)   // Sending an array to a method

{

    for (int i = 0; i < myArr.Length; i++)

    {

        Console.WriteLine (" Index {0}   Value {1} ", i, myArr [i] );

    }

}

//////////////////////////////////////////

static int [] ReturnArray ()
```

```
{
    int [] arr = { 10, 20, 30, 40, 50 };

    return arr;
}
//////////////////////////////////////////////

static void Main ()
{
    int [] arr1 = { 1, 2, 3, 4, 5 };

    SendArray (arr1);


    int [] arr2 = ReturnArray ();

    for (int i = 0; i < arr2.Length; i++)

        Console.WriteLine (" Index {0}   Value {1} ", i, arr2 [i] );

}
```

# 8. C# Array Initialization Syntax        2011-June-27

Declaring an array and filling the value of each element in the array are two different things.
There are a few different ways of initializing the element values.

### Initialize by default values

int size = 5;

  int [] iarr = new int [size];   // Initial values set to a default (0 for int, false for bool)

### Initialize by specific values

int [] iarr = { 1, 2, 3, 4, 5 };   // Array size implicitly set

  int [] iarr = new int [] { 1, 2, 3, 4, 5 };   // "new" optional - see above


  string [] sarr = new string [] { "aa", "bb", "cc" };   // string array

  bool [] barr = new bool [] { true, true, false, true };   // bool array

```
bool [] barr = { true, false, true, false, true };   // bool array

CCFDPoint [] arr = { new CCFDPoint (), new CCFDPoint (), new CCFDPoint () };   // All array elements created by
the default constructor.
```

# 9. C# Class Array - Gotcha     2011-June-26

In the code below, CCFDPoint is a "class" both in C++ & C#, and m_mxOrigin is a "class" in C++ but a "struct" in C#.

C++ happily creates 5 CCFDPoint objects in the heap by new CCFDPoint [5], but C# does not; You have to create manually.

Else, NullReferenceException is thrown…

```
int size = 5;
  _S_list = new CCFDPoint [size];
  for (int s = 0; s < size; s++)  _S_list [s] = new CCFDPoint();   // This is needed for C# only
  _S_list [3].m_mxOrigin = pt.m_mxOrigin;   // NullReferenceException is thrown in C# if the above statement is
missing...
```

# 10. Structured Exception Handling     2011-June-14

Throw an exception in a "try" block, and catch an exception in a "catch" block.
Add a "finally" block to include the code that you want to execute after the catch block.

### System.Exception Properties:

1. **Message**
2. **Source**
3. **TargetSite**
4. **StackTrace** --- you never set the value; it is established automatically at the exception time
5. **HelpLink** --- an empty string by default
6. **Data** --- the collection is empty, so check before displaying
7. **InnerException**

### Example 1.

```
Try
{
   throw new Exception (string.Format ("{0} has failed", name));   // "Message" property --- 1
   - OR -
   Exception ex = new Exception (string.Format ("{0} has failed", name));   // "Message" property --- 1
   ex.HelpLink = "http://www.iNet1000.com";   // "HelpLink" property ------------------ 5
   ex.Data.Add ("Time Stamp", string.Format ("{0}", DateTime.Now));   // "Data" property --- 6
   ex.Data.Add ("Cause", "You bad");   // "Data" property ------------------------------------------------ 6
   throw ex;
}
```

```csharp
catch (Exception e)
{
    Console.WriteLine (" \n --- My Error ---");
    Console.WriteLine (" My Message: {0} ", e.Message);   // "Message" property --- 1
    Console.WriteLine (" My Source: {0} ", e.Source);     // "Source" property ---------- 2
    Console.WriteLine (" My Method: {0} ", e.TargetSite); // "TargetSite" property ------- 3
    Console.WriteLine (" My Stack: {0} ", e.StackTrace);  // "StackTrace" property ------ 4
    Console.WriteLine (" My Help Link: {0} ", e.HelpLink);// "HelpLink" property -------- 5
    if (e.Data != null)   // "Data" property -- This collection is empty by default, so check first ---- 6
    {
        foreach (DictionaryEntry de in e.Data)
            Console.WriteLine (" {0}: {1}: ", de.Key, de.Value);
    }
}

finally
{
    // Always execute after catch()
}
```

## Console Output

A first chance exception of type 'System.FormatException' occurred in mscorlib.dll

--- My Error ---
My Message: Input string was not in a correct format.
My Source: mscorlib
My Method: Double ParseDouble(System.String, System.Globalization.NumberStyles, System.Globalization.NumberFormatInfo)
My Stack: at System.Number.ParseDouble(String value, NumberStyles options, NumberFormatInfo numfmt)
 at System.Double.Parse(String s)
 at ns_Main.MainWindow.txtKeyinPad_TextChanged(Object sender, TextChangedEventArgs e) in C:\1_CAD_G_SYSTEM...GProject_Main\MainWindow.xaml.cs:line 2570
My Help Link:

# 11. Delegate      2011-June-02

Delegate is like a function pointer in C. Delegate allows the signature definition of a method being passed.

## Example 1.

In the following, three classes A, B and C are defined. They are not related (inheritance-wise), but there is dependency as C --> B --> A.
That is, C is dependent on B, and B is dependent of A. So, class C can access any of the B's methods, and class B can access any A's methods.
But not in the opposite direction. The purpose of this exercise to allow class A to use C's method (MyMethod) - using a delegate.

NOTE: Delegate is declared only once where it is used (here, in class A scope). No need to declare in class B scope again.
      Also note that in class C (where MyMethod is defined) there is no indication that it is used as a delegate.
      Below, class B can be completely removed, and class C can call class A directly.

NOTE: In the example below, if class C can pass its own pointer ("this") to class B (and class A), both class A and B can have access to C's methods.
   This eliminates the need to use a delegate altogether....
   But this necessitates that A and B have access to C's scope when declaring the pointer type of "this" being received.

---

```
public class C
{
    public void MyMethod (int i) { ... }    // function to be passed as a delegate ----------
    ...
    ...
    B b = new B (MyMethod);   // pass this function pointer as a delegate ----------
    ...
}
```

---

```
public class B
{
    private MyDelegate myDelegate; // declare delegate as a data member -------- (2) INSTANTIATE DELEGATE

    public B (MyDelegate d)    // constructor ---------- (3) RECEIVE DELEGATE
    {
        this.myDelegate = d;   // save delegate in member data ------- (4) SAVE DELEGATE
    }
    ...

    ...
    A a = new A (myDelegate);    // pass this function as a delegate ---------- (5) PASS DELEGATE TO OTHERS
    ...
}
```

---

```
public delegate void  MyDelegate (int i);   // delegate declaration (with signature) ------- (1) DECLARE DELEGATE
public class A
{
    private MyDelegate myDelegate;  // define a delegate as a data member -------- (2) INSTANTIATE DELEGATE

    public A (MyDelegate d)    // Constructor takes a delegate as input ---------- (3) RECEIVE DELEGATE
    {                          // (can be a separate method)
        this.myDelegate = d;   // Save delegate as member data ---------- (4) SAVE DELEGATE
    }
    ...

    ...
    myDelegate (5);   // Use delegate ----------------------- (5) INVOKE DELEGATE
    ...
}
```

---

## Example 2.

```
class Plant
{
    delegate void myDelegate (); // can have arguments ---------- (1) DEFINE DELEGATE

    private myDelegate d;  //---------------------------- (2) INSTANTIATE DELEGATE

    private A a;  // instantiate a;
    private B b;  // instantiate b;
    private C c;  // instantiate c;
```

```
    public Plant ();  // constructor
    {
        this.d += a.stopA;   // --- (3) ASSOCIATE DELEGATE with various methods by +=
        this.d += b.stopB;
        this.d += c.stopC;

        public void ShutDown ()
        {
            this.d ();   // -------------- (4) INVOKE DELEGATE
        }
    }
}
```

# 12. Static     2011-May-19

**Static methods can be called directly without creating a class instance.**

```
Class A
{
    static int Double (int a) { return a * 2; }
}
```

# 13. Stack vs. Heap     2011-May-19

**Stack: Value-based objects are allocated on the stack (destroyed quickly; lifetime defined by scope)**

    **Examples: int, float, enum (System.ValueType)**
        **System-defined structures (ex. Point, Point3D, ...)**
        **User-defined structures (ex. my CPoint2D, CPoint3D, ...)**

    **Usage:**     Point p1;
        p1.X = 10;
        p1.Y = 20;

    **or, using a new operator**

    Point p1 = new Point();  // default constructor
    Point p2 = new Point(10, 20);  // overloaded constructor

    **both are allocated on the stack.**

**Heap: Reference-based objects are allocated on the managed heap (garbage-collected)**

    **Examples: (System.Object)**

System-defined classes (ex. ...)
User-defined classes (ex. my CElemBase, ...)

**Usage:**  CElemBase3D pE = new CElemBase3D();

# 14. Passing Reference Types by Value  2011-May-23

Both reference-types and value-types can be passed as parameters to methods.

Further, reference-types can be passed by value or by reference. (So can value-types.)

Here is an example of passing a reference type (class Person) by value.

```
class CPerson
{
   public string Name;
   public int Age;
   public CPerson (string name, int age) { Name = name; Age = age; }
}

static void ModifyPerson (CPerson p)  // Pass by value (no parameter modifier such as out or ref)
{
   p.Name = "Mary";
   p.Age = 30;
}

static void Main ()
{
   CPerson Mike = new CPerson ("Mike", 20);
   ModifyPerson (Mike);
    // ---> In the caller, 20-year-old Mike has now been converted to 30-year-old Mary....
}
```

**Even passing by value (not out or ref), there is a side effect on the caller's variable!**
If we use struct SPerson, instead, this does not happen. See below...

```
struct SPerson
{
   public string Name;
   public int Age;
   public SPerson (string name, int age) { Name = name; Age = age; }
}

static void ModifyPerson (SPerson p)  // Pass by value (no parameter modifier such as out or ref)
{
   p.Name = "Mary";
   p.Age = 30;
}
```

```
static void Main ()
{
    SPerson Mike = new SPerson ("Mike", 20);
    ModifyPerson (Mike);
        // ---> Here, Mike is not converted to Mary, thank goodness!
}
```

## 15. Class vs. Structure     2011-May-20

In C++, struct is a legacy of the C language. There is no need to use struct in C++ (because a class can be created without any methods).
In C#, struct is resurrected with a different semantics. Syntactically, a struct is almost identical to class in C#.
The crucial difference is that struct is a value-type while a class is a reference-type.

   class: A reference-type and allocated in the .Net managed, garbage-collected, heap.
      - The object in the heap is created only by using a new operator.
      - When you assign one reference-type to another, you are equating the pointer, pointing to the same object in the heap.

   struct: A value-type and allocated in the stack. Its lifetime is predictable - deleted when out of scope.
      - The object in the stack is created either by using or not using a new operator.
      - Cannot define a default constructor. One is automatically given.
      - Cannot use inheritance - For that, you must use class.
      - When you assign one value-type to another, a member-by-member copy of all field data is achieved.

```
--------------------------------------------------------------------------------
struct SPoint
{
    public int X;
    public int Y;

    public SPoint (int x, int y)  // non-default constructor
    {
        X = x; Y = y;
    }
    public void Increment ()
    {
        X++;  Y++;
    }
}
--------------------------------------------------------------------------------
class CPoint
{
    public int X;
    public int Y;

    public CPoint () // default constructor
    {
        X =  Y = 0;
    }
    public CPoint (int x, int y) // non-default constructor
    {
        X = x; Y = y;
    }
    public void Increment ()
    {
```

```
        X++;  Y++;
    }
}
```
---
```
SPoint p1;
p1.X = 10;
p1.Y = 20;  // all public data must be defined before use
p1.Increment ();
```

**Or,**

```
SPoint p1 = new SPoint ();  // default constructor initializes all members to 0, false, or null
SPoint p2 = p1;  // the assignment operator will make a copy of each member data
```

**If either p1 or p2 is changed, only that object is affected, not the other.**
**This is a behavior we normally expect, so struct is more "intuitive".**
**If we use class CPerson, both will be affected... very "counter-intuitive" BE CAREFUL!**

---
```
CPoint p1 = new CPoint (10, 20);
p1.Increment ();

CPoint p2 = p1;  // the assignment operator causes p1 and p2 point to the same object in the heap!!!
```

### If we want to do the same (make copy) using a class, do as follows:

---
```
CPoint p1 = new CPoint (10, 20);
CPoint p2 = new CPoint (p1);  // use a copy constructor, provided you have furnished one....

public CPoint (CPoint p)  // copy constructor for C# class
{
    X = p.X;  Y = p.Y;
}
```

# 16. Static class     2011-May-28

```
public class MyMath
{
    public static int noObjects = 0;  // use --> MyMath.noObjects  only one shared by all objects
    public static double Sqrt (double d);  // use --> MyMath.Sqrt (2);  cannot access non-static member
    public const double PI = 3.1415;  // use --> MyMath.PI
}
```

static class

 - can contain only static members
 - The purpose of a static class is to act as a holder of utility
 - Can not instantiate (new)
 - Can have a static constructor if initialization is needed


# 17. Static method     2011-June-17

```
public class Math
{
    public static double Sqrt (double d);   // use --> Math.Sqrt (2)
    public const double PI = 3.1415;   //  use --> Math.PI
}
```

static method

- You can call a static method **without** instantiating an object of the class.
- A static method cannot access any non-static fields/methods of the class.
- To use a static method, just qualify with the class name --->  Math.Sqrt (4);

# 18. Abstract class / method    2011-May-28

An **abstract class** cannot be instantiated.  Only used as a base for other classes.

An **abstract method** forces a derived class to implement it.

```
abstract class A
{
    abstract void M ();   //  a derived class must provide an implementation - In C++,  virtual void M() = 0;
}
```

# 19. Class Derivation / Inheritance    2011-May-28

```
public abstract class C1
{
    int X;
    public abstract void M1 ();   //  abstract modifier forces a derived class to implement - In C++,  virtual void M() = 0;
    public  virtual void M2 () { X = 2; }   //  a derived class can override implementation
}

public abstract class C2 : C1   //  Itself being abstract, C2 need not fulfill contract of a derived class
{
    public abstract void M3 ();   //  a derived class must provide an implementation
    public virtual void M4 () {X = 4; }   //  a derived class can override implementation
}

public class C3 : C2
{
    public override void M1 () { X = 10; }   //  Must implement M1() since it was abstract
    public override void M2 () { X = 20; }   //  Override M2()
    public override void M3 () { X = 30; }   //  Must implement M3() since it was abstract
}
```

# 20. Array    2011-May-28

C++  ---->  C#

int arr [ 10 ];   ---->   int [ ] arr = new int [ 10 ];

```
public CPoint2D pp [ 2 ] [ 3 ];    ---->   public CPoint2D [ , ] pp = new CPoint2D [ 2, 3 ];
```

In C#:

```
void SetArrayint [ (out int [ ] arr )    // Caller does not have to new the array, just declare it
{
    arr = new int [ 10 ];
    arr [1] = 2;
    arr [2] = 3;
}

void SetArrayint [ (ref int [ ] arr )    // Caller must define (new) the array
{
    arr [1] = 2;
    arr [2] = 3;
}
```

# 21. Brute Force Conversion
from **VC++/MFC/OpenGL** code to **C#/WPF**          2011-March-12

**During the port of my VC++ code (~50K lines) into C#, I did the following global replace. It took me a week to complete the task. That is, I was able to compile clean, and succeeded in creating a clean build! That, of course, does not mean all functions were working.**

1. Change file name from xxx.cpp to xxx.cs (add xxx.h into xxx.cs also).

2. Delete all method declarations in xxx.h file - unless INLINE function (the body is there).
   Also, copy the argument list to the actual implementation (cpp) if there are "default arguments" defined.
   Also, the cpp file does not have a "virtual" modifier (only in .h), so careful when deleting declaration in .h.

3. Put **using "namespace"** in xxx.cs file.

4. Put "**public**" in front of all data member, and all methods - just for now.

5. Comment out "**operator=**" methods... not needed in C#.

6. Comment out "**Serialize** methods" for now.

7. Clone() methods should be --> public override CElemBase **Clone()** { return new CElemXXX(this); }

8. C# List - CElemBase is derived from object --->   **public List<object> m_elemList = new List<object>();**

9. CPoint3D arr [ 10 ] --->  CPoint3D[ ] arr = new CPoint3D [ 10 ];
   CPoint3D arr2 [ 10 ] [ 20 ] --->  CPoint3D[, ] arr2 = new CPoint3D [ 10, 20 ];

10. All class member data (variables) of user-defined type must be created using "new".


Replace All: **GLfloat** with **double**

Replace All: **float** with **double**

Replace All: **public:** with **" "** **(none)**

Replace All: **UINT** with **uint**

Replace All: **CString** with **string**

Replace All: **CGDoc::** with **" "** **(none)**

Replace All: **void** with **public void**

Replace All: **const CPoint3D&** with **CPoint3D**

Replace All: **ELEM_TYPE** with **G.ELEM_TYPE**

Replace All: **COOR_TYPE** with **G.COORD_TYPE**

Replace All: **COLORREF** with **G.G_COLOR**

Replace All: **asin** with **Math.Asin** -- Math - sin/cos/tan...

Replace All: **"]["** with **", "**    // A [2] [3] --> A [2, 3]

Replace All: **"};"** with **"}"**

Replace All: **"->"** with **"."**

Replace All: **BOOL** with **bool**

Replace All: **NULL** with **null**

Replace All: **( const CPoint3D& A )** with **( CPoint3D A )** --- input argument

Replace All: **( CPoint3D* pA )** with **( out CPoint3D pA )** --- output argument

## In VC++:
```
CObList m_elemList;
m_elemList.AddTail(pE);
m_elemList.RemoveAll();
for (POSITION pos = m_elemList.GetHeadPosition (); pos != null; )
{
    CElemBase pE = (CElemBox3D*) m_elemList.GetNext (pos);
```

## In C#:
```
public List<object> m_elemList = new List<object>();
m_elemList.Add(pE);
m_elemList.Clear();
foreach (CElemBase pE in m_elemList)
{
```

# 22. Conversion Note of GUtility.cpp          2011-March-12

Description          C++ (first one) ---     C# (second one)

**Abstract Class**
You cannot instantiate from this class          class A { virtual void method () = 0; }
           **abstract** class A { }
An abstract class need not fulfill all the contracts of the base class.

**Abstract Method** - forces a derived class to implement it          class A { virtual void method () = 0; }          abstract class A { **abstract** void method (); }
**Virtual method** - allows an override of the base implementation (an override can be further overridden...)
           virtual void M () { --- }     public **virtual** void M () { --- }
==> public **override** void M () { --- }


**Constructor** - Visual Studio 2010 / Visual C# Express          CPoint2D::CPoint2D (int x, int y)
{ X = x; Y = y; }          public CPoint2D (int x, int y)
{ X = x; Y = y; }


**Copy Constructor** - Visual Studio 2010 / Visual          CPoint2D::CPoint2D (const CPoint2D& p)
{ X = p.x; Y = p.y; }          public CPoint2D (CPoint2D p)
{ X = p.x; Y = p.y; }


**Destructor** - Visual Studio 2010 / Visual C# Express     ~CPoint2D::CPoint2D () { X = p.x; Y = p.y; }
better not to have one ... (delete operator does not exist in C#)


**Assignment Operator** - Visual Studio 2010 / Visual C# Express

            CPoint2D& CPoint2D::operator=
                ( const CPoint2D& pt )
{     if ( &pt == this ) return *this;
        // self-assignment check by address
        x = pt.x;
        y = pt.y;
        return *this;
}

C# :    Not Needed in C#.




**Operator Overload** - Visual Studio 2010 / Visual C# Express     const CPoint2D CPoint2D::operator+
          (const CPoint2D& pt) const
{
     return CPoint2D (x + pt.x, y + pt.y);
}

public static CPoint2D operator+
       (CPoint2D p1, CPoint2D p2)
{
    return new CPoint2D (p1.x + p2.x, p1.y + p2.y);
}
  **Operator Overload 2** - Visual Studio 2010 / Visual C#          CPoint2D CPoint2D::operator- ()
{
     return CPoint2D (-x, -y);
}          public static CPoint2D operator -
        (CPoint2D p1)      // 2D Negation: N = -A;

```
{
    return new CPoint2D (-p1.x, -p1.y);
}
```

**Declare user defined class** - Visual Studio 2010 / Visual C# Express    CPoint2D pt (1,2);    CPoint2D pt = new CPoint2D (1,2);

**Math** - Visual Studio 2010 / Visual C# Express    abs (-) , arcsin (-), fabs, atan2, tan, ....   Math.Abs(-), Math.ArcSin(-), Math.ArcCos(-), Math.ArcTan2(-),,

**Array** - Visual Studio 2010 /    public:
    double arr [10];
    CPoint2D pt [10];    public double [ ] arr = new double [10];
public CPoint2D [] pt = new CPoint2D [10];

**Hash Table p.198** - Visual Studio 2010 / Visual C# Express    C++ :  int ;
  C# :   int ;
**Constructor chaining**   CElemBase1D::CElemBase1D
        (int n, const CPoint3D& pt)
: CElemBase (n, pt)
{ }    public CElemBase1D (int n, CPoint3D pt)
: base (n, pt)
{ }

**Base method call**    CElemBase::Method (n);
base.Method (n);

**array initialization**    int arr [ ] = { 1, 2, 3, 4 };  int [ ] arr = new int { 1, 2, 3, 4 };
**pass an array argument**    void M (int *  n);    void M ( int [ ] n );
**copy / clone**    public virtual CElemBase* Clone () { return new CElemShapeL (*this); }
    public virtual CElemBase Clone () { return new CElemShapeL (this); }

**Retrieve elem from List**
for (Position pos = GetFirstElemPos(); pos != NULL)
{ n++;
  CElemBase* pE = GetNextElem(pos);

foreach (CElemBase p in m_pData.m_elemList)
{  p.XXX

# 23. Array Argument        2011-May-19
From MS site - In this example, the array theArray is declared in the caller (MainA method), and initialized in the FillArray method. Then, the array elements are returned to the caller and displayed.

```
class Test_Out
{
    static void FillArr(out int[] arr)
    {
        // Initialize the array:
        arr = new int[5] { 1, 2, 3, 4, 5 };
    }
    static void MainA()
```

```csharp
{
    int[] arr2; // Initialization is not required

    // Pass the array to the callee using out:
    FillArr(out arr2);

    // Display the array elements:
    System.Console.WriteLine("Array elements are:");
    for (int i = 0; i < arr2.Length; i++)
    {
        System.Console.Write(arr2[i] + " ");
    }
  }
}
```

From MS site - In this example, the array arr is initialized in the caller (MainB method), and passed to ModifyArr method by using the ref parameter. Some of the array elements are updated in the ModifyArr method. Then, the array elements are returned to the caller and displayed.

```csharp
class Test_Ref
{
    static void ModifyArr(ref int[] arr)
    {
        // Create the array on demand:
        if (arr == null)
        {
            arr = new int[5]; // Must initialize
        }
        // Modify the array:
        arr[2] = 20;
        arr[4] = 30;
    }
    static void MainB()
    {
        // Initialize the array:
        int[] arr = { 1, 2, 3, 4, 5 };
        // Pass the array using ref:
        ModifyArr(ref arr);
        // Display the updated array:
        System.Console.WriteLine("Array elements are:");
        for (int i = 0; i < arr.Length; i++)
        {
            System.Console.Write(arr[i] + " ");
        }
    }
}
```

# 24. C# Language Tutorial        2011-March-5

## Lambda Expression :    += () => { xxxx; };

```csharp
this.d += () => { a.stopA; };        // same as above, using Lambda expression
this.d += () => { d.stopD (2); };    // can have a different argument list than DELEGATE
this.d += () => { d.stopE (3, 4); }; // can have a different argument list than DELEGATE
```

## Event

```csharp
class Plant
{
    public delegate void myDelegate ();  // can have arguments ----------- (1) DEFINE DELEGATE
    public event myDelegate evt;  // ----- (2) INSTANTIATE EVENT (of type delegate)
}

Plant m = new Plant ();

m.evt += a.stopA;             // ------- (3) SUBSCRIBE TO EVENT
m.evt += () => { d.stopD (4); }
m.evt += () => { e.stopE (3, 5); }

m.evt -= a.stopA;             // ------- (4) UNSUBSCRIBE TO EVENT

m.evt ();    // ------------ (5) RAISE EVENT and invoke handler
```

## Class

```csharp
class Circle
{
    public Circle ()  // -- default constructor - does not take any parameters
    {
        radius = 0;
    }
    public Circle (int rad)   // -- overloaded constructor
    {
        radius = rad;   // -- or this.radius = rad;  if ambiguous
    }
    public double Area ()
    {
        return Math.PI * radius * radious;
    }
    private int radius;

    static void Doubler (ref int val)   // -- ref is like C++ & (reference)
    {
        val += val;
    }
}

Circle c = new Circle ();
double area = c.Area ();
```

## Interfaces

==

## Generics

**1) Without using generics**

```
using System.Collections;
...
Queue myQ = new Queue();
Circle c = new Circle();
myQ.Enqueue (c);
...
c = (Circle) myQ.Dequeue();   // --- must cast
```

**2) Using generics**

```
using System.Collections.Generic;   // --- use generic namespace
...
Queue<Circle> myQ = new Queue<Circle>();
Circle c = new Circle();
myQ.Enqueue (c);
...
c = myQ.Dequeue();   // --- no need to cast
```

## C# Switch

In a *switch* statement, *break* statement is mandatory for every *case* (even for the *default* case).

## C# Keywords (not in C++)

as  base  bool  byte  checked  decimal  delegate  event  explicit  extern  finally  fixed  foreach mplicit  internal  is  lock  namespace  object  out  override  params  readonly  ref  sbyte  sealed  stackalloc  ulong  unchecked  unsafe  ushort  using  volatile

## C# Identifiers (not reserved, but good to avoid using them)

from  get  group  into  join  let  orderly  partial  select  set  value  where  yield

# 25. C++ STL library Tutorial         2011-July-31
## STL Tutorial

```cpp
#include "stdafx.h"
#include <iostream>
#include <vector>
#include <list>
#include <string>
#include <map>

using namespace std;

int main(int argc, _TCHAR* argv[])
{
    //-------------------------------- string
    string a ("Hello world");
    cout << a << endl;
```

```cpp
a = "New string";
string b = "ABC";
string c = a + b;

string d;

bool bEmpty = d.empty();
int capacity = c.capacity();
int size = c.size();
int length = c.length();
c = c + a + b;

c.append(" ZZZZ");
c.replace(0, 2, "012345",6);
d = c[0];

c.assign( "_ASSIGN_", 5, 8); // start index, length
int n = c.find("abc", 1);
n = c.find_first_not_of( " ");
n = c.find_first_of( "abc", 0);
n = c.find_last_of( "abc");
a = "01234567890";
d = a.substr(2, 3);      // returns substring from start index, length
n = a.compare(0, 3, "123");


//----------------------- vector / insert at the end only
vector<int> v;
v.push_back(10);
v.push_back(20);
v.push_back(30);

cout << v[0] << endl;

for (int i = 0; i < v.size(); i++)
{
    cout << v[i] << endl;
}


//------------------------ list (int) / insert anywhere
list<int> lst;
lst.push_back(2);
// insert at the end
lst.push_front(5);
// insert at the beginning
lst.insert(++lst.begin(),8);
// insert "8" before the first
lst.insert(++lst.begin(),18);
// insert "8" before the first
lst.push_front(11);
// insert "8" before the first
for (int i = 0; i < lst.size(); i++)
{
    // cout << *lst << endl;
}

list<int>::iterator i;
for (i = lst.begin(); i != lst.end(); i++)
{
    cout << *i << endl;
```

```cpp
}

//------------------------------ list (class CPoint)
list<CPoint> pts;

CPoint* pp1 = new CPoint(1,2,3);
CPoint* pp2 = new CPoint(1,2,3);
CPoint* pp3 = new CPoint(1,2,3);
pts.push_back(*pp1);    // insert at the end
pts.push_back(*pp2);    // insert at the end
pts.push_back(*pp3);    // insert at the end
pts.push_front(*pp1);   // insert at the beginning
CPoint p11 (11,12,13);

pts.push_front(p11);   // insert at the beginning
for (int i = 0; i < pts.size(); i++)
{
    // cout << *lst << endl;
}

list<CPoint>::iterator ii;
for (ii = pts.begin(); ii != pts.end(); ii++)
{
    cout << (*ii).x << endl;
    cout << (*ii).y << endl;
    cout << (*ii).z << endl;
}

//---------------------------------------------- map (int, string)
// ... using integer as an array index
map<int, string> hosts;
hosts[1001] = "Piers Morgan";
hosts[2002] = "Johny Carson";
hosts[3015] = "David Letterman";
cout << "hosts[1015] =" << hosts[1015] << endl;
int hostSize = hosts.size();
for ( map<int, string>::iterator i = hosts.begin(); i != hosts.end(); i++)
{
    cout << (*i).first << " " << (*i).second << endl;
}

//---------------------------------------------- map (string, int)
// ... using "string" as an array index
map<string, int> guests;
guests["Angelina Jolie"] = 201;
guests["Julian Moore"] = 311;
guests["Diane Lane"] = 400;
guests["Julia Roberts"] = 400;
guests["Meryl Streep"] = 500;
cout << "guests[Julia Roberts] =" << guests["Julia Roberts"] << endl;
int guestSize = guests.size();
for ( map<string, int>::iterator i = guests.begin(); i != guests.end(); i++)
{
    cout << (*i).first << " " << (*i).second << endl;
}

    return 0;
}
```

//--------------------------------- **map** iterator

## // Car.h
typedef std::map<int, AAA*> myMapList;
myMapList m_carList;

## // Car.cpp
// Free memory
myMapList::iterator it = m_carList.begin();
for ( ; it != m_carList.end(); it++ )
{
    delete it -> second;  // or (*it).second;
}
m_carList.clear();



"Julian Moore"] = 311;

# 3. WPF Note

## Important WPF Features

### WPF / C# Code-Behind Tutorial Program    2011-March-08

I created a tutorial program demonstrating the usage of various GUI gizmos of WPF....

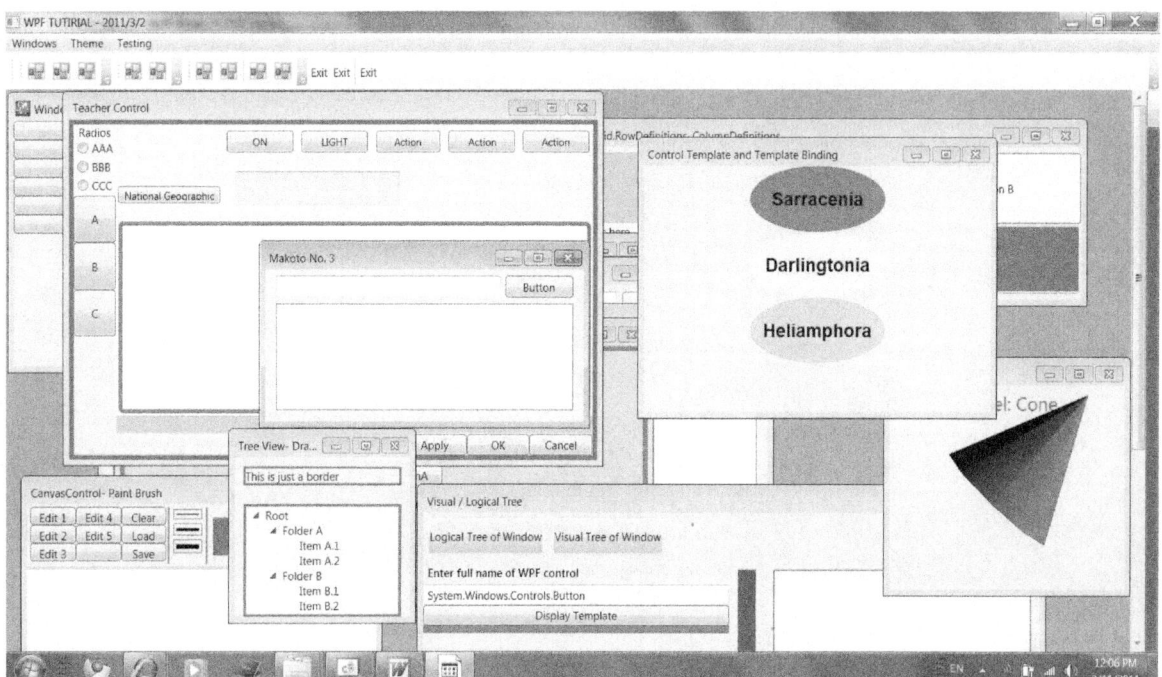

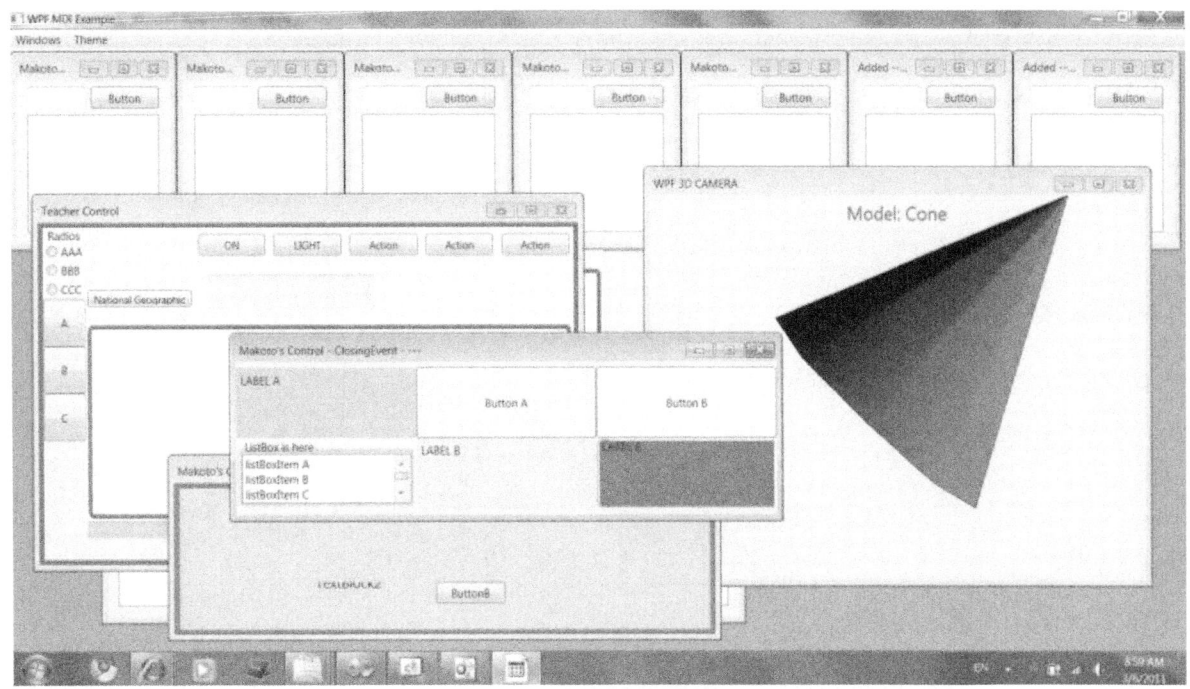

WPF User Control Examples    2011-March-08

WFP

**WPF Notes -- Data Binding**

In xxxxxxxxxxxxx

**WPF Notes -- Data Template**

In xxxxxxxxxxxxx

**WPF Notes -- Context Menu / Popup**

In xxxxxxxxxxxxx

**WPF Notes -- Grid, StackPanel, DockPanel**

In xxxxxxxxxxxxx

**WPF Notes -- TreeViewItem**

In xxxxxxxxxxxxx

**WPF Notes -- Context Menu / Copy/Paste/New**

In xxxxxxxxxxxxx

**WPF Notes -- Mouse drag /L, R, Drag and Drop (+ctrl Copy)**

In xxxxxxxxxxxxx

WPF Notes -- MDI applications

In xxxxxxxxxxxxx

**WPF Controls**      2011-June-04

Canvas

Most primitive

Position with explicit coordinate

StackPanel

Only orientation - vertical or horizontal (no atachment)

WrapPanel

Same as StackPanel, except this wraps

DockPanel

Dock (attach) to Left, Right, Top, or Bottom.

Grid

Most versatile, most often used

```
<Grid>
  <Grid.ColumnDefinitions>
    <ColumnDefinition Width="70" />
    <ColumnDefinition Width="70" />
    <ColumnDefinition Width="70" />
  </Grid.ColumnDefinitions>
  <Grd.RowDefinitions>
    <RowDefinition Height="30" />
    <RowDefinition Height="30" />
  </Grid.RowDefinitions>

  <Label Grid.Column="0" Grid.Row="0" Content="aaa" />
  <Label Grid.Column="1" Grid.Row="0" Content="bbb" />
```

## ViewBox

Everything inside shrinks...

StretchDirection="DownOnly" ... If set, only shrinks, does not enlarge.

## FlowDocumentReader

xxx

# WPF Useful Sites        2011-March-08

WPF 3D applications --- http://msdn.microsoft.com/en-us/library/ms747437.aspx

WPF MDI download --- http://wpfmdi.codeplex.com/

WPF List example template --- http://dotnetperls.com/

WPF 3D applications -- GeometryModel3D    PerspectiveCamera

WPF Code Project -- http://www.codeproject.com/KB/WPF/BeginWPF1.aspx

# 4. WPF 3D Note

## WPF 3D Features

### 1. WPF 3D Rendering     2011-March-05

I found this WPF 3D cone example. I was flabbergasted to see 3D graphic rendition by WPF. Below, I rendered a 3D image under WPF/C#. This is all I need for my G-C# project! A 3d camera, perspective projection, light, shading, model tessellation... I know WPF is using DirectX for rendering, the native mode for .NET, but does this mean I do not have to access DirectX APIs directly from my application? It seems like all I need is already encapsulated in WPF! Wow!!!!

Ref: http://msdn.microsoft.com/en-us/library/ms747437.aspx

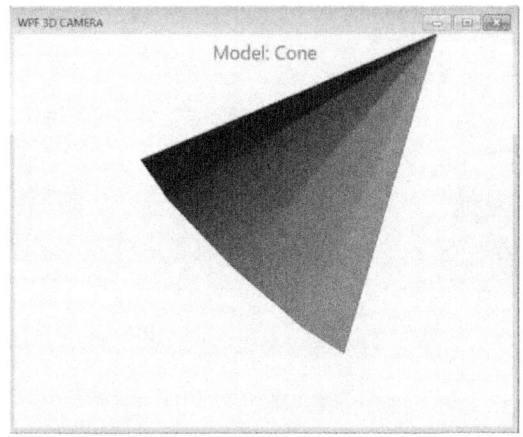

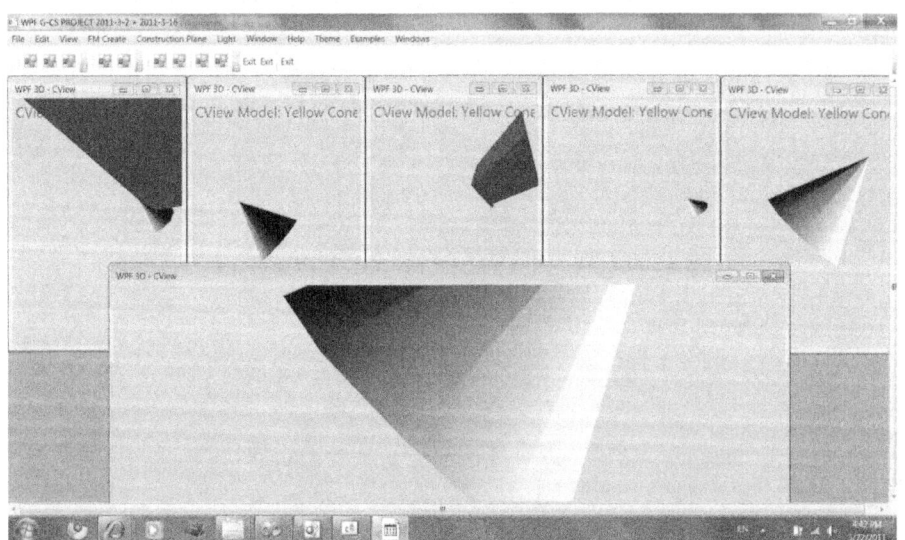

### 2. Display List --- WPF 3D vs. Open GL     2011-June-03
OpenGL has a "display list" facility which allows geometry to be kept/retained for

subsequent transformations.
　In WPF3D, everything is done via display list - by default.

　**WPF 3D: A retained mode API** --- It's like everything is done via display lists. WPF decides how and when to render.

　**Open GL: An immediate mode API** --- You have to explicitly draw each frame.

# 3. WPF 3D Cameras / Open GL Cameras  　　2011-May-31

### Field of View Angle (m_viewAngle)
////////////////////////////////////////////////////////////////

　**Perspective camera** --- Open GL uses "vertical" angle while WPF uses "horizontal" angle.
　**Orthographic camera** --- In WPF, only the "horizontal" extent (Width) is supplied. Vertical bound is computed automatically based on the window size.

　**OpenGL:** Perspective camera uses "vertical" angle.

```
// For a perspective camera:
gluPerspective (m_viewAngleV, m_ratio, m_nearPerspective, m_farPerspective );

// For an orthograpic camera:
glOrtho (-m_vptX,m_vptX,-m_vptY,m_vptY,m_nearOrthographic,m_farOrthographic);

// For both perspective and orthographic cameras:
gluLookAt (m_eyePt.x,m_eyePt.y,m_eyePt.z,m_centerPt.x,m_centerPt.y,m_centerPt.z,m_upVec.x,m_upVec.y, m_upVec.z);
```

　**WPF3D:** Perspective camera uses "horizontal" angle.

```
// For a perspective camera:
PerspectiveCamera pCamera = new PerspectiveCamera();

pCamera.FieldOfView.m_viewAngleH;
pCamera.NearPlaneDistance = m_nearPerspective;
pCamera.FarPlaneDistance = m_farPerspective;

// For an orthograpic camera:
OrthographicCamera oCamera = new OrthographicCamera();

oCamera.Width = m_orthoSize * 2;  // Only horizontal extent specified
oCamera.NearPlaneDistance = m_nearOrthographic;
oCamera.FarPlaneDistance = m_farOrthographic;

// For both perspective and orthographic cameras:
camera.Position = new Point3D (m_eyePt.x, m_eyePt.y, m_eyePt.z);
camera.LookDirection = new Vector3D (m_centerPt.x - m_eyePt.x, m_centerPt.y - m_eyePt.y, m_centerPt.z - m_eyePt.z);
camera.UpDirection = new Vector3D (m_upVec.x, m_upVec.y, m_upVec.z);
```

## Window size change event...
////////////////////////////////////////////////////////////////

MFC' OnSize() ---> WPF's UserConrol_SizeChanged()

CView::**SetVptPixelSizeXY** ()
{
   m_pixSizeX = this.myViewport.ActualWidth;  // border -7 & -7
   m_pixSizeY = this.myViewport.ActualHeight;  // title bar -31 & bottom border -7
}

## Cursor position...
////////////////////////////////////////////////////////////////

CView::Point **GetCursorPosition** (sender, e)
{
   Point p = e.GetPosition (this.myViewport);
   return p;
}

# 4. WPF 3D - XAML Structure     2011-May-18

## Viewport3D - Camera - Light - Geometry - Material
////////////////////////////////////////////////////////////////

```xml
<!-- Viewport3D is the rendering surface. -->
<Viewport3D Name="myViewport" ...

<!-- ====== ADD CAMERA under Viewport3D.Camera ================ -->
<Viewport3D.Camera>
    <PerspectiveCamera x:Name="myCamera" Position="0,0,-4" LookDirection="0,0,1" UpDirection="1,0,0"
                       FieldOfView="15" NearPlaneDistance="1" FarPlaneDistance="20" />
</Viewport3D.Camera>

<!-- ====== ADD GEOMETRY under Viewport3D.Children ================ -->
<Viewport3D.Children>
    <!-- ============== Geometry (1) ==Axes lines=============== -->
    <local:ScreenSpaceLines3D Color="Red" Thickness="4.0" Points="0,0,0, 2,0,0" />
    <local:ScreenSpaceLines3D Color="Green" Thickness="4.0" Points="0,0,0, 0,2,0" />
    <local:ScreenSpaceLines3D Color="Blue" Thickness="4.0" Points="0,0,0, 0,0,2" />
    <!-- ============== Geometry (2) ========================== -->
    <ModelVisual3D>
    <ModelVisual3D.Content>
      <Model3DGroup>
      <Model3DGroup.Children>
          <!-- =============== Light 1 ================ -->
        <DirectionalLight Color="#FFFFFFFF" Direction="3,-4,5"/>
        <AmbientLight x:Name="AmbientLight" Color="Black" />
          <!-- ============ GeometryModel3D : Cone 1 ================ -->
        <GeometryModel3D>
          <GeometryModel3D.Geometry>
            <MeshGeometry3D x:Name="myCone" Positions="0.293893 -0.5 0.404509 0.4755....
                            Normals="0.7236065,0.4472139,0.52573......
                            TriangleIndices="0 1 2 3 4 5 6 7 8 9 10 11.....
          </GeometryModel3D.Geometry>
          <GeometryModel3D.Material>
            <DiffuseMaterial>
              <DiffuseMaterial.Brush>
```

```xml
              <SolidColorBrush x:Name="ConeBrush" Color="Yellow" Opacity="1.0"/>
            </DiffuseMaterial.Brush>
          </DiffuseMaterial>
        </GeometryModel3D.Material>
      </GeometryModel3D>
      <!-- ============== GeometryModel3D : Box - Z face ================== -->
      <GeometryModel3D>
        <GeometryModel3D.Geometry>
          <MeshGeometry3D Positions="0,0,0  1,0,0  0,1,0  1,0,0  1,1,0  0,1,0" />
        </GeometryModel3D.Geometry>
        <GeometryModel3D.Material>
          <DiffuseMaterial>
            <DiffuseMaterial.Brush>
              <SolidColorBrush Color="Yellow" Opacity="0.3"/>
            </DiffuseMaterial.Brush>
          </DiffuseMaterial>
        </GeometryModel3D.Material>
      </GeometryModel3D>
      <!-- ============== GeometryModel3D : Box - X face ================== -->
      <GeometryModel3D>
        <GeometryModel3D.Geometry>
          <MeshGeometry3D Positions="1,0,0 1,0,-1 1,1,0 1,0,-1 1,1,-1 1,1,0" />
        </GeometryModel3D.Geometry>
        <GeometryModel3D.Material>
          <DiffuseMaterial>
            <DiffuseMaterial.Brush>
              <SolidColorBrush Color="Red" Opacity="0.3"/>
            </DiffuseMaterial.Brush>
          </DiffuseMaterial>
        </GeometryModel3D.Material>
      </GeometryModel3D>
      <!-- ============== Box - Z face ================== -->

    </Model3DGroup.Children>
   </Model3DGroup>

  </ModelVisual3D.Content>
 </ModelVisual3D>

</Viewport3D.Children>
</Viewport3D>

</Grid>
</UserControl>
```

# 5. XAML verses C# Code-behind     2011-May-19

## XAML
////////////////////////////////////////////////////////////////

```xml
<Viewport3D Name="myViewport"
<Viewport3D.Children>
<ScreenSpaceLines3D Color="Red" Thickness="2" Points="0,1,0,  1,0,1" />
```

## C# Code-Behind
////////////////////////////////////////////////////////////////

```csharp
ScreenSpaceLines3D line = new ScreenSpaceLines3D();
```

```csharp
        Point3D p1 = new Point3D(0, 0, 1);
        Point3D p2 = new Point3D(0, 1, 0);
        Color c = Colors.Red;
        int wid = 3;
        line.Thickness = wid;
        line.Color = c;
        line.Points.Add(p1);
        line.Points.Add(p2);
        pV.myViewport.Children.Add(line);
```

# 6. WPF 3D Lighting        2011-Nov-11

```csharp
    public void Setup3Light_WPF()
    {
        //---------------------------------------------
        // Ambient light creates flat image, but a low-intensity ambient creates
        // nice diffused effect. (Use Color="#FF333333" or #555555 or lower)
        //---------------------------------------------
        AmbientLight lightAmb = new AmbientLight();
        lightAmb.Color = Color.FromRgb(10, 10, 10); // Colors.DarkGray;
        ModelVisual3D mod1 = new ModelVisual3D();
        mod1.Content = lightAmb;
        //---------------------------------------------
        this.myViewport.Children.Add(mod1);
        //---------------------------------------------
        // Point light radiates light uniformly in all directions from a point.
        // Light attenuates with distance.
        //---------------------------------------------
        PointLight lightPoint = new PointLight();
        lightPoint.Color = Color.FromRgb(30, 30, 30);
        lightPoint.Position = new Point3D(40, 0, -5);
        ModelVisual3D mod2 = new ModelVisual3D();
        mod2.Content = lightPoint;
        //---------------------------------------------
        this.myViewport.Children.Add(mod2);
        //---------------------------------------------
        // Spot light emits a cone of light from a point.
        // Light attenuates with distance.
        //---------------------------------------------
        SpotLight lightSpot = new SpotLight();
        lightSpot.Color = Color.FromRgb(30, 30, 30);
        lightSpot.Position = new Point3D(-10, -1, -1);
        lightSpot.Direction = new Vector3D(1, -1, -1);
        lightSpot.InnerConeAngle = 45;
        lightSpot.OuterConeAngle = 45;
        ModelVisual3D mod3 = new ModelVisual3D();
        mod3.Content = lightSpot;
        //---------------------------------------------
        this.myViewport.Children.Add(mod3);
        //---------------------------------------------
        // Directional light casts parallel light from infinity (like the sun)
        //---------------------------------------------
        byte VAL = 100;
        DirectionalLight lightDir1 = new DirectionalLight();
        lightDir1.Color = Color.FromRgb(VAL, VAL, VAL); // Colors.White;
        lightDir1.Direction = new Vector3D(1, 0, 5);
        ModelVisual3D mod4 = new ModelVisual3D();
        mod4.Content = lightDir1;
```

```
//------------------------------------------------
this.myViewport.Children.Add(mod4);
//------------------------------------------------
DirectionalLight lightDir2 = new DirectionalLight();
lightDir2.Color = Color.FromRgb(VAL, VAL, VAL); // Colors.White;
lightDir2.Direction = new Vector3D(0, 5, -1);
ModelVisual3D mod5 = new ModelVisual3D();
mod5.Content = lightDir2;
//------------------------------------------------
this.myViewport.Children.Add(mod5);
//------------------------------------------------
}
```

# 7. References and Namespaces Via "using" Directives 2011-Nov-26

To use WPF 3D classes (like Color,,,,) do the following:

1) From the solution explorer, right-click References folder of the Project containing the file (xxx.cs) you are modifying.
   Select "Add Reference...". Under ".NET" tab, select "WindowsBase", "PresentationCore", and "PresentationFramework" and OK.

2) 2) Add the following namespaces via "using" directives to the file where these WPF 3D classes are to be used.
   ```
   using System.Windows;
   using System.Windows.Controls;
   using System.Windows.Documents;
   using System.Windows.Data;
   using System.Windows.Input;
   using System.Windows.Navigation;
   using System.Windows.Shapes;
   using System.Windows.Markup;
   using System.Windows.Media;
   using System.Windows.Media.Media3D; // Point3D, Colors
   using System.Windows.Media.Imaging;
   ```

3)

```
potLight lightSpot = new SpotLight();
   lightSpot.Color = Color.FromRgb(30, 30, 30);
   lightSpot.Position =
```

# 5. Progres Report (screen shots)

The latest screen shots are shown below, illustrating new features implemented.

## List of "Done" Items -- Progress Report

2012-Jan-19   FM elemModify modifies ET_BOX and ET_BOX_WIRE also.
2012-Jan-16   FM elemModify now modifies an elbow - increasing the bend-radius on select.
              A new On_draw flag = 8 ("geometric" modify) introduced - On_Draw deletes first & creates a render object...
2012-Jan-11   Desktop icon clean-up...  Lower-left text display: view projection
2012-Jan-08   FM Mirror working.
2012-Jan-06   Long-forgotten CFD restored after new rendering scheme.
2012-Jan-06   Multi-Wire enabled elem now clones itself (bCopy=true) in FM Rotate / FM Translate.
2012-Jan-05   Started thinking about GPU... my Sony Vaio has ATI... WPF/HLSL....
2012-Jan-04   VS2010 C# Solution now completely self-contained with 3DTools project integrated in it.
2012-Jan-02   FM Hide / Show All -  working ok for single/multi wire and single shade (fix: BackMaterial = null was missing)
2012-Jan-02   FM must decide WPF_flag = 1 or 3 based on COPY mode
2012-Jan-02   Elem cloning done... FM Rotate / FM Translate / single+multi wire and shade

---

2011-Dec-30   Inner surface also rendered -  geo.BackMaterial = mat;
2011-Dec-29   Mouse Wheel support for Viewport Zooming done ---   MouseWheelEventHandler in CView.
2011-Dec-29   FM elem translate done, more or less.
2011-Dec-28   WireBox can rotate now.
2011-Dec-28   No longer applying elem's matrix to vertices (ApplyMatrixToVec2/3) for rendering. Use model.Transform to position elem.
2011-Dec-24   Double-click event for Multi-line creation - NoMoreAdditionalMouseLeftButtonDown().
2011-Dec-21   SetRenderFlag() - to set nWire+nShade for Render()
2011-Dec-17   Elem rendering capability : m_shade & m_wire // 0=none, 1=single, 2=multi, 3=both
2011-Dec-17   Document-wide display mode: Data:: m_displayMode; // 1 = wire, 2= shade, 3 = both
2011-Dec-17   New low-level renderer: Render (pE, pV)
2011-Dec-16   Four rendering models introduced: SingleWire, MultiWire, SingleShade, MultiShade (Dictionary) for Hit Test granularity.
2011-Dec-13   OnDraw_WPF loop changed - pE.CreateGeometry called only once for multi-vpts
2011-Dec-13   For FM Hide, setting brush.Opacity = 0.0 is not good; it will hide everything behind with background color (like ghost).
              Use geo.Material=null. Must save Material (m_material)
2011-Dec-03   Hit test for wire object OK - ScreenSpaceLines3D : ModelVisual3D
2011-Dec-02   Circle

---

2011-Nov-28   Viewport free rotation - If outside of circle, it becomes "perpendicular" screen rotation. This did not exist in C++ version.
2011-Nov-27   MultiVpts now pre-sets different view for newly added vpts
2011-Nov-27   FM Hide - done. ShowAll - done too. (using OnDraw_flag=4).
2011-Nov-27   Perspective view angle shown on the vpt on Perspective change (Use PageDown to zoom)
2011-Nov-27   Element color now uses WPF Color class
2011-Nov-27   m_color/m_visible/m_highlight now set as Material property in CreateGeometryModel3D () for rendering
2011-Nov-24   FM Rotate/FM Delete done.
2011-Nov-23   DrawElemOneVpt / ModifyElemOneVpt both calls CreateGeometryModel3D() for render-

ing
- 2011-Nov-22   m_elemRenderList now used for create / modify / delete
- 2011-Nov-22   OnDraw_WPF() organization - new flags 0,1,2,3,4,5,6,7
- 2011-Nov-22   model.m_m_pElem / pElem.m_pModelDictionary(vpt, model)
- 2011-Nov-22   Basic scenarios - CREATE / MODIFY / DELETE - "Data Structure" side & "Rendering" side
- 2011-Nov-20   Hit Test now supported...

---

- 2011-Sep-12   SW Camarillo

---

- 2011-July-21   Bosch/Vetronix - Santa Barbara
- 2011-July-06   For CFD Insert element - TempSurface created

---

- 2011-June-26   Vpt background color toggle
- 2011-June-26   Current plane / Axis - now show/noshow by icons (all vpts / one vpt)
- 2011-June-26   FM Cfd - OutputDomainFile / OutputGridFile -- "CommonFileDialog" - OK
- 2011-June-26-28   FM Cfd - completed OK - Insert OK - TempPoint is done by short lines
- 2011-June-23   Key coord mode /R/C/S/ toggle - desktop (lower right)
- 2011-June-20   FM Templine support / ClearTempLine() / ClearTemplineCurPlane()
- 2011-June-20   FM BoxWire - wirw element support...
- 2011-June-20   Current plane - instant update display
- 2011-June-15   INDICATE Ortho - Taller than Wide --- KO
- 2011-June-15   Keyin support - R/C/S , Visual Cue , Feedback message
- 2011-June-11   GFM Rotate / Delete / Translate --- Copy/Move -- OK
- 2011-June-06   GetActiveView()
- 2011-June-06   Pan / Zoom by Arrows / PageDow/Up keys
- 2011-June-06   Tile / Cascade vpts done
- 2011-June-06   Current plane - Xy / YZ / XZ can be set
- 2011-June-06   FM Delete by Indicate
- 2011-June-06   Templine_WPF - can erase now
- 2011-June-06   Fixed ScreenSpaceLines3D abend bug
- 2011-June-06   FM Rectangle
- 2011-June-06   EventForESC / Space / Tab...
- 2011-June-04   Message generation mechanism using delegate

---

- 2011-May-20   C# difference of "class" and "struct" - CMat4x4 --> need to create struct CMat4x4(1)
- 2011-May-20   FM mode and Prompt message mechanism done
- 2011-May-15   3D line introduced using ScreenSpaceLines3D
- 2011-May-11   WPF Invalidate rendering scheme

---

- 2011-April-07   Back from Japan

---

- 2011-March-29   Window - New Window (Vpt)
- 2011-March-27   CFlemBox tested
- 2011-March-24   Initial OnDraw_WPF paradigm created
- 2011-March-18   C# project successfully built for the first time (no functionality yet)
- 2011-March-10   C++ to C# conversion project started...
- 2011-March-01   Last Inhance.

**2011-May-11**
* I am struggling to restore the fundamental CAD capability in this WPF version of my CAD system.
I am restoring the original Image Invalidation (rendering) scheme in this C#/WPF CAD...

**2011-May-15**
* 3D Line was introduced... showing axes and current plane

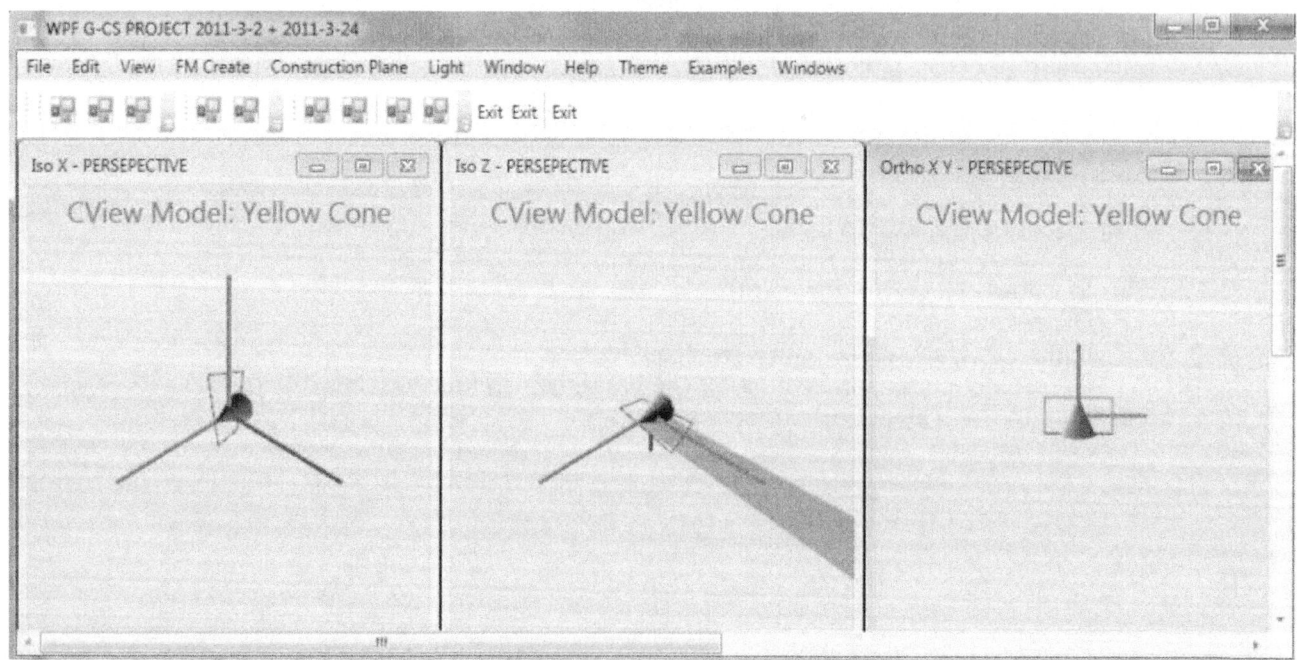

**2011-May-23**
* Moving right along..... Desktop done

* All utility classes changed from "class" to "struct"

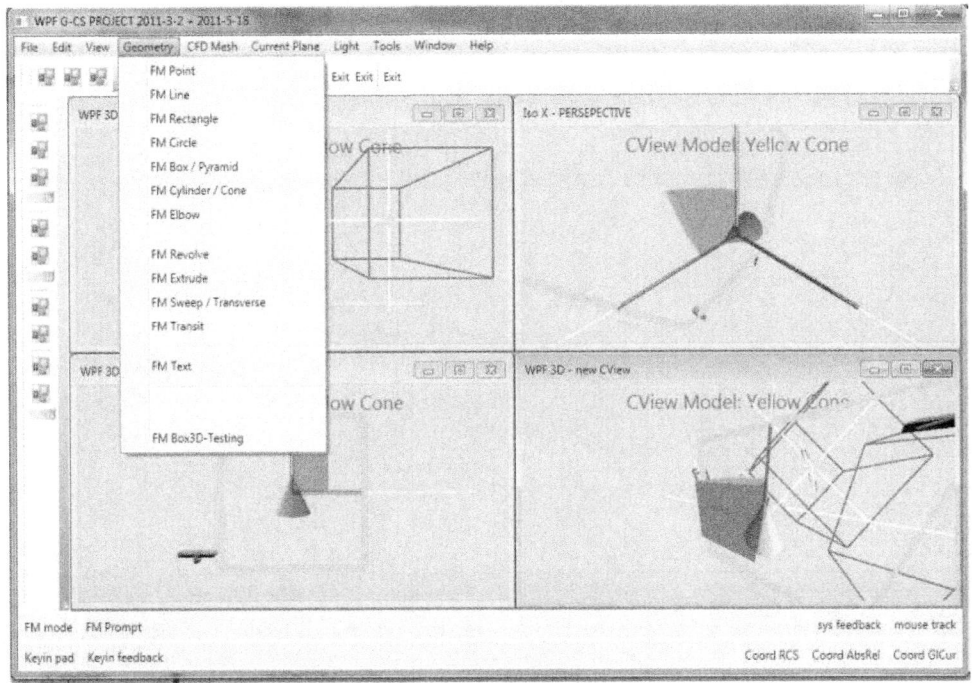

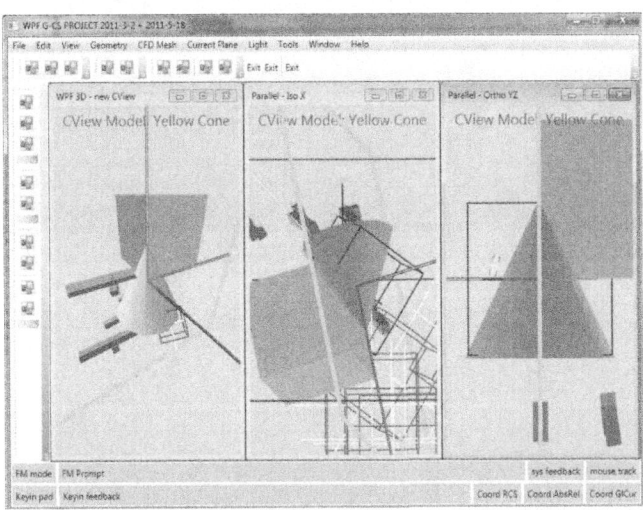

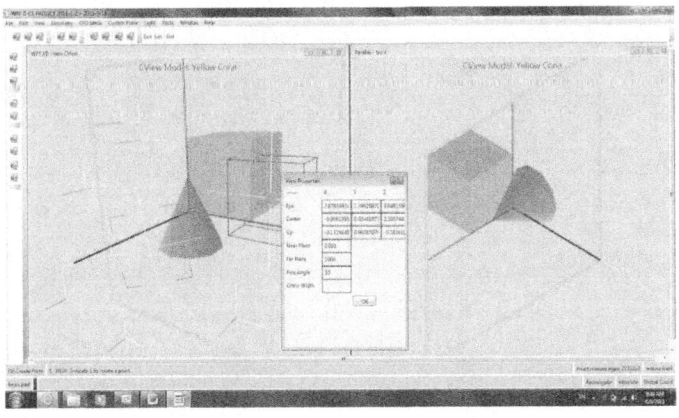

## 2011-June-03
* Preset views supported
* FM mode message
* FM prompt messsage
* FM system feedback message

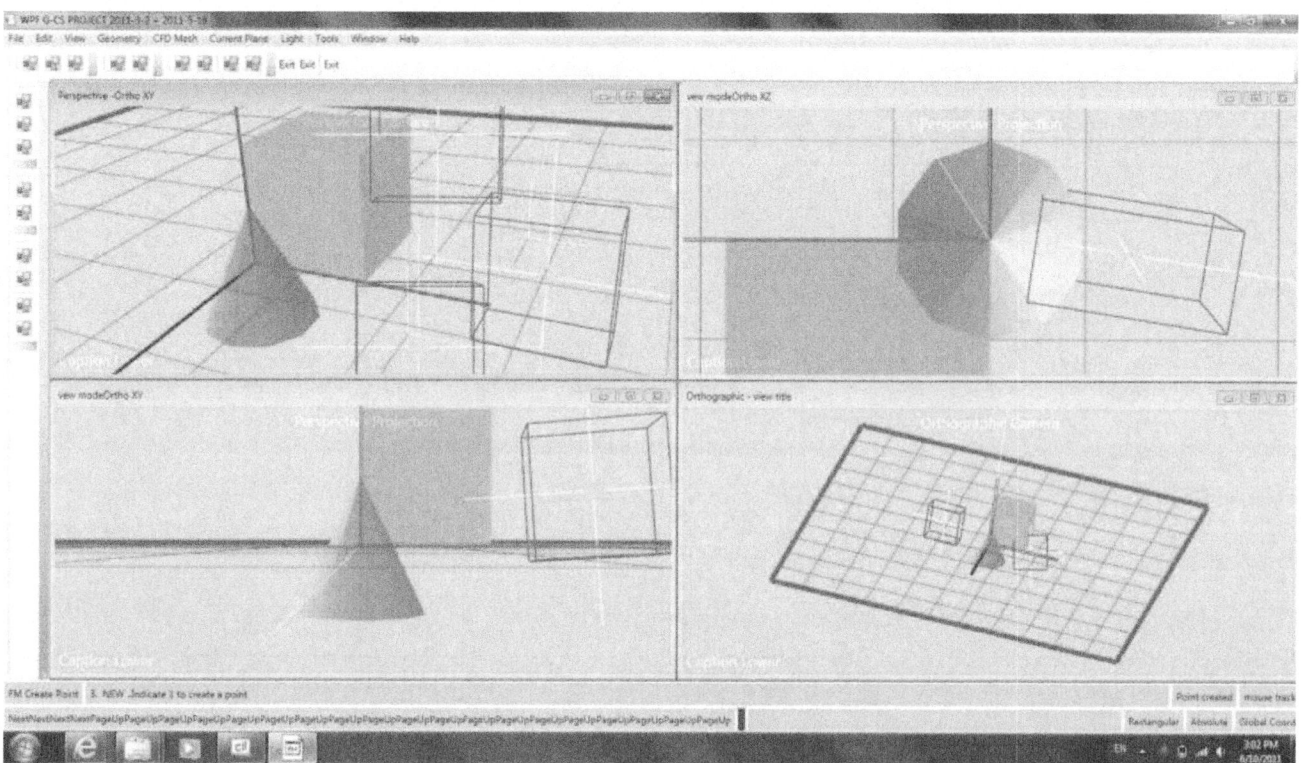

## 2011-June-05
* Indicate done

(one glitch - ortho projection when window is taller than wide!)
* Dialog box mechanism done (not cosmetics)
*EventForESC, SPACE, TAB, ARROWS,... done
*FM create Rectangle
* Fixed ScreenSpace3DLines crash
* TempLine_WPF / TempLineNew_WPF can erase temp lines now

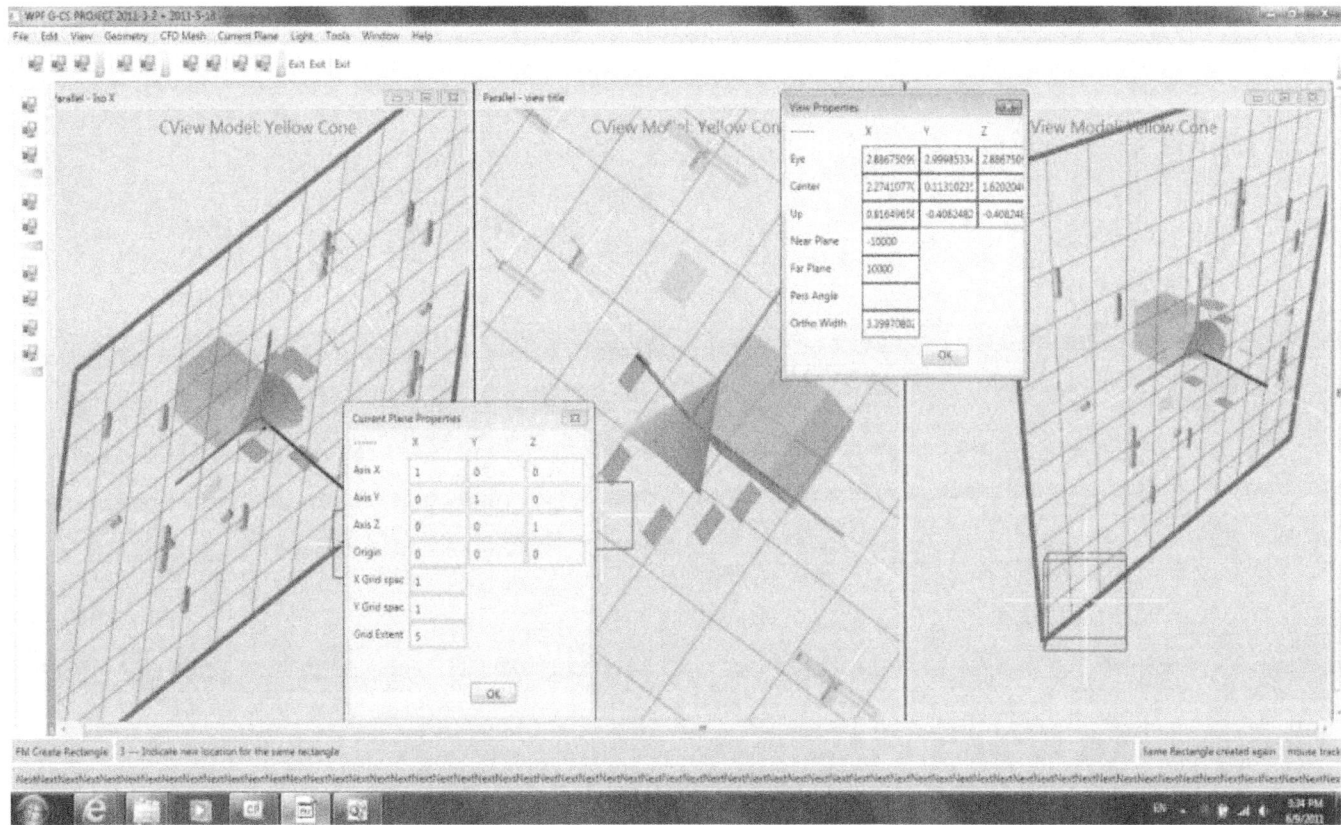

**2011-June-09**
* Viewport facility being enhanced

* Arrow keys (up/down/left/right) supported
* So are modifier keys (shift/ctrl/alt), End, Home, Delete, ...
* Current Plane can be set by XY/XZ/ZY planes
*Windows Tile/Cascade done
* Pan/Zoom by Arrow keys/Page keys

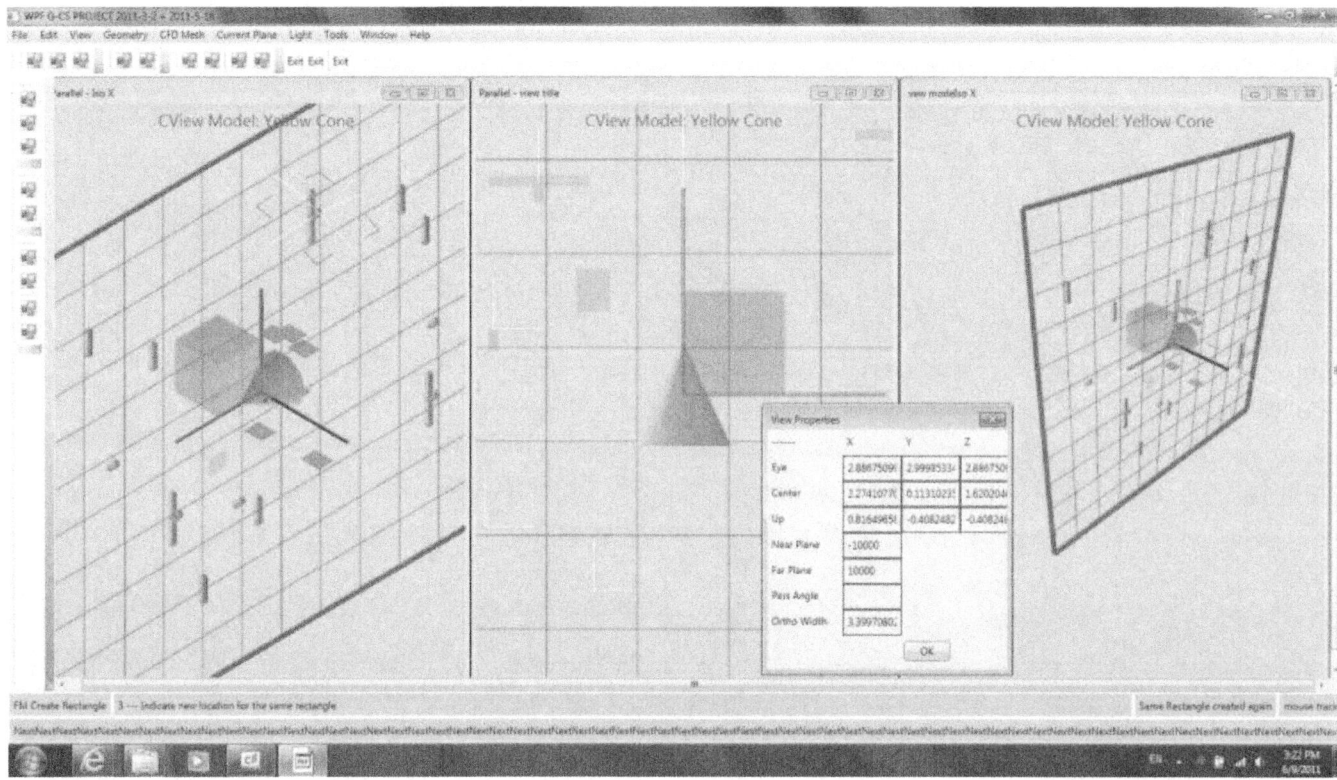

**2011-June-11**
* My trademark-elbow came out, mushrooming.

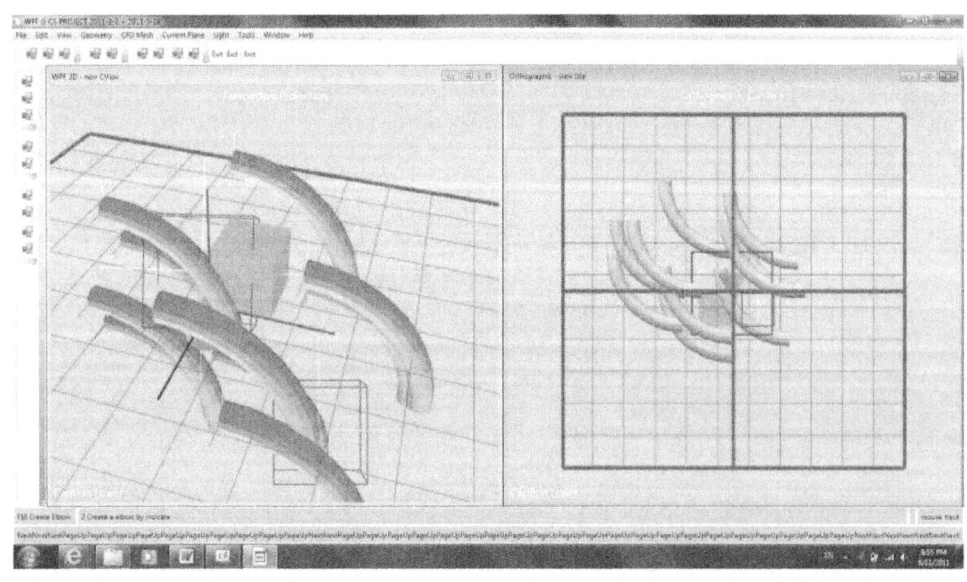

**2011-June-12**
* Element delete supported

* Element rotate supported
* Element transformation supported (Translate/Rotate/Scale/Mirror)
* Element Copy/Move mode supported

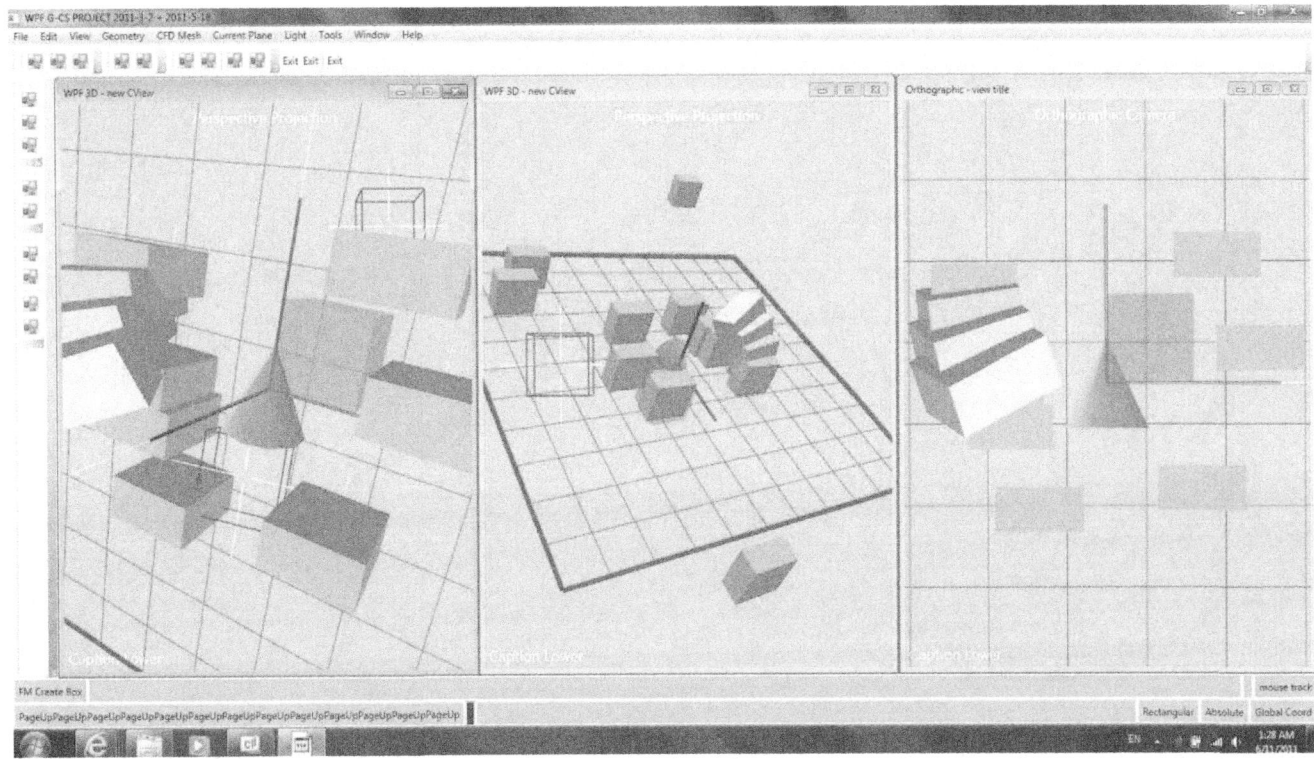

## 2011-June-15
* Indicate of a 3D point is now completely fixed.
The problem was a peculiar behavior of WPF3D camera (ortho only) for windows taller than wide.
* For key-ins, C# structured exception handling was introduced.
* Clear temp visual cues on RMouseUp
* View property now shown on lower-right of view (replace dialog box?)
* GetActiveViewport fixed

## 2011-June-14
* Key in coordinate support
* All coordinate modes (rectangular/cylindrical/spherical) operational
* Key in value echo
* Free view rotation radius good for any size windows

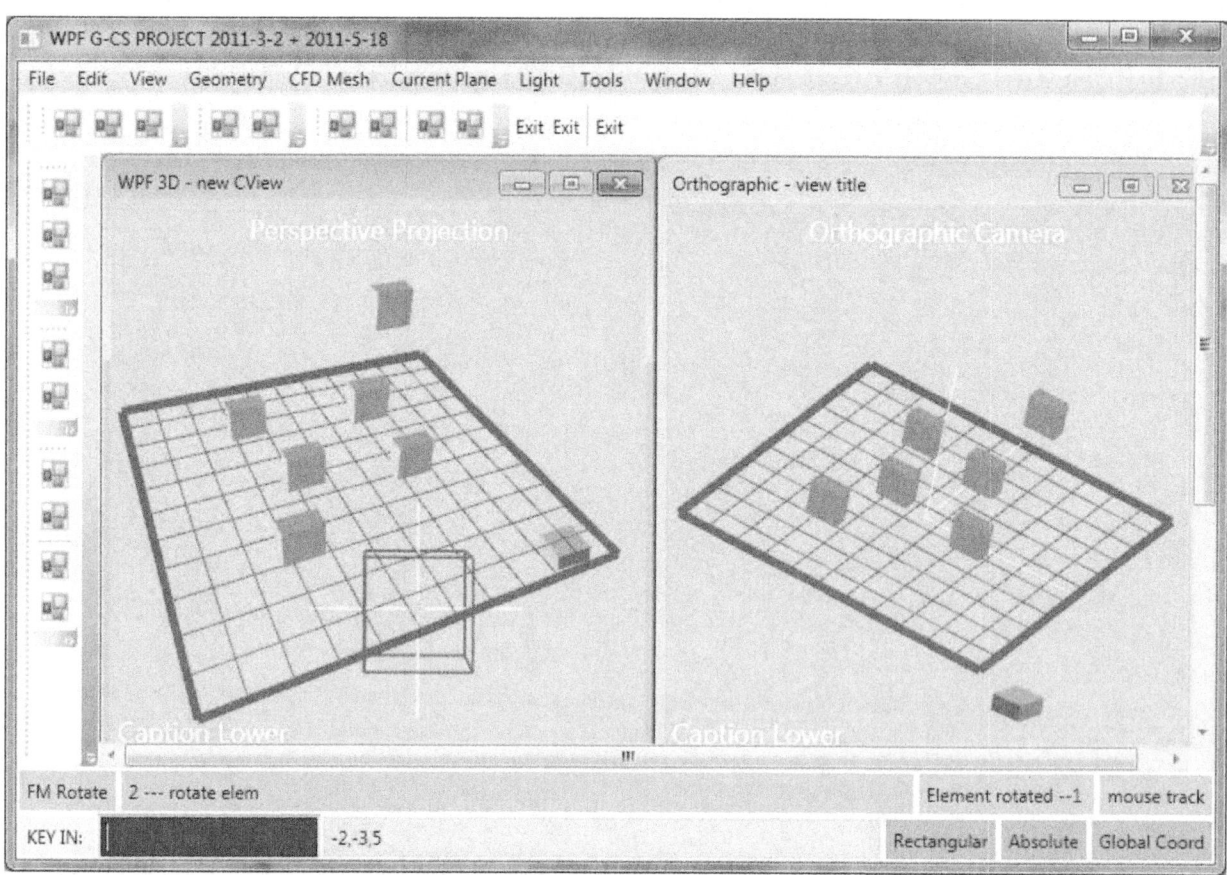

**011-June-17**
* Wireframe has been incorporated in the general rendering scheme.
* FM Test command CreateBoxWire added to test the process.
* Clear key pad in case of an exception (in finally block)

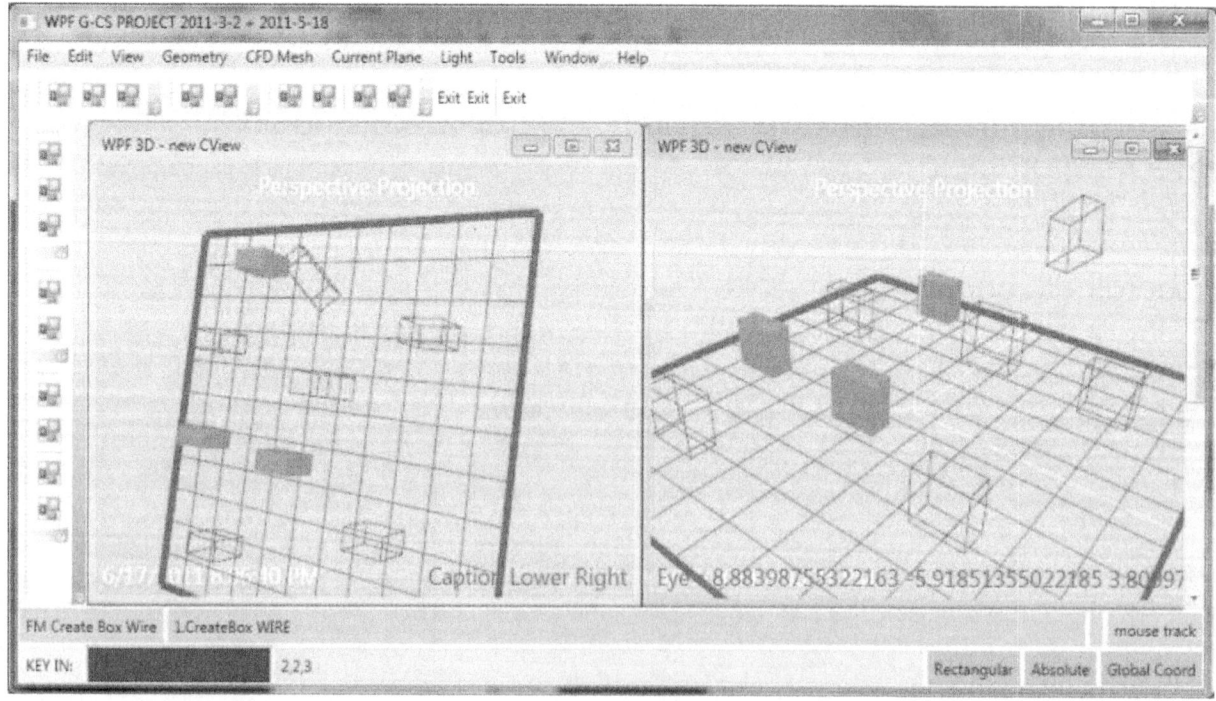

## 2011-June-22
* Geometric elements are now under :
Viewport3D.Children - ModelVisual3D.Content - Model3DGroup.Children - GeometryModel3D - MeshGeometry3D
* So, geometry can be deleted (Model3DGroup.Children.Clear) w/o wiping out the entire Viewport3D

## 2011-June-19
* Temporary elem display (visual cue) scheme formalized.
* Coordinate key-ins produces visual cues (rect/cylindrical/spherical) - no circle yet

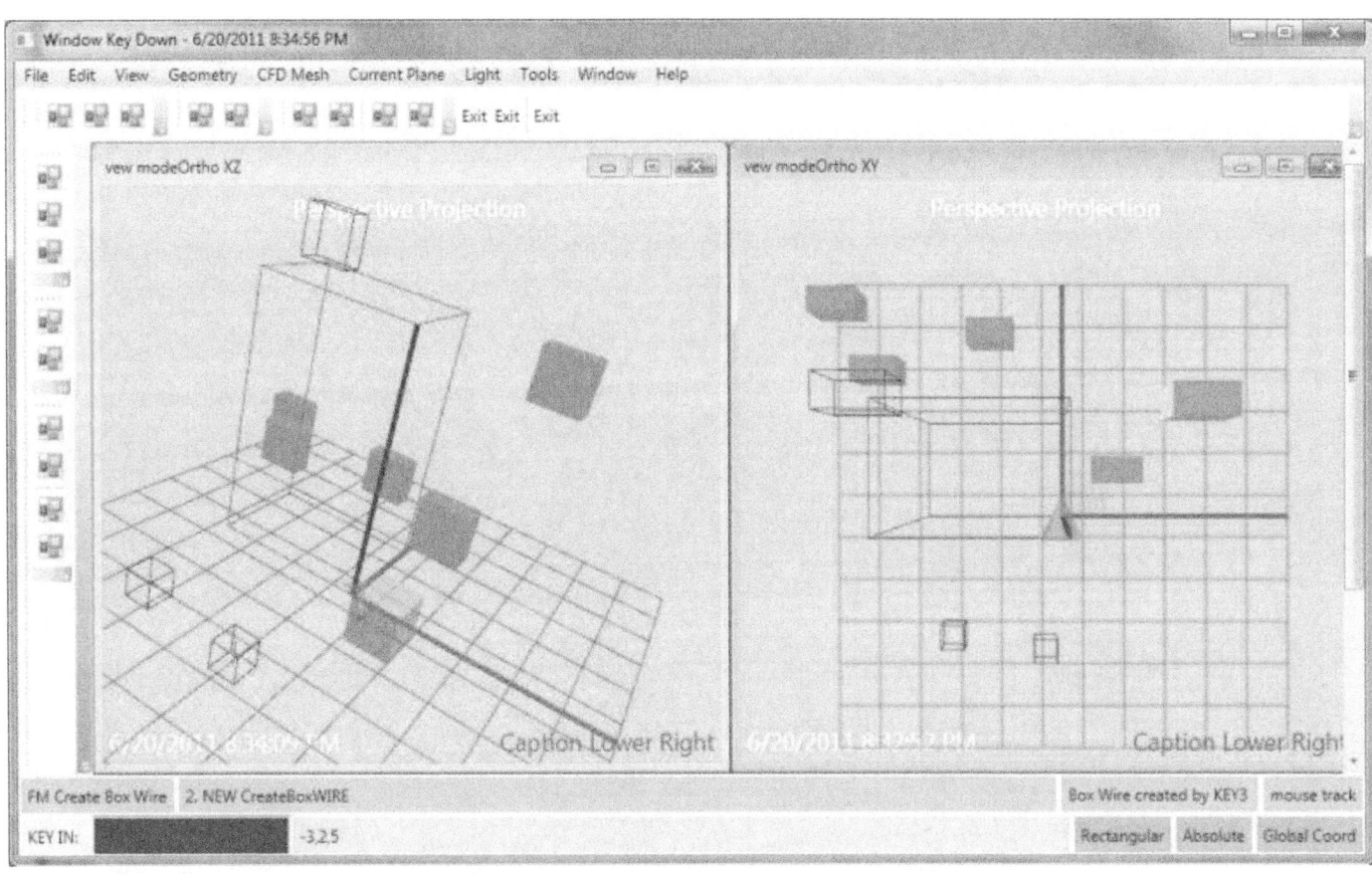

## 2011-June-23

* Connecting some icons... These are just my quick-and-dirty icons;
I used MS Paint to edit these png files (30x30 pix).
* Note the grouping of icons - based on consistent color/pattern schemes;
This way, we can even forgo "separators".
* Getting closer and closer to my original VC++ version - or better - but still some issues....

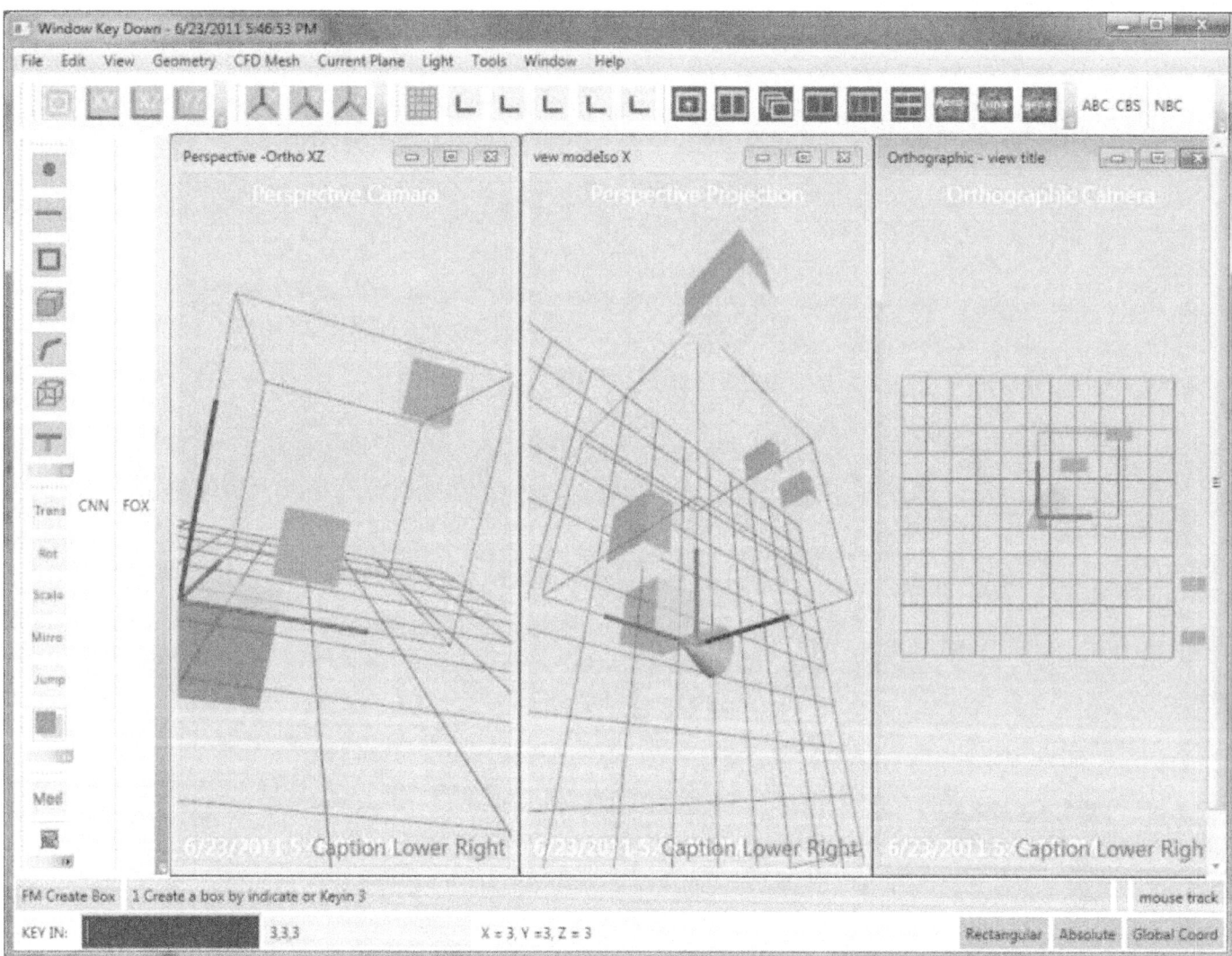

## 2011-June-27

* Porting CFD grid generation commands into this C#/WPF project.
* Took some time to straighten out arrays and pointers in C++ for this grid generation algorithm.

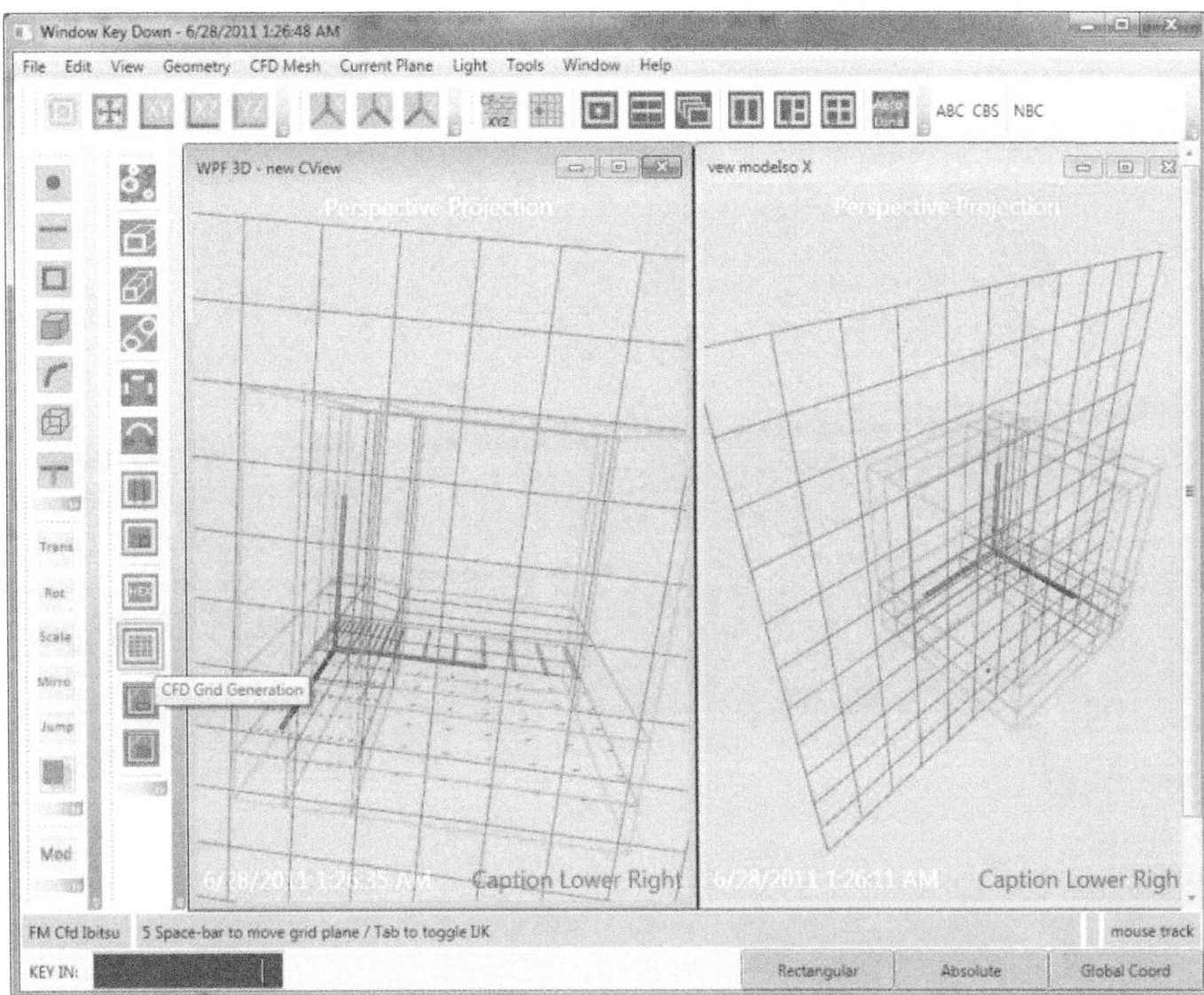

## 2011-June-29
* Viewport background color support
* Current plane and global axes now shown/hidden
* Faking temporary point display by short lines in CFD grid display.
* CFD gridding functionality fully restored from VC++. The devil was hiding in the reference/value distinction in C#.

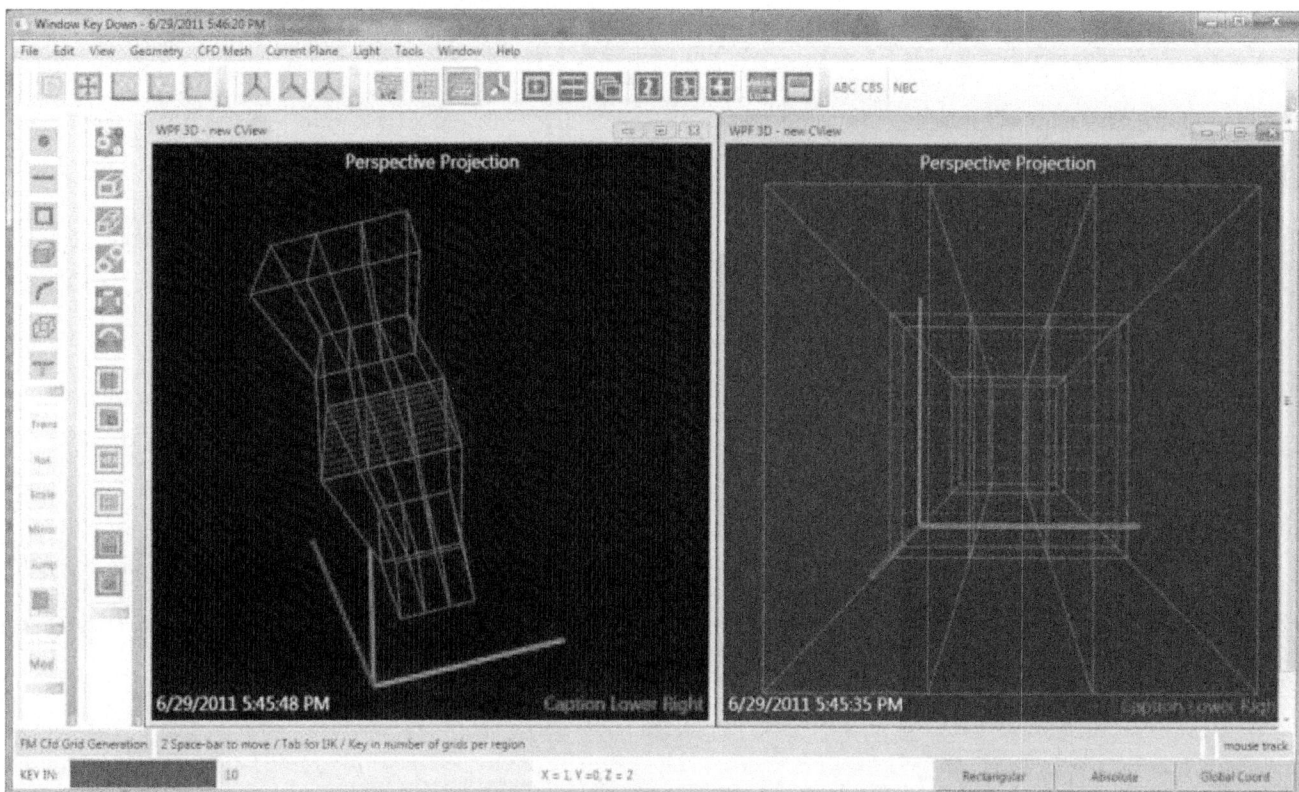

## 2011-July-06

* Temporary surface display now supported
* Showing an inserted element in a CFD domain

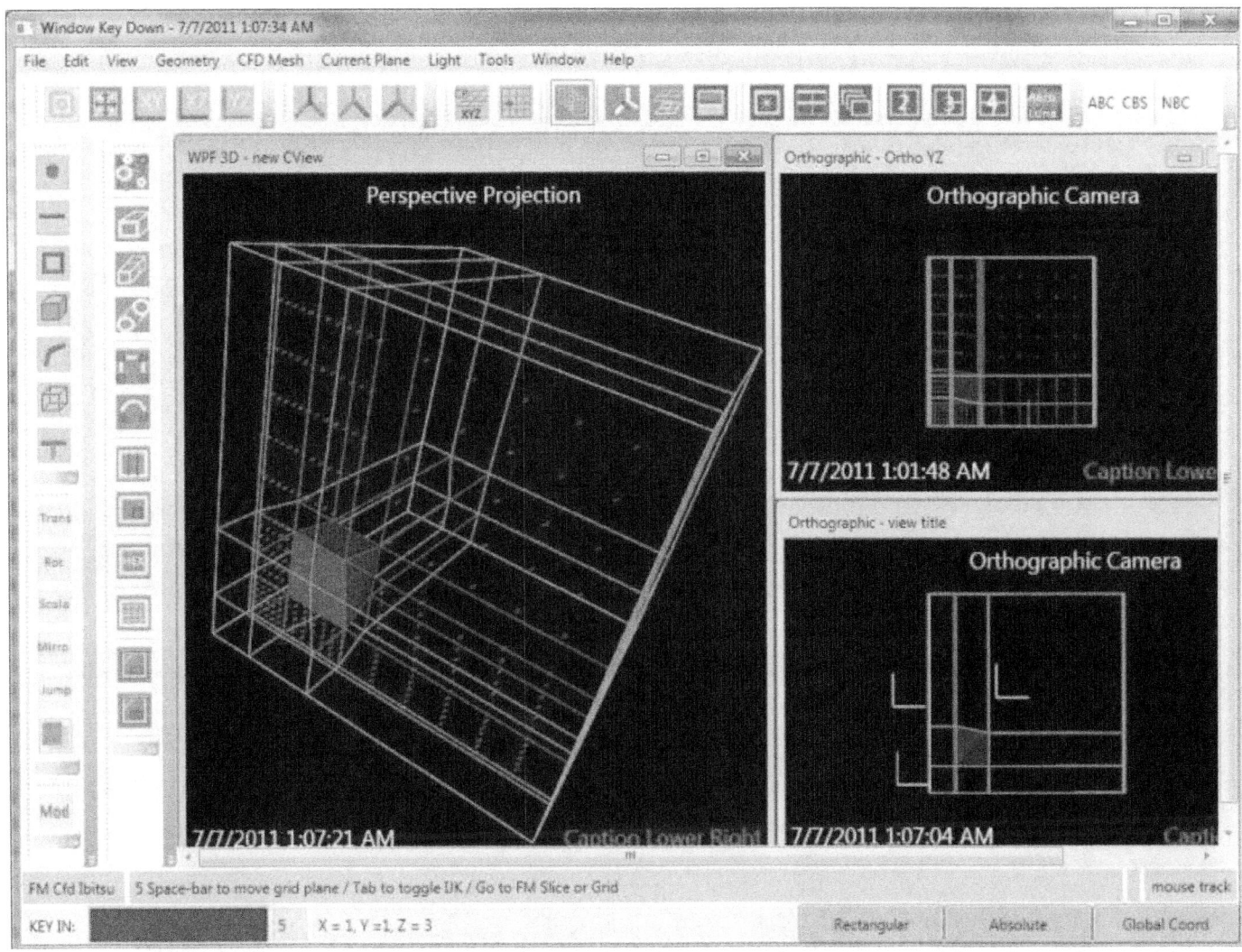

2011-December-03

* Hit test for both shaded & wire objects
* Rotation of object / Deletion of object / Show-Noshow

## 2012-January-02
* Element cloning done... FM Rotate / FM Translate

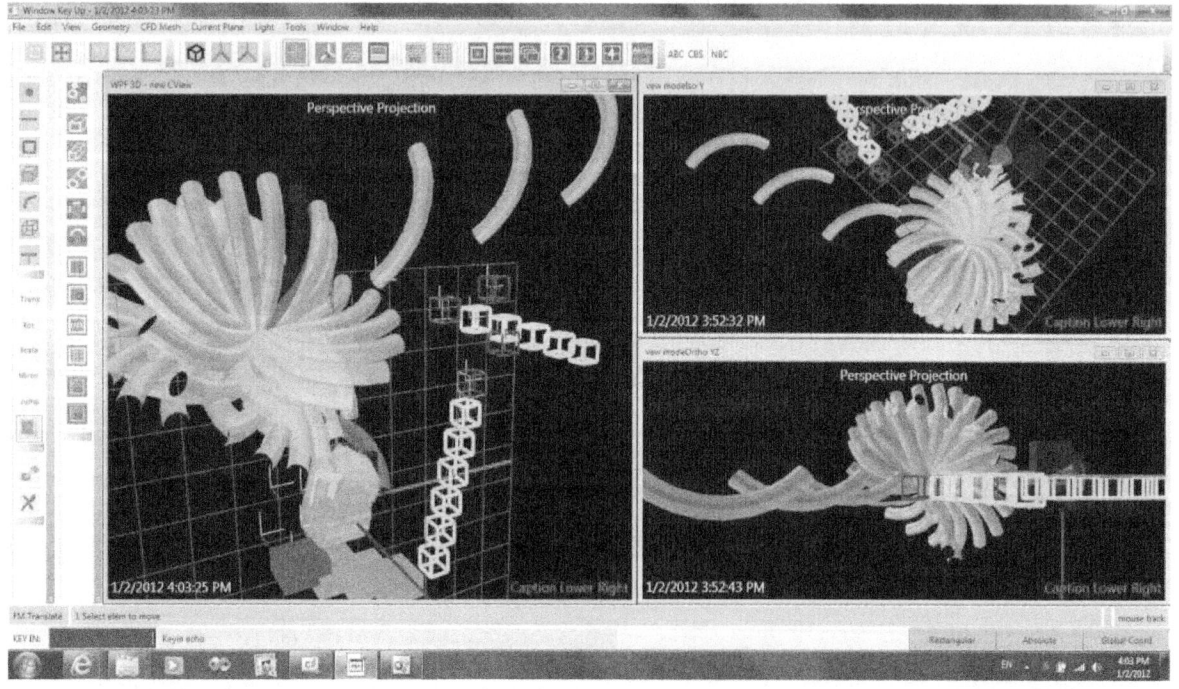

## 012-January-06
* Multi-Wire objects now successfully cloned / FM Translate - Rotate

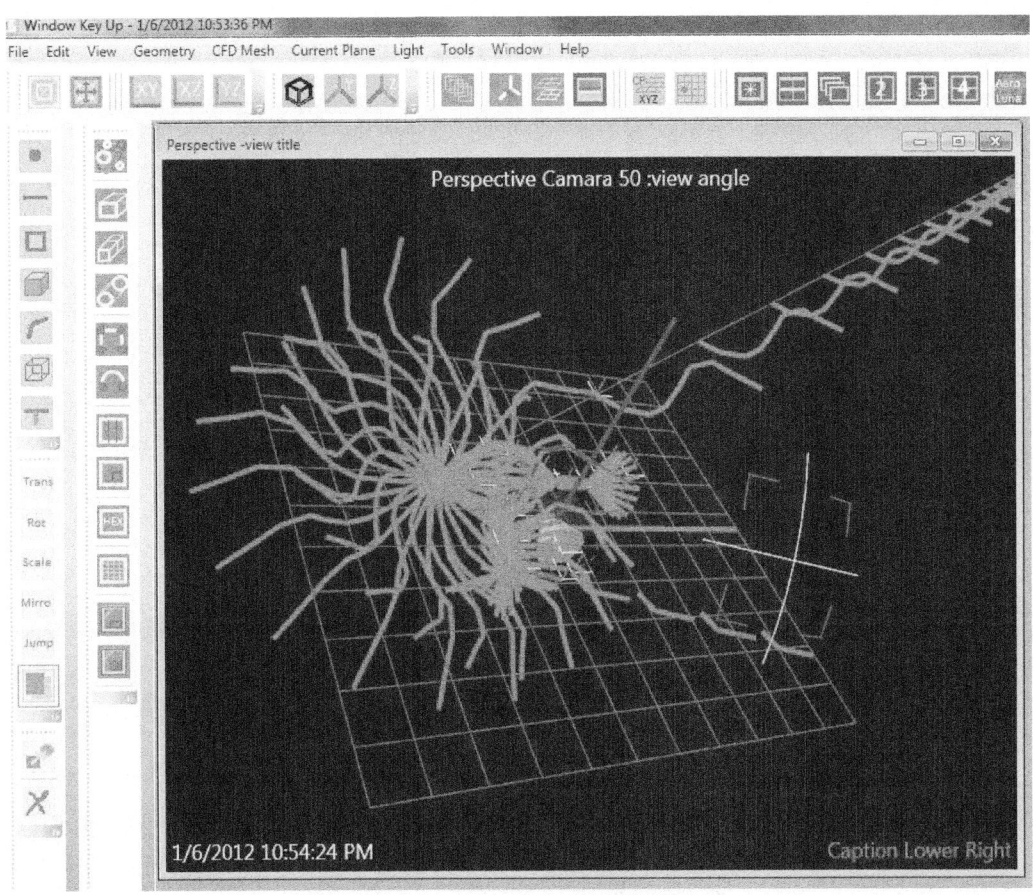

## 2012-January-17
* An explosion of the elbow universe after modify-rotate-copy...

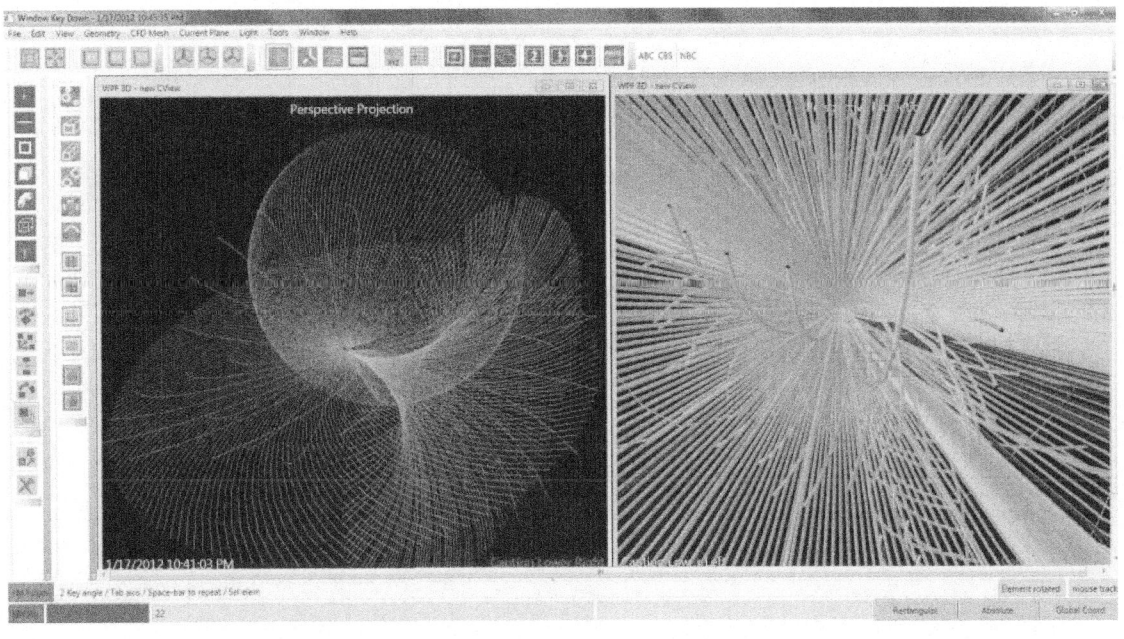

# Part VI

# DEPLOYMENT

# Deployment - Windows Installer (VS2019)
2023-April-18

To download this CAD program, visit:   www.honda-e.com/CAD-download.htm

**I am using VS2019 community version. I also installed Windows Installer for VS2019.
ClickOnce is not available for Windows applications, so I used VS2019 Windows Installer here to create a msi setup file for deployment for anyone interested in trying out this CAD package.**

**In VS2019, click Extensions -> Manage Extensions
    -> select Microsoft Visual Studio Installer Projects    -> then Close**

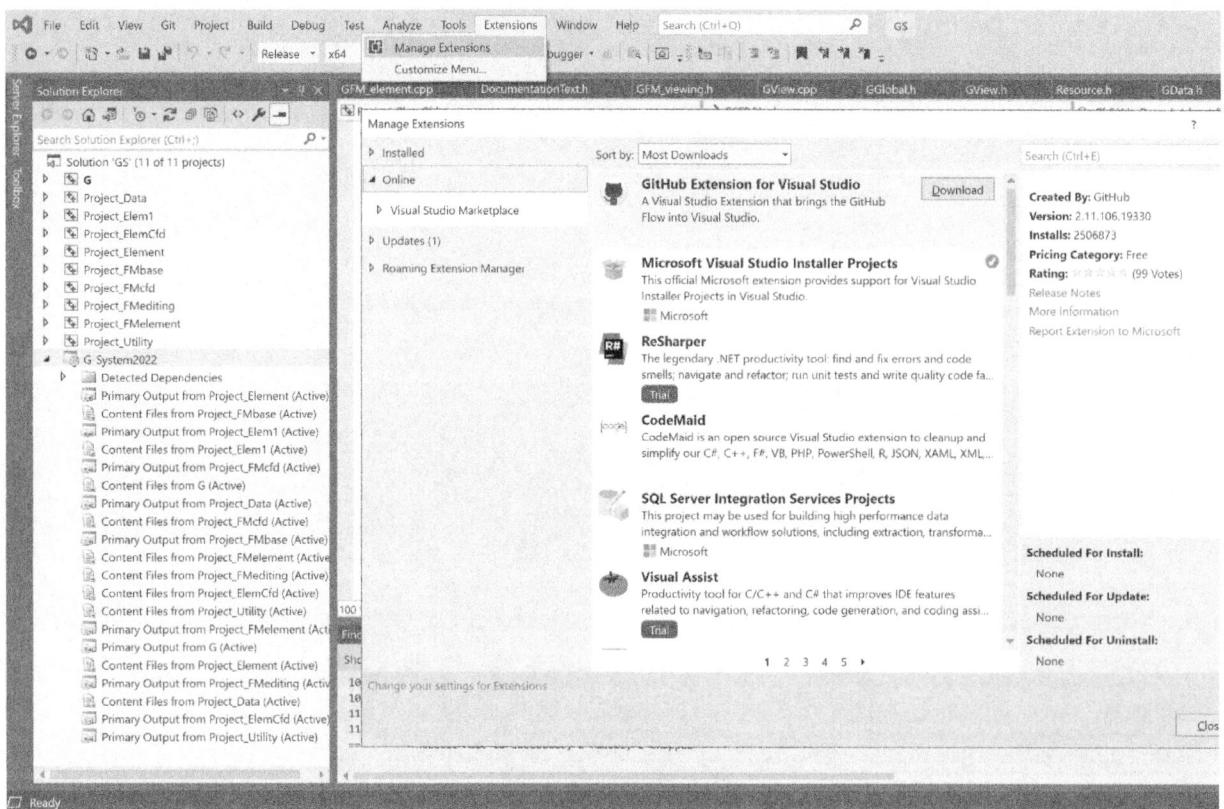

**Visual Studio 2019:**
First, select the "debug" configuration and Build-->Clean Solution. Do the same for "release". Then on "release" click Build-->Build Solution.

Now we have only a freshly built solution in release configuration. This is what we are going to package.....

1. To add a **setup project** to an existing solution ---
   Start Visual Studio and Open a **solution** (GS.sln) that you want to deploy by double-clicking GS.sln — unless it is already open. Make sure configuration is set to "release".

2. R-click **Solution "GS"**  in Solution Explorer, and **Add --> New Project**.

3. In the **Add a new project window**, do the following…

4. From the right pane, select **Setup Wizard**. (not Setup Project). And click NEXT.

5. Type the **Project name** as "Setup_G2022" and location is ok as is. Click **Create**.

6. Follow **Setup Wizard** as below (1-5)

Setup Wizard 2 -- Select a radio button : **Create a setup for a Windows application**. Then Next.

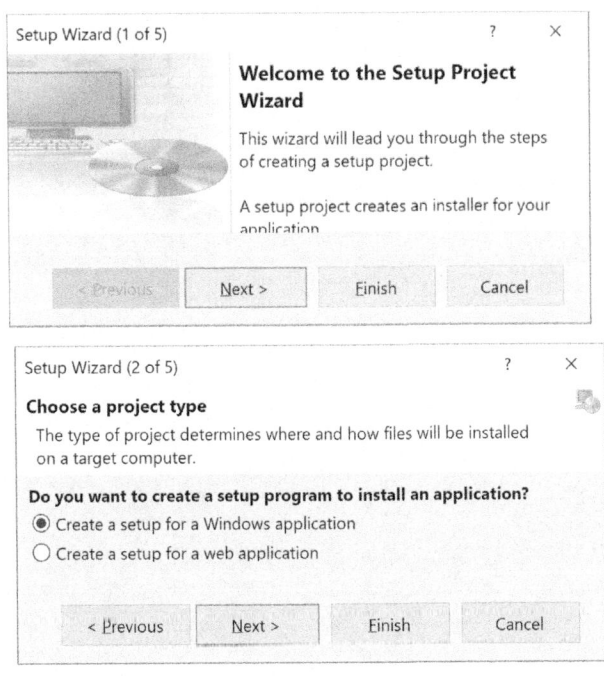

Setup Wizard 3 -- In **Choose project outputs to include**,
select "**Primary Output**" and "**Content Files**" for all projects (including G project).

CHECK BOX — Primary Output from G
CHECK BOX — Content Files from G
CHECK BOX — Primary Output from Project_Data
CHECK BOX — Content Files from Project_Data
CHECK BOX — Primary Output from Project_Elem1
CHECK BOX — Content Files from Project_Elem1
CHECK BOX — Primary Output from Project_ElemCfd

CHECK BOX — Content Files from Project_ElemCfd
CHECK BOX — Primary Output from Project_Elementy
CHECK BOX — Content Files from Project_Element
CHECK BOX — Primary Output from Project_FMcfd
CHECK BOX — Content Files from Project_FMcfd
CHECK BOX — Primary Output from Project_FMediting
CHECK BOX — Content Files from Project_FMediting
CHECK BOX — Primary Output from Project_FMelement
CHECK BOX — Content Files from Project_FMelement
CHECK BOX — Primary Output from Project_FMbase
CHECK BOX — Content Files from Project_FMbase
CHECK BOX — Primary Output from Project_Utility
CHECK BOX — Content Files from Project_Utility

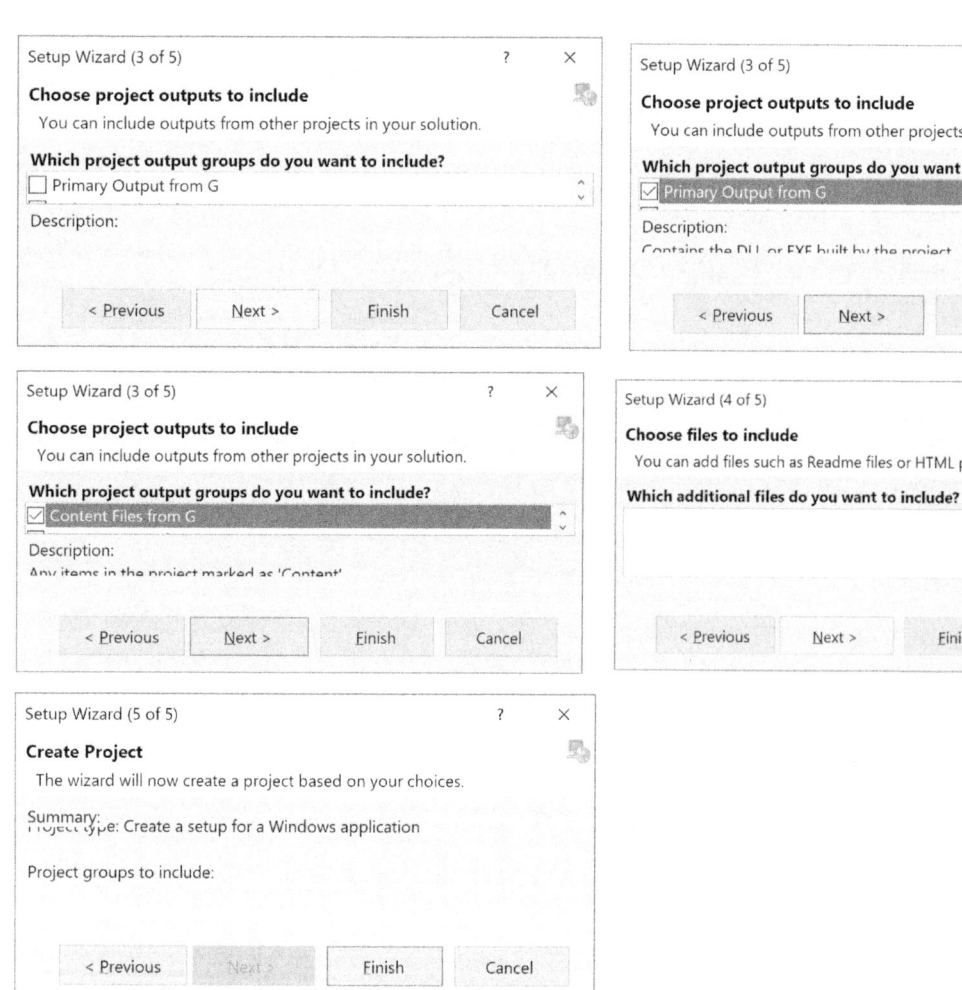

7. Click Next. Finish.
8. In the lower-right pane (**File System on Target Machine**), click **Application Folder** from the left pane. Whatever is selected is shown on the right pane.(All contents shown on the right pane).

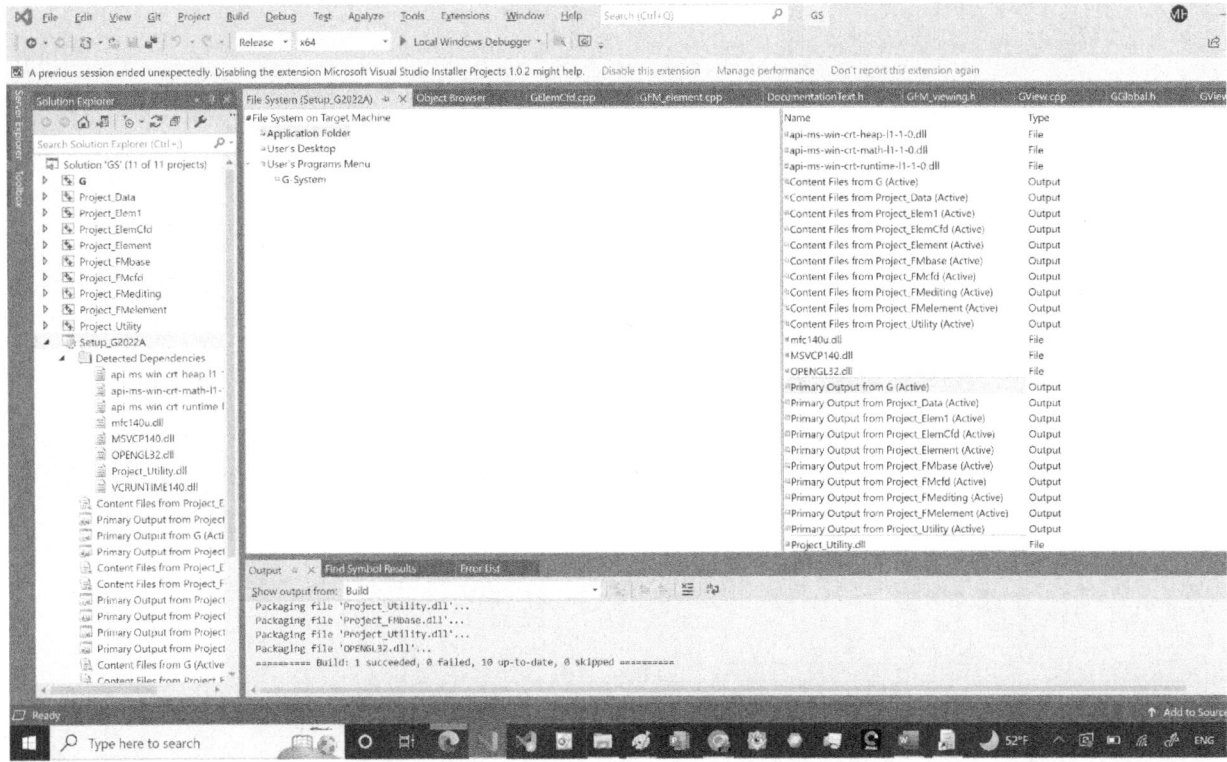

9. R-click "**Primary Output from G (Active)**"  and Create a shortcut...   THEN, Rename it "G2022A".

10.  Now, cut and paste this shortcut G2022A (on the right pane) to **User's Desktop (File System on Target Machine**) on the left pane.   And also…

11.  Add a folder "G-System" under **User's Programs Menu** (File System on Target Machine tab) on the left pane and on that G-System add the same shortcut there. (Must make another shortcut – go to 9.)

12. Now, R-click the setup project (**Setup_G2022**) from the Solution Explorer and Build. Confirm the build is good without errors.

13. Now, try installing it as a test. R-click the setup project (**Setup_G2022**) and Install (to test)...
Follow Setup Wizard (Setup_G2022A) -> Everyone, à Install complete.
Make sure to UN-INSTALL the old one first if any!!!!

14. This creates **setup.exe** and **Setup1.msi**.  We need to distribute only **Setup1.msi** to customers.

Now, go to PC'sDesktop, and  double-click **G2022A** from the desktop to start the CAD program. Test to see OK.

In the Windows' File Explorer, search "*.msi" …
The **msi** file is found in ….\GS\Setup_G2020A\Release\**Setup_G2022A.msi**

TO MAKE IT DOWNLOADABLE FROM WEB:
15. Copy this .msi file somewhere in my Web folder. Then make a HYPER-link to this file from my web page's text (DOWNLOAD)............  That's it.

----------
## Some Notes for VS2008 – no longer needed in VS2019
After step 9 above ....
I got only 9 DLLs, instead of all 11 DLLs under Application Folder (of File System on Target Machine) - ??? - So I